30
ANOS

CB018437

A IGNORÂNCIA CUSTA UM MUNDO

Gustavo Ioschpe

A ignorância custa um mundo

O valor da educação no desenvolvimento do Brasil

OBJETIVA

Grafia atualizada segundo o Acordo Ortográfico da Língua Portuguesa de 1990, que entrou em vigor no Brasil em 2009.

Capa
Claudia Espínola de Carvalho

Preparação
Luísa Ulhoa

Revisão
Clara Diament
Márcia Moura

Dados Internacionais de Catalogação na Publicação (CIP)
(Câmara Brasileira do Livro, SP, Brasil)

Ioschpe, Gustavo
    A ignorância custa um mundo : o valor da educação no
desenvolvimento do Brasil / Gustavo Ioschpe. – 2ª ed. –
Rio de Janeiro : Editora Objetiva, 2016.

    ISBN 978-85-470-0017-2

    1. Avaliação educacional 2. Brasil — Condições
econômicas 3. Desenvolvimento econômico — Brasil
4. Reforma do ensino — Brasil I. Título.

16-05773   CDD-370.1150981

Índice para catálogo sistemático:
1. Brasil : Educação e desenvolvimento
        econômico   370.1150981

[2016]
Todos os direitos desta edição reservados à
EDITORA SCHWARCZ S.A.
Praça Floriano, 19 – sala 3001
20031-050 – Rio de Janeiro – RJ
Telefone: (21) 2199-7824
Fax: (21) 2199-7825
www.objetiva.com.br

"Se você acha a educação cara, experimente a ignorância."
Derek Bok, presidente de Harvard (1971-1991)

Sumário

Agradecimentos

Sempre que um ignorante em algum assunto se dispõe a escrever um livro sobre ele, o mérito tem de ser repartido. Não teria conseguido concluir este trabalho sem a ajuda de muita gente; eles merecem o meu mais profundo agradecimento.

Em primeiro lugar, a João Resende-Santos, meu orientador de trabalho final de graduação, o embrião deste livro. Além de livros e sugestões, sua biografia — saído do Cabo Verde para um doutorado em Harvard — foi o melhor presente para quem se preocupa com o poder da educação.

A Paul Schultz, pela ajuda durante o mestrado e o período posterior de pesquisa.

Aos funcionários das bibliotecas Sterling e de Ciências Sociais de Yale e da Science, Industry and Business Library da Biblioteca Pública de Nova York.

Devo um obrigado a uma série de pesquisadores que repartiram comigo seus trabalhos quando estes eram impossíveis de encontrar ou ainda não tinham ido ao prelo: Andreas Blom, Barbara Bruns, Bruce Fuller, Claudio de Moura Castro, Cristián Cox, David Weil, Dorte Verner, Emiliana Vegas, Francisco Soares, Helena Bomeny, João Batista Oliveira, Messias Costa, Pablo Gonzalez, Robert Barro e Simon Schwartzman.

Meus fortes agradecimentos ao pessoal do Inep, especialmente Dulcídio Siqueira Neto, do IBGE, na pessoa de Luiz Bello, Unesco, Ipsos-Marplan, OCDE, Banco Mundial, OIT e MEC pelos dados valiosos. Robert Topel, Xavier Gine e Offer Lieberman também ajudaram, dirimindo dúvidas importantes.

Finalmente, meu profundo agradecimento aos leitores e resenhistas deste livro, que o melhoraram sobremodo com suas críticas, comentários e sugestões: João Sayad, Claudio de Moura Castro, João Batista Oliveira, Rodolfo Vilela Marino, Simon Schwartzman e Emiliana Vegas. Os acertos eu devo a eles; os erros são todos meus.

Prefácio à 2ª edição
Doze anos depois, desgraçadamente atual

Disse Heráclito que um homem não se banha duas vezes no mesmo rio. Mudam o rio e o homem. Tampouco um autor passa duas vezes pelo mesmo livro. Ambos mudam.

Quando me deparei com a tarefa de escrever a introdução à segunda edição deste livro, originalmente publicado em 2004, o fiz com certo temor. Será que o livro valeria apenas como um testemunho de uma época, talvez um marco de uma nova maneira de se olhar nossa educação, mais rigorosa e quantitativa? Ou teria ele ainda alguma relevância para o debate sobre os caminhos e descaminhos do Brasil de 2016?

Façamos uma breve observação dos efeitos da passagem do tempo nas ideias aqui retratadas — e em quem as retratou.

A área da Economia da Educação, tema da primeira metade do livro, teve grandes avanços, tanto no Brasil quanto, principalmente, fora dele. Afora alguns bastiões do atraso e corporações nele fissuradas, a teoria do capital humano — a ideia de que os impactos e custos da educação podem ser mensurados, e que ferramentas quantitativas podem ser usadas para entender o processo de ensino-aprendizagem — venceu, até mesmo no Brasil. Qualquer debate de políticas públicas minimamente sério e sofisticado exige que dados sejam colhidos e evidências sejam apresentadas para embasar decisões. É verdade que ainda há programas sendo executados que não têm nenhum respaldo na literatura, mas isso acontece por conveniências políticas ou motivos escusos. Antes se pecava por desconhecimento. Hoje, por má-fé ou desinteresse.

Essa aceitação da Economia da Educação se deve principalmente ao processo darwiniano de avanço científico: teorias mais eficazes e com maior poder explicativo e preditivo extinguem suas antecessoras menos competentes. Pesquisadores comprometidos com o paradigma anterior vão saindo de cena e sendo substituídos por gerações mais abertas. (Na mordaz definição de Max Planck, "a ciência avança de funeral em funeral"). E deve-se também aos avanços da disciplina nos últimos anos. Dentre estes, citaria quatro: (1) o mergulho na rotina da sala de aula, deixando de se restringir a dados mais macro/sistêmicos; (2) o fortalecimento da Economia Comportamental e a adoção de experimentos controlados, com grupos de tratamento e controle, como nas ciências biológicas; (3) as pesquisas sobre a tenra infância e a educação infantil; e (4) as pesquisas sobre as competências socioemocionais. Vale discutir brevemente esses avanços.

A Economia da Educação começou quase que como uma prima da Economia do Trabalho. Seu foco era o impacto da educação sobre a renda do trabalhador. Um pouco mais tarde essa discussão voltou-se para o impacto da renda sobre o crescimento econômico e a produtividade do país. Algumas décadas depois começou-se a olhar para os próprios sistemas educacionais. Mas, até o início da década passada, esse olhar era majoritariamente de fora para dentro. Como é bem mais fácil e objetivo coletar dados sobre os *inputs* (investimentos, salários de professores, transporte escolar, material didático etc.) e correlacioná-los aos *outputs* (número de alunos formados e a qualidade do seu aprendizado), foi por aí que começamos. Mas essa pesquisa foi logo revelando suas limitações: apesar de alguns achados importantes e contraintuitivos — como a ausência de relação entre salários de professores ou número de alunos por sala de aula e a qualidade do aprendizado — esbarramos na dificuldade de identificar e quantificar o que funcionava. Já conhecíamos muitas das coisas que não funcionavam — mas o que, afinal, tem impacto? Como se formar um bom professor, que dará uma boa aula? Não havia respostas a essas perguntas.

Para solucioná-las, era preciso "quebrar" os componentes do que acontecia dentro de sala de aula e medir a significância de cada um deles. Ainda não chegamos ao ponto de poder descrever, passo a passo, o que uma escola precisa fazer para ter uma performance estelar, mas já temos muitas pistas. A investigação acadêmica está preocupada com questões como dever de casa, avaliação, tempo de instrução, métodos pedagógicos e outros assuntos antes pouco mencionados.[1] Os insights são muito ricos. Veja a pesquisa sobre o dever de casa, por exemplo. Não apenas sabemos, através de uma grande quantidade de *papers*, que ele está diretamente associado à melhoria do aprendizado, como também que o desempenho do aluno melhora com o aumento do tempo devotado ao dever de casa, em horas;[2] a idade a partir da qual conseguimos detectar o impacto positivo do dever de casa sobre performance,[3] qual deve ser o papel dos pais (estimular as crianças a fazer o seu dever, mas sem jamais resolver as questões em seu lugar)[4] e, a minha favorita, descoberta em um estudo brasileiro, que prescrever dever de casa e fazer avaliações já ajudam o aprendizado, mas se eles forem corrigidos ajuda mais ainda — e se, na correção, o professor explicar o porquê de uma resposta estar errada, em vez de apenas marcar um "x" ao lado do problema, o ganho é maior ainda.[5]

Não sei se daqui a vinte ou trinta anos ainda teremos muitos professores de carne e osso em escolas físicas ou se os professores serão hologramas ou outro tipo de realidade aumentada, munido de algoritmos de inteligência artificial capazes de ensino personalizado e adaptativo, mas é certo que à medida que o tempo passa e temos cada vez mais gente compartilhando informações em redes sociais, em que se proliferam smartphones com câmeras e sensores nas mãos de quase todos, a preços acessíveis, teremos mais e mais dados para alimentar pesquisas cada vez mais detalhistas. Conseguiremos medir áreas que há quinze anos eram inimagináveis e hoje ainda são inviáveis.

Andando de mãos dadas com esse aprofundamento da pesquisa está uma mudança importante no paradigma da Economia como um todo, que também afeta a Economia da Educação. Os achados da Economia Comportamental nos mostram cada vez mais que os pressupostos da economia neoclássica — de um mundo povoado por seres racionais buscando maximizar seu bem-estar através da análise criteriosa e desapaixonada de informações abundantes — não passam de ficção. O estreitamento da relação entre Economia e Psicologia, especialmente nas figuras de Daniel Kahneman, Amos Tversky e Richard Thaler,[6] fez com que notássemos que homens e mulheres de verdade não se comportam em nada como o *Homo economicus* dos livros-texto. Uma vez que nossa ignorância sobre a natureza humana ficou escancarada e o paradigma neoclássico subitamente se tornou violável, abriu-se um grande campo para novas descobertas. E, dessa vez, a investigação se dá com os instrumentos típicos da psicologia e das ciências biológicas: em vez de apenas observar e coletar enormes bancos de dados, fazer experimentação.

Apesar das sensibilidades políticas, já não é mais tabu, em Educação, testar uma intervenção em um grupo de alunos e deixar o outro sem alterações, como grupo de controle. As perspectivas desse novo momento são tremendas. Com o número de alunos, turmas e escolas espalhados pelo mundo, certamente poderemos testar milhares de intervenções e saber quais funcionam com bastante certeza, dado o design experimental da pesquisa. Novas avenidas de investigação se abrem, limitadas apenas pela engenhosidade dos pesquisadores. Um exemplo: será que dar câmeras fotográficas para alunos do interior da Índia e pedir que tirem fotos de seus professores em aula todos os dias, para garantir que estes não faltem ao trabalho, terá impacto sobre o aprendizado? Esse experimento foi feito, e a resposta é sim.[7] Imagine quantas outras ferramentas podem ser testadas dessa maneira. Com ela, podemos chegar facilmente no nível de sala de aula.[8]

Finalmente, além das questões metodológicas, tivemos uma expansão lateral e vertical das áreas de pesquisa. Lateralmente, fomos um pouco mais à esquerda na escala cronológica: onde antes tipicamente a pesquisa começava no primeiro ano do ensino fundamental, ao longo dos últimos anos cresceu em importância o papel da educação infantil e dos primeiros anos de vida da pessoa para a compreensão de seu desempenho educacional. O grande líder dessa área é o prêmio Nobel James Heckman, e muitos dos achados dele e de seus colegas são fascinantes. Entre eles (atenção, futuros papais e mamães): a duração do aleitamento materno e a qualidade do sono do bebê têm forte correlação com seu desempenho acadêmico pelo resto da vida, até a idade adulta. [9]

Verticalmente, passamos a ter mais profundidade na análise do alunado com a incorporação de seus estados psicológicos e interação social à pesquisa em Educação. Até recentemente, apenas os aspectos cognitivos eram levados em consideração quando se falava de desempenho acadêmico. Parecia que o aprendizado era feito por um robô, e um robô que vivia em isolamento. Como sabem pais e professores, e agora vêm notando cada vez mais pesquisadores e gestores, uma criança que é vítima de bullying extremo, que está passando por um grande trauma pessoal ou que não consegue se conectar emocionalmente com seu professor terá enorme dificuldade de aprender e demonstrar seu conhecimento, por mais inteligente que seja. Essa área ainda é fronteira do conhecimento. Já há um bom corpo de pesquisas sobre a importância desses fatores para o sucesso acadêmico, mas ainda poucos estudos com sugestões de programas ou ações que as escolas podem tomar para melhorar o quadro socioafetivo de um aluno de forma a melhorar seu desempenho (além, obviamente, de seu bem-estar).

É curioso notar como os corporativistas de sempre já começam a usar esses dois avanços para, no Brasil, falar da impossibilidade de educar as crianças brasileiras com todos os seus problemas. É como se dissessem: "Tá vendo? Sempre dissemos que é impossível ensinar uma criança que chega à escola sem base nenhuma por não ter ido à pré-escola e com uma família desestruturada, pai alcoólatra, passando fome...". Desnecessário dizer, essa visão é falsa. Pré-escola certamente ajuda no desenvolvimento das crianças, mas não é condição necessária para a alfabetização, por exemplo. Mesmo nos países desenvolvidos a massificação da pré-escola é fenômeno recente, coisa das últimas duas décadas — e muitos deles já conseguiam alfabetizar a grande maioria dos seus pupilos no primeiro ano de escola há cem anos ou mais, sinal de que a pré-escola não é fator indispensável. Também esse cenário catastrofista sobre a vida familiar dos alunos diz mais sobre os mecanismos de defesa do establishment educacional brasileiro e dos preconceitos de classe de muitos de seus membros do que sobre a realidade do país. Se nossas famílias fossem tão desestruturadas e vítimas de alcoolismo e toxicomania quanto dizem nossos professores, seríamos campeões mundiais em doenças psiquiátricas, clínicas de reabilitação e outros. Não somos. A coisa não é tão feia quanto se pinta.

Esse discurso, porém, é uma boa oportunidade para falarmos sobre o que aconteceu com a educação em nosso país nesses últimos anos. Em resumo: muito mudou nas aparências para que quase nada precisasse mudar no âmago.

As mudanças mais vistosas e significativas são quantitativas. O setor público brasileiro, que já gastava consideráveis 4,5% do PIB em educação em 2004, passou a gastar 6,2%[10] em 2013, último ano disponível, o que representa um aumento de quase 40%. Esse é um patamar bem superior à média dos países da OCDE, o clube dos países desenvolvidos, que está em 5,3%[11] do PIB, ainda mais se levarmos em consideração que o nível mais caro de ensino é o superior e no Brasil, ao contrário dos países desenvolvidos, a maioria da matrícula desse nível (75%, para ser mais exato)[12] está na iniciativa privada e, portanto, não consome muito recurso público. Não obstante, o país ainda almeja (ou pelo menos almejava, até a eclosão da mais recente crise fiscal) gastar 10% do PIB em educação até 2024, segundo o Plano Nacional de Educação, mesmo havendo robustas evidências na literatura de que gasto maior não compra educação de qualidade. Além de abundantes evidências não científicas nesse sentido: o país da OCDE que mais gasta em educação, a Nova Zelândia (nenhuma potência educacional, diga-se), investe 6,9% do seu PIB na área.[13]

Não apenas dinheiro não compra desempenho educacional como, no caso do Brasil, esse aumento de recursos não garantiu nem mesmo mais alunos em sala de aula. Entre 2004 e 2014, a matrícula no ensino fundamental caiu de 34 para 28,5 milhões de alunos e, no ensino médio, de 9,2 para 8,3 milhões.[14] Essa queda não é mau sinal por si só, já que é causada também pela diminuição de repetência e da taxa de fertilidade no período, mas nos leva a perguntar onde foram gastos todos esses recursos adicionais. O ensino superior aumentou fortemente, passando de 4,16 milhões de alunos em 2004 para 6,48 milhões de alunos dez anos depois, alta de 41%. Mas dos 2,3 milhões de novos alunos, 1,7 milhões (ou 72% do total) matricularam-se no ensino privado (ajudado por Fies — Financiamento Estudantil — e ProUni — Programa Universidade Para Todos —, é verdade).

Neste livro, eu havia estipulado uma meta de chegarmos a uma taxa de matrícula líquida de 66% no ensino médio até 2014. Apesar da melhoria na repetência e da diminuição da população jovem no país, esse objetivo não foi alcançado: chegamos a 2014 com só 58% de taxa de matrícula líquida.[15] E a maioria do avanço se deveu a políticas de incentivo de aprovação, não pelo caminho virtuoso da melhoria do ensino.

É verdade que se fala mais sobre educação hoje do que quando o livro foi publicado. Lembro-me da sensação de incredulidade de meus interlocutores quando eu dizia, lá por 2002 ou 2003, que estava pesquisando para um livro que apontaria o gargalo educacional como o principal problema econômico de longo prazo do Brasil. Era uma época em que só se falava de política monetária, controle de inflação e do "espetáculo do crescimento" que viria. Hoje, a educação está na pauta, e a percepção de que nosso déficit educacional é um sério entrave ao nosso futuro está consolidado, se não ainda em todas as camadas da população, pelo menos naquelas mais esclarecidas que compõem a sociedade civil. Os governos também se mexeram, nas três esferas. No nível federal, tivemos uma série de programas voltados à área no período: o ProUni (financiamento de vagas nas universidades privadas pelo governo através de isenções fiscais), o Fies, a criação do IDEB (Índice de Desenvolvimento da Educação Básica), a expansão do Enem (Exame Nacional do Ensino Médio) como mecanismo de acesso às universidades, a Provinha Brasil (que mede a alfabetização dos alunos dos primeiros anos do ensino fundamental), o PNAIC (Pacto Nacional pela Alfabetização na Idade Certa, vide abaixo), o Enade (Exame Nacional de Desempenho do Estudante), a expansão do ensino fundamental para nove anos (em vez dos oito que vigoravam quando o livro foi originalmente publicado), o Plano Nacional de Educação, a incorporação das disciplinas de Música, Sociologia e Filosofia no currículo obrigatório do ensino médio e a atual discussão da implementação da Base Nacional Comum Curricular (o estabelecimento de um currículo temático comum a todo o país)... A lista é longa. E, para os desavisados ou aqueles que acreditam que a escola é uma espécie de *day care* para crianças e adolescentes, pode parecer que toda essa energia gera muita luz. Mas, na verdade, é quase tudo calor e quase nenhuma luz.

Primeiro, porque muitos desses esforços são destinados a sanar um problema que praticamente já não tínhamos mais em 2004 (que dizer hoje): de quantidade. Nossa questão é de qualidade, não de quantidade. É verdade que temos menos alunos nas escolas e universidades do que deveríamos e gostaríamos, mas isso não é causado por falta de dinheiro, escolas, professores, transporte ou matérias no currículo (com as usuais exceções que precisam ser feitas em um país heterodoxo, continental e descentralizado como o nosso). É causado, sim, pela falta de qualidade do sistema, que faz com que a permanência na escola deixe de ser um glorioso investimento para o aluno e sua família e passe a ser um fardo, para o qual a evasão é uma saída lógica.

Segundo, porque mesmo quando a iniciativa governamental é nominalmente sobre qualidade do ensino, ele nunca endereça as verdadeiras questões, da forma certa. Vejamos o caso do PNAIC. O nome do programa já diz a que veio: Pacto Nacional pela Alfabetização na Idade Certa. Mas deve ser o único programa de alfabetização "na idade certa" do mundo que é realizado na idade errada. Pois o PNAIC não objetiva que a criança esteja alfabetizada no primeiro ano, como provavelmente aconteceu com você e com o seu filho, mas ao final do terceiro ano, quando o aluno já tem oito anos de idade e passou da metade do primeiro ciclo do ensino fundamental. Não é preciso ser um perito em neurociência para deduzir que se a maioria das crianças dos outros lugares do mundo se alfabetiza aos seis anos, as brasileiras também podem. Somos feitos do mesmo DNA, afinal. E a própria história do PNAIC comprova o erro de suas metas. Vale contá-la rapidamente.

O germe do PNAIC é um programa de alfabetização da cidade de Sobral, no Ceará. No governo do então prefeito Cid Gomes (1997-2005), a cidade estabeleceu meta de alfabetizar suas crianças no primeiro ano do ensino fundamental. Mesmo sendo uma cidade pobre do sertão nordestino, conseguiu. Até hoje é uma das cidades com o maior IDEB do país. Anos depois, Cid Gomes tornou-se governador do Ceará (2007-2015) e resolveu tornar a iniciativa estadual, criando o PAIC — Programa pela Alfabetização na Idade Certa. Em vez de almejar a alfabetização ao final do primeiro ano, indicou o término do segundo ano como a idade desejada para se concluir a alfabetização. Imagino que movido pela pressão de prefeituras em situação precária, e também pela mudança da idade do primeiro ano do fundamental, que passou de sete para seis anos com a aprovação da lei que instituiu a obrigatoriedade do ensino de nove anos (essa expansão começou a vigorar em 2005 e o prazo final para sua implementação foi em 2010).[16]

Eu estive no Ceará nessa época e assisti a aulas do PAIC. O programa era obviamente bem pensado e desenhado. Sua principal virtude foi, sem salamaleques ou grandes sacadas pedagógicas, criar um processo de alfabetização muito organizado, em que cada minuto de cada aula estava planejado e acompanhado de bom material didático. O programa foi um sucesso. O IDEB do Ceará ao fim do primeiro ciclo do ensino fundamental (antiga 4ª série, atual 5º ano) passou de 3,2 em 2005 para 5,2 em 2013.[17] Você deve estar se perguntando: se o Ceará, um dos estados mais pobres da Federação, conseguiu obter sucesso com um programa que alfabetiza crianças ao fim do segundo ano, por que o MEC, quando encampou e expandiu o programa para o resto do Brasil, tornou-o não mais ambicioso e exigente, mas menos? Por que estabelecer como meta para o país a alfabetização ao fim do terceiro ano se Sobral conseguiu ao final do primeiro ano e o Ceará conseguiu ao final do segundo? São ótimas perguntas.

Na época em que o MEC fazia o PNAIC, coincidentemente o então ministro Mercadante me chamou para um almoço no Ministério (políticos sempre acreditam que podem cooptar pessoas da mídia com um aceno de proximidade do poder...), de forma que tive a oportunidade de colocar-lhe as perguntas diretamente. Sua resposta: o corpo de pedagogos do MEC disse que essa idade seria cedo demais e inexequível na maioria do país. Optou-se, então, pela meta mais "realista" de alfabetizar as crianças na idade errada, ao final dos oito anos. Não sei se a história é verdadeira; verossímil, certamente o é, porque ao corpo de pedagogos do MEC aplica-se perfeitamente a frase do chanceler israelense Abba Eban sobre os árabes : "Eles nunca perdem uma oportunidade de perder uma oportunidade". Suspeito que tenha tido mais a ver com a vontade de o próprio Mercadante de não comprar conflitos com milhares de prefeitos e professores que teriam sua incompetência exposta se meta mais ambiciosa tivesse sido adotada. Quaisquer que sejam os motivos dessa decisão desastrosa, o fato é que essa simples alteração de idade acabou com o programa, e transformou algo que poderia ter um impacto significativo sobre o destino do país em mais uma peça de propaganda política para inglês ver: um belo nome, nobres sentimentos e impacto desprezível. Esse é o roteiro da maioria dos programas implementados por nossos governantes — de todas as esferas, de todos os partidos.

O resultado desse descaso é bastante visível: uma educação de péssima qualidade, que sonega de nossas crianças a possibilidade de atingir seus sonhos e ambições e, no processo, garante que o Brasil continue um país subdesenvolvido. Esse era o problema principal em 2004. Esse continua sendo o problema principal em 2016. Há inúmeras evidências dessa baixa qualidade. Se olharmos apenas para dentro do Brasil, veremos que a média da rede pública na Prova Brasil nas áreas de Matemática e Língua Portuguesa passou de 4,39 em 2005 para 5,33 em 2013 (último dado disponível) no primeiro ciclo do ensino fundamental. No segundo ciclo do fundamental ela foi de 4,28 para 4,72 e, no ensino médio, a melhora consegue ser ainda mais irrelevante, mesmo saindo de patamar muito baixo: fomos de 4,08 a 4,20[18] depois de quase dez anos de "esforços". Mas esse é o olhar mais generoso e complacente, porque nos compara conosco mesmos.

Quando comparamos o Brasil com o que está acontecendo no resto do mundo, nossa deficiência se torna mais visível e crítica. O PISA — Programme for International Student Assessment — é uma prova que mede a cada três anos o conhecimento acadêmico de alunos de quinze anos de idade de 65 países nas áreas de Matemática, Ciências e Leitura. Organizada pela OCDE, a organização que congrega os países desenvolvidos, o PISA é reconhecido como a avaliação educacional mais importante atualmente.

Na edição de 2012, última para a qual temos resultados, o Brasil ficou, dentre os 65 países que fizeram a prova, em 58º lugar em Matemática, 55º em Leitura e 59º em Ciências.[19] Em Matemática, que foi o foco da edição de 2012, ficamos atrás não apenas de países desenvolvidos, mas também de "potências" como Albânia, Costa Rica, Montenegro, Malásia, Romênia e Cazaquistão. 67% dos nossos alunos — dois terços do total! — foram classificados como de baixo desempenho, com notas 1 ou 2 em uma escala que vai até 6. Acho que não é necessário elaborar sobre as consequências desse desempenho. Em um mundo cada vez mais conectado, em que o conhecimento em geral e o domínio das ciências exatas em particular vem se tornando cada vez mais importante, saber que nossos jovens de quinze anos (os relativamente poucos que chegaram a essa idade ainda na escola) são deixados para trás por quase todos os países de nível médio e alto de renda é uma sentença de morte para nosso projeto de "Brasil, país do futuro". Com esse capital humano, seguiremos sendo exportadores de commodities pelo futuro previsível.

O mais deprimente do PISA é ainda ver que Shanghai ficou em primeiro lugar nas três áreas testadas. Shanghai é uma província chinesa, com nível de renda semelhante ao do Brasil. O detalhe é que o sistema educacional chinês foi literalmente implodido pela loucura da Revolução Cultural de Mao-Tsé Tung. Entre 1966 e 1976, o Ministério da Educação foi fechado, as universidades deixaram de aceitar alunos e mesmo professores de educação básica do interior foram perseguidos como "burgueses" e muitas vezes enviados para campos de trabalhos forçados ou assassinados. E quarenta anos depois desse desmonte, está aí um país que fez o seu dever de casa (literalmente) e está produzindo um sistema educacional de excelência.[20] Antes do PISA, alguns de nossos tapadores-de-sol-com-a-peneira propalavam a ladainha de que não é possível a um país subdesenvolvido ter um sistema educacional que compita com as estruturas seculares e riquíssimas dos países desenvolvidos, e que, portanto, essas comparações com o resto do mundo são inúteis. Vendo o que a China está fazendo, não nos resta mais nem esse consolo.

Então chegamos às duas perguntas cruciais: por que nossa educação é assim tão ruim? E como podemos melhorá-la?

Poderia aqui apontar uma série de problemas, vários dos quais vão descritos nas próximas páginas. Nossos professores têm uma formação muito deficiente,[21] gostam de jogar a culpa de nossos problemas nos próprios alunos e suas famílias,[22] nossos diretores escolares também não têm formação específica para o cargo e muitas vezes são frutos de indicação política (pesquisa recente mostra que esse é o caso em 74% dos municípios brasileiros, ainda que nas metrópoles acima de 500 mil habitantes o índice cai a menos de 26%).[23] Temos também lacunas nos nossos livros didáticos, que são ideologizados e de baixa qualidade. Há ainda o inchaço de funcionários técnico-administrativos,[24] e nossos professores insistem em usar métodos construtivistas na alfabetização quando a evidência sugere ser o fônico mais eficaz.[25] Porém todas essas questões já foram resolvidas por outros países, tanto desenvolvidos quanto em desenvolvimento, em alguns casos há mais de cem anos. Não é como se estivéssemos buscando a cura do câncer: as soluções são conhecidas e estão prontas para serem copiadas e adaptadas. Por isso precisamos subir a pergunta mais um nível: se tudo isso é conhecido e as soluções estão disponíveis, por que raios elas não são implementadas?! Para responder, precisamos entender a política do setor.

O resumo da ópera é que nossos gestores públicos não têm peito para enfrentar as corporações contrárias às mudanças em nossa Educação. Calma, não espume, não é caso de corrupção nem de pusilanimidade de nossos políticos. Já explico por que a culpa é mais sua (sua, sim) do que deles. Como me disse certa vez o sábio Pedro Parente, não podemos ficar bravos com uma pessoa por ela ser racional. E, nesse caso, nossos políticos estão sendo absolutamente racionais por não quererem meter a mão no vespeiro que é nosso conflagrado sistema educacional. Vou resumir o problema com uma história. Verídica.

Há alguns anos, procurou-me um político, que havia terminado o mandato de governador de um estado do Nordeste pouco tempo antes. Mantenho seu anonimato pois a conversa foi "em off". Eis o que ele me disse, transcrevendo a conversa tão bem quanto a memória permite: "Quando fui eleito governador, tinha três prioridades. A número um era Educação, a número dois era Educação e a número três era Educação. Quis instituir um programa de reformas ambicioso pra melhorar o aprendizado no estado. Exigia mais presença dos professores, avaliação rotineira, dever de casa etc. Sempre com muita resistência de professores e funcionários das escolas, mas fui em frente. Uns três meses antes da eleição em que me candidatei a um segundo mandato, o sindicato dos professores decretou uma greve. Era uma greve totalmente política: pediam um aumento salarial de mais de 80%, sendo que a inflação do período era de 5%. Reajuste totalmente inexequível, portanto. Como eles, aliás, sabiam. O objetivo real da greve era acabar com as mudanças que nosso governo estava implantando. Pois eu fiquei firme, avisei que não cederia. A greve durou meses, houve até invasão dos jardins do palácio, mas eu não cedi. Quando eu saía à rua durante a campanha, imaginei que a população fosse valorizar e agradecer o preço que eu estava pagando pela melhoria da nossa educação. Mas o que aconteceu foi o contrário. As mães vinham ao meu encontro e diziam: 'Governador, o senhor precisa ajudar os coitados dos professores! Ganham tão pouco, merecem um aumento'. 'Temos que acabar com essa greve, seu governador. Já deixei meu filho com a vizinha, com a minha mãe, minha irmã, agora não tô conseguindo trabalhar pra cuidar dele'. Pois bem, eu perdi a reeleição, por uma margem estreita. Certamente por conta dessa greve. Te digo uma coisa, Gustavo: se algum dia eu voltar à vida pública, nunca mais toco nessa questão da Educação".

Deixe-me explicar o que aconteceu nesse episódio, semelhante a tantas outras dezenas de exemplo Brasil afora.

Primeiro, por que os sindicatos de professores são contrários a reformas educacionais que vão melhorar a qualidade do ensino? Será que eles são malvados que querem ver seus alunos sofrendo com a ignorância? Não, certamente que não. A maioria entra na carreira porque deseja ver seus alunos crescerem. Mas os componentes de uma reforma de sucesso fazem com que um professor tenha de trabalhar mais, sem ganhar nada por isso. Porque a evidência científica, sobre a qual você lerá mais nas páginas a seguir, sugere que o professor precisa prescrever e corrigir dever de casa, planejar suas aulas, conhecer profundamente a matéria que ensina, usar de modo eficaz o tempo de sala de aula, realizar avaliações constantes, reciclar seus conhecimentos continuamente e não faltar à escola.[26] Também mostra que quanto mais fiscalização de fora houver sobre a sala de aula, melhor. Também sugere que cursos de mestrado ou outros de pós-graduação não trazem melhoras de desempenho e que salários mais altos tampouco funcionam para se obter mais aprendizado dos alunos. E como é o professor médio brasileiro atualmente? Despreparado, com pouco domínio sobre a matéria que ensina, falta muito ao trabalho, prescreve pouco dever de casa e avalia pouco seus alunos. E é um rei (na maioria dos casos, rainha): no momento em que fecha a porta da sala de aula, tem total autonomia e liberdade para fazer o que quiser, sem ninguém que verifique o que está fazendo ou cobre melhorias. Na maioria dos casos é funcionário concursado, o que significa que nem demitido pode ser, até mesmo em casos de negligência grosseira. (Se eu contar os descalabros que eu já vi em escolas públicas, você não vai acreditar. Desde professor que ocupa o tempo de sala de aula mandando seus alunos lerem jornal até aqueles que não mexem uma palha quando dois colegas estão brigando até sangrar. Sem falar em um que ficou meses sem ir à escola pública com atestados médicos de doença, mas indo todo dia dar aula em escola particular...)

Então, sejamos racionais: que pessoa gostaria de abandonar esse cenário por outro em que é fiscalizado, cobrado, precisa trabalhar mais em sala de aula e em casa, precisa confrontar seus desconhecimentos e buscar mais preparo, e ainda por cima sem receber aumentos salariais? Certamente há uma minoria de profissionais realmente comprometidos que gostariam de tudo isso pela gratificação interna de fazer um trabalho bem-feito, mas a maioria é visceral e agressivamente contrária a essas mudanças. Como magistralmente expressam cartazes e comunicados vistos em greves de professores que pedem "Abaixo a meritocracia",[27] a maioria da categoria não quer mudar o status quo (exceto no que tange a seus salários). E há 5 milhões de funcionários da educação básica no Brasil,[28] uma quantidade grande demais para ser ignorada.

Pessoas precisam de oxigênio e nutrientes para sobreviver e crescer. Empresas precisam de lucro. E políticos, precisam do quê? De votos. Sem votos, político não se elege e, enquanto político, deixa de existir. Portanto, nenhum político racional irá abraçar uma causa que lhe tira votos. Coloque-se no lugar de um prefeito ou governador de estado. Em um país como o nosso, há uma série de iniciativas que ele ou ela podem tomar e que serão aplaudidas por todos. Diminuir a criminalidade, melhorar o atendimento nos hospitais e postos de saúde, aumentar a taxa de saneamento, dar moradia, tapar buracos de ruas e estradas, combater a corrupção: são tantas as áreas em que qualquer político pode meter a mão e colherá apenas (ou pelo menos majoritariamente) aplausos, por que é que alguém gostaria de se meter na área da educação e se defrontar com greves, xingamentos, reclamações etc.? Não há motivos. As pessoas mais poderosas da educação brasileira não são ministros e secretários de educação, mas os presidentes dos sindicatos de professores. Eles é que realmente determinam os limites e a velocidade das reformas que podem ser implementadas.

Você deve estar pensando que eu estou fazendo as contas erradas ou me esquecendo de um simples fato: sim, há 5 milhões de profissionais da educação, mas há outros 200 milhões de brasileiros que se beneficiariam de uma educação melhor, então a racionalidade política determina que são os interesses dessa maioria que deveriam ser atendidos, não da minoria que forma as corporações do setor. Esse raciocínio seria verdadeiro e correto, não fosse um simples e acachapante fato: a maioria dos pais de alunos da escola pública brasileira está satisfeitíssimo com a qualidade da escola de seus filhos. Não, não perdi o juízo, é isso mesmo que você acaba de ler. E não o digo só por ter conversado com dezenas de pais levando seus filhos a escolas em todas as regiões do país: há evidência rigorosa nesse sentido. O Inep, braço de estudos do MEC, fez há alguns anos uma pesquisa[29] com amostra representativa de pais de alunos de escolas públicas. Muitos itens foram investigados. Pesquisas mais curtas às vezes perguntam da satisfação da pessoa com a escola do filho, e quando ela se diz muito satisfeita está na verdade pensando sobre a merenda, o transporte escolar, a qualidade das instalações físicas ou outras questões menos importantes. Na pesquisa do Inep, pediu-se especificamente que os pais dessem uma nota de 0 a 10 à qualidade do ensino recebida por seu filho. Sabe qual foi a média? 8,6. Repito: oito vírgula seis. Por isso sempre digo: na educação brasileira, temos uma realidade africana e uma percepção coreana. Por que existe essa discrepância tão gritante entre percepção e realidade?

Não há (nem poderia haver) provas definitivas, mas eis a minha conjectura: o pai e a mãe desse aluno não têm condições de julgar a qualidade do ensino recebido pelo filho, por conta do seu próprio despreparo educacional. Não custa lembrar que teste aplicado de maneira cuidadosa à amostra representativa da população adulta brasileira revelou que 74% não era plenamente alfabetizada, e proporção semelhante tinha deficiências semelhantes em Matemática.[30] Imagino então que esse pai e essa mãe façam uma análise por aproximação e comparação: "Se a escola do meu filho é tão mais arrumada do que era na minha época; se hoje eles oferecem transporte, merenda, uniforme, livro didático e o escambau, que na minha época não existia, então o que tá sendo ensinado também deve ser ótimo". Quando um pai tem uma impressão assim boa da escola, nem mesmo o fracasso do filho (baixas notas ou repetência) abala essa crença. Pelo contrário: é apenas evidência de que o filho é que "não presta", "é preguiçoso" ou "não tem dom". Não ocorre à maioria desses pais que seus filhos não se interessam pela escola porque ela é realmente desinteressante, ruim, chata.

E então o círculo se fecha. Os pais deixam de ser defensores dos filhos e passam a ser seus algozes. A criança sofre com uma escola ruim e com pais que apoiam a escola. Os pais se apiedam dos professores, acham que eles ganham mal etc. Viram aliados dos professores na manutenção de um estado de coisas que prejudica enormemente seus filhos. Os poucos pais que veem a situação mais claramente e protestam costumam ser perseguidos pela escola, seus filhos sofrem represálias e em muitos casos são obrigados a mudar de escola.[31]

Com os pais omissos ou bandeados para o lado dos professores, a equação política fica desbalanceada: onde deveria ser uma luta fácil de 200 milhões contra 5 milhões, acaba sendo uma contenda de 5 milhões contra meia dúzia de gatos pingados, no governo, na mídia e na academia. E é assim que as corporações vencem e o status quo é mantido: perante a omissão da sociedade, governantes se retraem e ficam temerosos de bater de frente contra os interesses de professores e funcionários. Nossa escola é pública só no nome. No fundo, ela pertence muito mais aos funcionários da escola do que à comunidade que atendem.

Assim, os governantes entendem que o que dá voto, em educação, é a perfumaria que faz com que os pais acreditem que a escola é boa. Que são, também, coisas bem mais fáceis de fazer do que mexer em currículos, cursos de formação de professores etc. Então dê-lhe pintura, merenda, livro etc. Assim nossas lideranças conseguem tirar a educação da pauta e podem focar suas energias naquelas questões em que há pressão da população por melhorias, como segurança, saúde, trânsito etc.

Pessoalmente, só vejo dois cenários de mudanças efetivas. O primeiro é termos uma liderança idealista e com capital político de sobra, que tope encarar o conflito e perder alguns pontos de popularidade. É a estratégia de apostar na irracionalidade. Possível, mas pouco provável.

O segundo, no qual aposto mais, é que tenhamos uma mobilização popular, incluindo as classes C e D, em prol de uma mudança radical no nosso quadro educacional. No momento em que isso acontecer, não tenho dúvidas de que teremos melhorias significativas e rápidas na qualidade da educação. Muito se diz que a educação é tarefa que leva muito tempo, coisa de gerações. Balela. No nosso nível de descalabro, é fácil ter melhorias rápidas com ações baratas e simples de implementar. Veja o exemplo da China ou da Coreia do Sul. Veja o exemplo de Sobral, de Foz do Iguaçu, de Minas Gerais, de Goiás. Em um ou dois mandatos é possível ter avanços significativos.

Por que não tivemos essa mobilização ainda? O que fazer para que ela aconteça? Essas são, como diriam os gringos, as *million-dollar questions*. Eu passei os últimos quinze anos tentando ajudar para que elas acontecessem. Este livro é parte dessa tentativa. Então talvez seja interessante e útil compartilhar um pouco da minha experiência durante esse período.

Comecei a pesquisar para este livro quando tinha 25 anos e ainda conservava muito do idealismo e da ingenuidade juvenis. Estava terminando meu mestrado em Desenvolvimento Econômico em Yale, no qual por acaso havia descoberto a existência da disciplina da Economia da Educação.

Os resultados das leituras nessa área foram bem claros. Primeiro, não seria (e continua não sendo) possível ao Brasil se tornar um país desenvolvido se não melhorasse radicalmente a qualidade de seu ensino. Segundo, não só essa discussão estava ausente do debate público brasileiro, como os diagnósticos — e, consequentemente, as posologias — da situação, nas poucas vezes em que se manifestavam, iam na contramão do que a literatura acadêmica mostrava ser eficaz. Era como se eu tivesse conhecimento da Medicina do século XXI e ouvisse os especialistas em saúde defendendo sangramentos e a ingestão de elixires.

Eu me recordo vivamente do entusiasmo daqueles dias. Terminadas as aulas da faculdade, mudei-me para Nova York, onde morava minha então namorada e atual esposa, Iris. Vivia uma rotina monástica. Depois de algumas semanas tentando trabalhar de casa e falhando miseravelmente a resistir às distrações nova-iorquinas, descobri uma magnífica biblioteca pública, chamada SIBL (Science, Industry and Business Library), na avenida Madison com rua 34. Passei a frequentar a biblioteca todos os dias, às vezes também aos sábados, do horário em que ela abria até o seu fechamento. Desligava o telefone à entrada e não levava nem laptop. Meu único contato com o mundo externo era na meia hora em que saía para almoçar, quando ligava o telefone e, vez por outra, passava nos terminais da própria biblioteca para checar a internet. Trazia em uma pasta os *papers* que leria no dia, anotava-os à mão, e mais tarde vertia as anotações manuscritas e o resumo do que havia lido para uma planilha. Durante a leitura, anotava em um bloco as citações bibliográficas que me interessavam. No ônibus de volta para casa organizava as citações dos trabalhos para o dia seguinte. Pesquisava sobre os *papers* à noite, acessando remotamente a biblioteca on-line de Yale, e baixava e imprimia as pesquisas que mais interessavam. Vez por outra mandava e-mails aos autores que havia lido pedindo esclarecimentos, trabalhos mais recentes ou mais dados. Essa rotina durou mais de meio ano. A Iris precisava aguentar, toda a noite, uma pessoa monotemática, falando sobre retornos à educação, hipótese da sinalização, *papers* "fantásticos" medindo o desempenho de gêmeos univitelinos e contando as novidades do que acontecia na biblioteca e seus frequentadores exóticos, dentre eles o que mais me fascinava, um senhor idoso que todos os dias lia trechos da Bíblia, em hebraico, em uma daquelas telas grandes em que a imagem é aumentada várias vezes. Parecia estar buscando algum sinal divino nas entrelinhas...

Em 2003 voltei ao Brasil e continuei seguindo a mesma rotina por mais quase um ano, em uma sala alugada perto de casa. Aqui comecei a pesquisar com mais interesse a literatura sobre educação no Brasil. Era (e continua sendo) difícil não babar de raiva ao ler tanta coisa sem sentido, sem nenhuma base fática, e costumeiramente culpando os próprios alunos, suas famílias ou "o capitalismo" por nossa indigência educacional. À medida que o livro foi tomando forma, minha animação foi em uma crescente. Estava convicto (santa ingenuidade, Batman!) de que todos os seus leitores experimentariam o mesmo nirvana por mim vivenciado ao tomar conhecimento de tantos dados importantes, e imediatamente se engajariam em uma mobilização por melhorias em nossa educação. Já imaginava que o establishment educacional gostaria das minhas palavras tanto quanto eu gosto dos seus pensamentos, mas tinha a expectativa de que os demais membros da sociedade civil veriam, com essa avalanche de dados e estudos, que os achados desta pesquisa são importantes demais para serem ignorados.

Desnecessário dizer que me enganei redondamente. Todas as editoras para as quais mandei o manuscrito rejeitaram o livro, exceto uma, chamada W11, criada pela viúva do Paulo Francis, que fecharia as portas pouco depois de publicá-lo. O livro foi solenemente ignorado e não causou comoção nenhuma. Eu havia escrito um texto denso, acadêmico, recheado de números e tabelas e até algumas fórmulas. Imaginava que seria tão atacado que precisava blindar o argumento central. Não poderia apenas mencionar as conclusões dos dados: era preciso mostrar os próprios dados. Matar a cobra e mostrar o pau. Não sei se o debate à época ainda não estava maduro ou se a blindagem foi pesada demais, mas o fato é que o livro não decolou. Pelo menos não com a rapidez que eu imaginara. Mas, ao longo dos meses seguintes, ele foi cavando seu espaço.

Pouco tempo depois de sua publicação, fui entrevistado pela revista *Educação*, a segunda maior do ramo. Logo depois fui convidado para ser seu colunista mensal e falar com milhares de professores e pesquisadores todo mês. Fui entrevistado nas páginas vermelhas da *IstoÉ*. E, pouco menos de um ano depois do seu lançamento, o livro venceu o prêmio Jabuti na sua categoria, no que foi certamente uma das grandes alegrias da minha vida (apesar da saia justa de precisar receber o prêmio das mãos do então secretário de Educação de São Paulo, Gabriel Chalita, a quem criticara no prefácio da primeira edição e criticaria muitas vezes depois. Que me lembre, àquela época ainda não pesavam sobre ele acusações de corrupção material, mas a intelectual já era abundante e incontornável).

Alguns meses depois do prêmio, fui chamado para um almoço com o então diretor de redação da *Veja*, Euripedes Alcântara, e convidado para ser colunista da revista. Não bastasse esse absurdo privilégio de dialogar com alguns milhões de pessoas aos 28/29 anos de idade, de algum lugar tive a pachorra de pedir que a minha coluna, em vez do formato de uma página quinzenal dos demais colunistas, tivesse duas páginas e fosse mensal, para que eu tivesse espaço para citar os dados e estudos que me parecem indispensáveis. Para minha maior incredulidade, Euripedes concordou com a argumentação, me deu o espaço e durante quase dez anos não sugeriu um assunto ou alterou uma vírgula do que escrevi (salvo cortes pelo excesso de toques. Como você pode perceber nessas e nas próximas páginas, poder de síntese não é o meu forte, e algumas vezes os artigos precisaram sair com três ou quatro páginas).

O convite para a *Veja* marcou um claro ponto de inflexão para a divulgação das ideias que representava. Achei, ali, que a guerra estaria ganha, que conseguiria realmente mudar o curso do debate brasileiro sobre o assunto. É a maior publicação da imprensa brasileira, afinal. Atinge alguns milhões de leitores toda semana, e praticamente todos os formadores de opinião e de políticas públicas.

E, realmente, parecia que aquilo aconteceria. Por conta deste livro e, principalmente, dos artigos, passei a ser chamado para muitas entrevistas, palestras em todos os lugares do Brasil, inclusive nas comissões de Educação da Câmara dos Deputados e do Senado. Também me envolvi com algumas ONGs fazendo trabalhos importantes na área de Educação, como o Todos pela Educação, do qual fui membro fundador e participante do Conselho e Comitê Técnico, do Instituto Ayrton Senna, como conselheiro, e também da Fundação Padre Anchieta, que controla a TV Cultura.

Curiosamente, porém, a divulgação dessas ideias provocava muita polêmica e discussão, mas poucas mudanças. A discussão na imprensa era extremamente frustrante: na maioria dos casos, o interesse era por ter alguma estrutura "ponto e contraponto", em que eu entrava em cena para defender as ideias "malucas" de que salário de professor, por exemplo, não tinha impacto sobre a qualidade do ensino. A maioria dos jornalistas estava disposta a me deixar falar, mas não a investigar sobre se aquilo que estava sendo falado eram meras opiniões ou se era o consenso de uma pesquisa acadêmica de décadas. Sentia que o debate não andava. Entre uma "opinião" nova e outra que repetia, há décadas, a ideia de que o Brasil não investe o suficiente em educação e precisa pagar melhor os professores, vencia a força inercial das ideias preconcebidas e marteladas à exaustão. Goebbels tinha razão: repita uma mentira milhares de vezes e ela se torna verdade. Poucas pessoas pareciam dispostas a mudar seu posicionamento. E menos ainda a tomar alguma ação para defender uma nova agenda.

Dei-me conta também de que o público para o qual estava falando, que lê revistas, jornais e vê TV a cabo, é formado por pessoas que colocam os filhos majoritariamente em escolas privadas. Não é o público-alvo, portanto. Apesar de obviamente haver muita gente patriótica e interessada em questões que não afetam seus filhos de maneira direta e imediata nesse público, presumo que a maioria não tem tempo nem energia de cuidar de um problema que prejudica mais o filho dos outros do que os seus.

Foi então que, em 2011, surgiu outro convite importante, vindo do William Bonner, para fazer um quadro no *Jornal Nacional*, chamado "*JN* no Ar — Blitz na Educação". A ideia era bastante engenhosa: durante uma semana, um repórter da emissora e eu viajaríamos a cada dia para uma cidade de uma região diferente, que seria sorteada pelo William e pela Fátima Bernardes no *JN* da noite anterior. Na cidade sorteada, visitaríamos a escola com o melhor e o pior IDEB da rede pública. O convite era irrecusável; cancelei as minhas férias daquele ano e embarquei. Finalmente falaria com o grande público brasileiro, em viva-voz, sem mediações. Bonner me dizia que o quadro ocuparia um bloco inteiro do *JN* a cada dia, algo como sete ou oito minutos, o que é uma eternidade em termos de TV. E seria feito em cinco dias consecutivos: dose concentrada. Apenas ponderei com o Bonner que talvez fosse difícil de entrar nas piores escolas depois do primeiro dia. Os dados do IDEB são públicos, e depois do sorteio a escola e sua Secretaria da Educação não iriam deixar que suas mazelas fossem divulgadas em horário nobre no programa mais visto da TV brasileira, com mais de 40 milhões de espectadores. Ele me respondeu que achava que aquilo não aconteceria, mas se acontecesse, o próprio bloqueio seria um fato jornalístico digno de nota. (Estava totalmente certo: para minha surpresa, todos os professores e diretores envolvidos ficaram felicíssimos em aparecer no *Jornal Nacional*, mesmo que identificados para todo o Brasil como a pior escola de sua cidade...)

A experiência do *JN* foi ao mesmo tempo fascinante e torturante.

Fascinante porque a oportunidade era tremenda e a estrutura da atração, muito bem bolada. Também conheci algumas escolas e diretoras fantásticas, que geravam desempenho de alta performance mesmo em um cenário em que quase tudo joga contra a excelência.

Torturante porque durante uma semana vi dezenas de pais e crianças indo para verdadeiras fábricas de moer gente e sonhos; escolas com IDEB entre 1 e 2, que não conseguiam alfabetizar as crianças depois de muitos anos, em que os professores não estavam nem aí para os alunos, em que o tempo de sala de aula era gasto fazendo o dever de casa ou com cópia do quadro-negro, em que a direção da escola tratava os pais de maneira francamente desrespeitosa.

Em uma escola em Belém do Pará, minha conversa com a diretora foi interrompida por repetidos pedidos de uma mesma mãe. Eu pedi então que ela ficasse à vontade e fosse atendê-la. A mãe estava pedindo para que a escola cadastrasse seus filhos como alunos em um site da prefeitura, pois aquilo daria a eles direito ao vale-transporte gratuito ou subsidiado. Era uma escola de periferia e a mãe era claramente uma pessoa humilde, para quem aquele custo era significativo. Ademais, já estávamos em maio — tempo mais do que suficiente para que o cadastro tivesse sido feito. A diretora disse que já havia feito o cadastro, mas que achava que não tinha chegado na prefeitura por causa da chuva abundante das últimas semanas, que teria danificado os cabos que levam a informação à prefeitura. Depois dessa mentira deslavada, a diretora despachou a mãe e voltou para continuar a me dizer o quão preocupada com a comunidade a escola era, sua função social etc.

O que mais me incomodava era conversar com os pais das piores escolas. Perguntava a eles o que achavam da escola dos filhos. Quase sempre, a resposta era muito positiva. Perguntava então se conheciam o IDEB. Todos, sem exceção, disseram que não. Então eu explicava que o IDEB era uma nota de 0 a 10 que quase todas as escolas públicas brasileiras tinham, dada pelo Ministério da Educação com base no aprendizado dos alunos da escola. Perguntava então qual o IDEB que eles achavam que a escola do filho tinha. Sete ou oito, normalmente me respondiam. Então eu dizia que, na verdade, ela tinha um IDEB de 1, 2 ou 3. A cara de surpresa e decepção dos pais, ao ouvirem isso, era de cortar o coração.

Quando saí dessa semana de *Jornal Nacional*, duas coisas me tiravam o sono. A primeira era que os pais estavam levando seus filhos a matadouros intelectuais todos os dias, achando que estavam levando-os a escolas. E a segunda era a incrível heterogeneidade de escolas da mesma rede. Em Goiânia, visitamos uma escola maravilhosa, com IDEB de 7,1, e outra de IDEB 1,2, um desastre completo. O incrível era que ambas as escolas pertenciam à rede municipal de Goiânia e ambas estavam em áreas próximas, do mesmo nível de renda, a não mais do que dez minutos de distância uma da outra. Como se explica essa discrepância? Pela falta de padrão das Secretarias e a diferença de empenho das diretoras. A diretora da escola boa, Maria de Fátima Silva, recebia pais e alunos todos os dias na porta da escola, tinha reunião frequente com os professores, comunicava claramente suas (altas) expectativas de aprendizagem e lutava para tirar de sua escola professores descompromissados. A ex-diretora da escola ruim queria se eleger vereadora, então abriu a escola para que as mães usassem a cozinha da escola para preparar quitutes e, nos fins de semana, liberou a quadra para que os pais jogassem futebol e tomassem cerveja. Também pediu aos professores que não passassem dever de casa ou fizessem muitas provas, para não haver reclamações das famílias de que seus filhos estavam estudando demais. A direção havia sido trocada, segundo eles, há poucos meses, e agora começava um trabalho de recuperação.

Fiquei pensando como resolver esses problemas, e o que aconteceu com as soluções propostas é um pouco ilustrativo do problema geral.

Primeiro, a solução micro. Alguns meses depois dessa passagem por Goiânia, voltei à cidade para dar uma palestra. Pedi à produção do *JN* o telefone das diretoras das duas escolas visitadas. Entrei em contato com elas e expliquei que voltaria à cidade e gostaria de reuni-las num almoço, para que ambas pudessem trocar experiências. Era o meu pequeno esforço para que, na ausência da coordenação da Secretaria Municipal, pelo menos a diretora da escola boa, Maria de Fátima, pudesse ensinar algo à nova diretora da escola que ia mal, chamada Susy Gonzaga. Marquei o almoço em um restaurante bom, mas sem frescura, perto das duas escolas. Ambas confirmaram presença. Estava animado com os microganhos que surgiriam desse encontro. Não mudaria a educação brasileira, mas poderia melhorar bastante as perspectivas de algumas centenas de alunos. Chegando ao restaurante, apenas Maria de Fátima estava lá. Tentei ligar para Susy, mas ela não respondeu. Deu o cano. O compartilhamento de experiências nunca aconteceu. E, pensando bem, por que deveria acontecer, não é? Susy não seria demitida, nem cobrada por ninguém pelo péssimo desempenho de sua escola. Tampouco receberia um aumento ou qualquer reconhecimento público se virasse um clone da diretora boa e revolucionasse sua escola. Ela estava confortável, acomodada. Nem pra filar um almoço grátis valia a pena ouvir tudo o que teria de fazer para melhorar seu desempenho...

Uma semana depois do fim do "*JN* no Ar", enquanto eu ainda estava encafifado com os pais desconhecedores do IDEB, tocou o telefone. Minha secretária me disse que era o Ministro da Educação, cargo àquela altura ocupado por Fernando Haddad, a quem eu não conhecia. Haddad havia enviado uma carta à TV Globo congratulando a iniciativa do programa, e me ligara para também estender seus cumprimentos. Uma das razões de sua alegria, segundo ele, era como o programa havia contribuído para difundir uma "cultura da avaliação", divulgando métrica tão importante quanto o IDEB. Falamos de algumas amenidades, agradeci a ligação e foi isso.

Algumas semanas depois dessa conversa, finalmente tive a ideia de como sanar o desconhecimento dos pais: era preciso fazer uma lei obrigando todas as escolas públicas a colocar uma placa em suas entradas mostrando o resultado do IDEB.[32] Compartilhei a ideia com o publicitário Nizan Guanaes, uma das poucas cabeças brasileiras a entender a dimensão do problema e se engajar em sua melhoria. Pedi ajuda à sua equipe de direção de arte para criar a placa, no que fui prontamente atendido. Os profissionais da agência África criaram não só um belo design, que pode ser entendido mesmo por quem é parcamente alfabetizado (meu principal pedido), como um manual de instalação para quem quisesse fazer e instalar corretamente a placa. Publiquei então um artigo na *Veja* defendendo a ideia, e escrevi ao ministro Haddad, o grande defensor da "cultura da avaliação", pedindo apoio para a aprovação da medida no Congresso (projetos de lei foram protocolados na Câmara e no Senado logo depois da veiculação do artigo). O ministro não respondeu. Logo depois, responderia publicamente: através da Secretária de Educação Básica do MEC e do presidente do Inep, fez saber que o Ministério era contra o projeto, por ser o IDEB um indicador (criado e divulgado pela própria administração petista!) incompleto da qualidade da educação da escola.[33] Tive vontade de ligar ao Ministro Haddad para entender como ele pretendia divulgar a "cultura da avaliação" sem que a população soubesse da avaliação das escolas de seus filhos...

A lógica é semelhante à da diretora de Goiânia. Ambos se locupletam: a profissional da educação que não quer mover uma palha para melhorar o aprendizado de seus alunos e as lideranças políticas que fazem o possível para manter a população no escuro em relação ao que está acontecendo, para que não precisem se deparar com a ira dos pais, pelo descaso com seus filhos, e dos profissionais da educação, por terem gerado essa ira.

É claro que o quadro não é só de desilusões. Das propostas mencionadas nesse artigo, algumas se tornaram realidade. O Fundef foi expandido e virou Fundeb.[34] A matrícula no ensino médio cresceu, ainda que menos que o desejado e pelas razões erradas. Até minha ideia de um índice educacional simples, que congregasse o resultado das avaliações educacionais com taxas de repetência, mencionado na nota que está na página 289 do livro, transformou-se no IDEB. Também tive a rara oportunidade de ter minhas ideias divulgadas amplamente e conviver com muitas lideranças do governo e da sociedade civil. Mas é preciso não dourar a pílula: a agenda principal aqui defendida não aconteceu nem parece estar perto de acontecer. Os alunos ricos de universidades públicas continuam estudando gratuitamente, o que contribui para tornar essas instituições caríssimas e incapazes de se expandirem na velocidade de que precisaríamos. A Lei da Responsabilidade Educacional nunca foi aprovada; continuamos distribuindo recursos para quem menos investe em educação, em vez daqueles que trazem mais retorno de cada real investido. Nossa qualidade educacional continua sofrível, e nossa lentidão fez com que nos distanciássemos ainda mais dos países desenvolvidos. E, pior de tudo, a discussão sobre o assunto no país continua sendo pouca e errada, insistindo nas questões quantitativas e repetindo mitos e falácias.

Ao reler essas páginas que seguem, me perguntei se mudei de opinião, se há algo aqui que hoje rejeitaria. Acredito que tanto eu quanto a pesquisa no assunto evoluímos nos últimos doze anos, então certamente há alguns enfoques que hoje são diferentes. Principalmente no que tange à importância das questões financeiras na educação. Quando escrevi o livro, acreditava que se o nosso problema não é que gastamos pouco, então só pode ser que gastamos mal. E, sim, gastamos mal, mas hoje acho que isso é muito pouco relevante. Os fatores realmente importantes — em primeiro lugar, demanda social por educação de qualidade e, depois, uma série de medidas decorrentes dessa pressão, como a revisão dos cursos de formação dos professores; a seleção e treinamento dos diretores e a adoção de práticas de sala de aula mais efetivas — não custam quase nada em termos financeiros. Custam em termos de tempo, esforço, dedicação, paixão e coragem pra mudar. Isso é o que nos falta.

Dito isso, passo a bola pra você. Boa leitura. E, principalmente, ajude o Brasil a tornar este livro obsoleto.

Introdução

Em 1997, escrevi um texto na minha coluna na *Folha de S.Paulo* defendendo a cobrança de mensalidade de alunos abastados das universidades públicas. A coluna já criticara (e continuaria a criticar) governos, religiões, movimentos, ideologias, sociedades, práticas e costumes, mas nenhum outro escrito provocou uma invectiva tão visceral e intransigente quanto aquele. A histeria da reação me fez crer que havia ali um nervo exposto, que merecia ser escarafunchado.

Frequentava então os últimos anos de universidade, e resolvi adotar o tema como assunto do meu trabalho final de graduação. A pesquisa mostrou-se infindável, e cada avanço sobre os temas que compõem a questão — não apenas educação e economia, mas suas nuances das relações de poder e de classes do Brasil — ensejava nova onda de dúvidas, cujas respostas continuavam sempre elusivas. Não tinha, àquela altura, as ferramentas intelectuais para vislumbrar uma resposta satisfatória e abrangente, para determinar qual reforma e mecanismo seriam os melhores para o Brasil. O trabalho foi reduzido em escopo e poder explicativo. Terminei a faculdade e segui por outros rumos. Tinha certeza de que alguém mais qualificado conseguiria dar o tratamento que o tema merecia. E, de qualquer modo, o então ministro da Educação, Paulo Renato Souza, demonstrava seu desconforto com a estrutura universitária vigente e parecia prestes a encaminhar a reforma.

Os anos se passaram, o governo mudou, mas o sistema continuou inalterado. Nesse meio-tempo, comecei um mestrado em Desenvolvimento Econômico. Além de me fazer entender melhor uma série de questões relacionadas aos problemas do desenvolvimento, tive a sorte de ter algumas aulas sobre sua ligação com a educação, através da área da Economia da Educação, ramo de pesquisa cuja existência eu desconhecera até então.

O reencontro com o tema despertou novamente o interesse pela questão da educação no Brasil, e os ensinamentos obtidos durante o mestrado e, posteriormente, durante um ano de pesquisa em tempo integral sobre o assunto, me impeliram a tratar do problema novamente. Todo o aprendizado do período me fez ver que a questão da gratuidade do ensino universitário é apenas uma dentre várias questões prementes para a melhoria da educação brasileira. O foco do trabalho, assim, foi bastante alargado, e devotam-se aqui mais tempo e tinta aos outros níveis de ensino.

Nesse retorno ao tema tive condições de adicionar ao entusiasmo uma fundamentação acadêmica e uma metodologia clara e, assim, começar a dar solução às perguntas que há muito inquietam a mim e, tenho certeza, grande parte dos brasileiros. Ainda que certamente haja uma série de conhecimentos que me faltam para deslindar todos os meandros dessa intricada relação entre educação e desenvolvimento econômico, a ausência de trabalhos destinados ao público leigo sobre o assunto foi razão suficiente para tornar públicas as respostas que posso oferecer. Daí este livro.

O texto é dividido em duas partes. A primeira analisa os elos da educação e desenvolvimento econômico em uma perspectiva global, enquanto a segunda lida direta e exclusivamente com o Brasil. Ao final da segunda parte, apresento propostas o mais objetivas e detalhadas possível para uma reforma da estrutura da educação brasileira.

A primeira parte assenta as bases para a discussão das propostas e conclusões apresentadas no final. Começar discutindo a questão em um plano abstrato e geral me pareceu útil por duas razões. Primeiro, para "desideologizar" o debate sobre o Brasil que viria no capítulo seguinte, fazendo com que o leitor chegasse a ideias baseadas em princípios gerais, sem se deixar obstruir por suas posições, certamente mais rígidas e arraigadas, sobre a questão brasileira. E, segundo, para dar um respaldo à literatura que versa sobre o Brasil, ainda escassa quando comparada à literatura do restante do mundo. Se essa parte atingir seu objetivo, o leitor deve chegar à seção sobre o Brasil confiante na relação íntima entre educação e enriquecimento pessoal e nacional, e algo cético em relação às medidas comumente prescritas para melhorar a qualidade da educação. Pelo fato de essas conclusões surgirem de uma literatura ocasionalmente hermética e envolta em discussões metodológicas, o rigor com que pretendo embasar todas as conclusões me fez desembocar algumas vezes em uma prosa mais árida do que o desejado. O leitor desinteressado por economia ou pela evolução do pensamento sobre o tema pode, assim, querer evitar a primeira parte por completo e passar diretamente à segunda.

A primeira parte não é indispensável à leitura e compreensão da segunda, mas a enriquece. Quem quiser ler apenas a segunda parte terá de se resignar a acreditar, sem comprovação, que aquilo que ali se diz sobre o Brasil já fora encontrado na maioria dos outros países do mundo.

Este livro tem a pretensão de fazer o leitor ver a questão da educação no Brasil de forma diferente de como ele a vê agora. Essa pretensão se alicerça em dois pilares: um de conteúdo, outro de estilo.

No que diz respeito ao estilo, o principal objetivo do livro foi escapar do "achismo" que permeia a maior parte da discussão sobre esse assunto no país. Aqui não se "acha" nada e nenhum conhecimento é "óbvio" ou isento da necessidade de demonstração. Todas as conclusões e postulados do livro são resultado de estudos acadêmicos publicados em revistas acadêmicas ou instituições de respeitabilidade conhecida e de números divulgados por governos e entidades multinacionais. Sempre que possível, minhas premissas e conclusões são respaldadas por números e estatísticas. Todos os dados aqui citados são estatisticamente significativos. E incluí aqui não apenas as estatísticas e *papers* (artigos acadêmicos) que referendam meus pontos de vista, mas também aqueles que os contradizem. A pesquisa levou às conclusões, e não vice-versa.

Essa opção por um formalismo quase acadêmico de privilegiar números, gráficos e tabelas há certamente de danificar a elegância e fluidez do texto, mas é um rigor não só validado pela monumental importância do tema como, principalmente, indispensável dada a ideologização do assunto. Qualquer proposta, por mais sensata que seja, simplesmente lançada aos ares, sem o amparo da robustez conferida por dados incontestes, será imediata e irremediavelmente alvejada por um corporativismo tão organizado quanto implacável.

A proposta mais significativa, porém, diz respeito ao conteúdo do que vai aqui ser discutido. Fala-se de educação no Brasil como se estivéssemos na

Roma antiga; como se sua função fosse o enobrecimento da classe patrícia em sua trajetória rumo à vida contemplativa e/ou sua preparação para discussões no foro imperial sobre a construção da *polis* ideal. É sintomático dessa miopia um texto publicado na seção de opinião do maior jornal do país, de autoria do secretário de Educação do maior estado da federação, cujo título clama "Por uma educação poética" e em cujo corpo se diz que "é necessário que os educadores propiciem aos seus aprendizes a consciência do que é o bem, o bom e o belo".[1] Nada contra o bem, o belo ou o poético, claro, mas seria interessante que nossos aprendizes antes conseguissem ler e escrever — coisa que hoje não sabem fazer, como veremos mais adiante.

O resultado dessa visão da educação desprovida de qualquer sentido prático e objetivos mensuráveis é uma confusão de sentimentos nobres e resultados pífios, em que a incompetência se traveste de qualquer rótulo pedagógico ou posicionamento ideológico que a torne inatacável. Em última escala, esse desacerto conduz ao atoleiro do atraso, no qual o Brasil se afunda cada vez mais à medida que seus concorrentes evoluem a passos largos na popularização do conhecimento.

Esse desarranjo é permitido, em parte, porque a educação nacional foi consagrada à condição de apenas um direito da população pela mentalidade redentora do período pós-ditadura. O problema dessa conceitualização é que à atribuição de um direito cabe apenas uma resposta binária: ou o direito é conferido, e aí está tudo bem, ou o direito não é conferido, e aí é necessário conferi-lo. Conferir o direito, nesse caso, significa colocar a criança na escola. Estando ela na escola, o direito está conferido e para a maioria dos pais e cidadãos o dever está cumprido.

Mas a educação — e é isso que este livro quer mostrar — não é apenas um direito do cidadão, mas um patrimônio estratégico do país, uma ferramenta indispensável ao seu desenvolvimento. E, como toda ferramenta, também a educação tem de ser moldada de forma a atingir sua configuração ideal para que sirva a sua função e realize seu valor. Caso contrário, pode ser irrelevante ou até perniciosa ao Estado.[2] Percebida a educação não como um fim em si mesma, mas como uma alavanca para o progresso do país, e entendidos os mecanismos que regem e influenciam essa alavanca, nota-se que a simples concessão de vagas em instituições de ensino é não o final da relação entre Estado e escola, mas apenas o seu começo. Daí se abrem as inúmeras portas da percepção que nos permitem vislumbrar como, onde e o que deve ser feito para que a educação cumpra a sua função e ajude o Brasil a cumprir o seu destino.

Talvez o leitor vá concordar com as propostas aqui sugeridas, talvez não. Talvez elas um dia sejam implantadas, talvez não. Isso não interessa tanto. O que realmente importa é que o livro faça o leitor entender a tremenda importância da educação para o desenvolvimento do Brasil, e a profundidade e urgência do problema que temos em mãos, caso queiramos ainda construir o país com o qual sonhamos.

Prelúdio: pra que serve um governo?

Comecemos pelos fins. Já que o objetivo deste livro é não apenas estudar uma questão intelectualmente edificante, e sim usar o conhecimento científico para propor um conjunto de reformas bastante práticas a serem implantadas no sistema de educação pública, é fundamental explicitar a concepção do Estado e suas funções que aqui temos em mente. Afinal, não pode haver acordo sobre a posologia quando não há um entendimento sobre o diagnóstico ou a função do médico.

Governos têm muitas funções. Algumas banais, como construir estradas; outras intangíveis, como estimular a criação de uma identidade nacional. Governos devem zelar pela paz e segurança de seus concidadãos e, às vezes, fazer a guerra. Têm de conservar a história de um povo e construir seu futuro. Arbitrar disputas, criar instituições que permitam a convivência de todos, gerir as relações internacionais da nação. A lista é extensa, composta muitas vezes de itens conflitantes. Se, na discussão de propostas de ações governamentais, quisermos discutir todas as facetas dessa multidimensionalidade, acabaríamos nos deparando com uma complexidade paralisante. Precisamos, assim, definir prioridades e tentar combinar várias (oxalá a maioria ou todas) atribuições do governo em um critério resumido de avaliação. Precisamos obter um ou dois conceitos mais gerais e usá-los para avaliar cada ação do governo, sem que precisemos analisar como essa ação vai impactar o meio ambiente, a economia, as relações internacionais, a harmonia social; a condição de crianças, adultos e idosos; as maiorias e minorias etc. Afunilar essa lista não significa ignorar todas essas dimensões — é apenas uma maneira de tornar o debate possível e objetivo.

Feita essa ressalva, cabe dizer que a minha concepção da função de um governo — e, por extensão, de qualquer de suas políticas públicas — é: governo serve para maximizar o bem-estar da população. Note que quando falo da população está implícita aí uma noção de isonomia entre seus membros: qualquer tratamento privilegiado a um subgrupo — de raça, cor, credo ou renda — deve ser justificável de acordo com os benefícios sociais oriundos dessa exceção. Quando o governante for exposto a uma opção entre duas ações, deve optar por aquela que gerar o maior ganho coletivo. Note-se que o ganho coletivo não é, necessariamente, sinônimo de benefício de um maior número de pessoas, como já dizia Rousseau (1762). Há inúmeras situações em um Estado republicano em que ações que aparentemente privilegiam minorias são para o bem geral. Mas quando se favorece um interesse minoritário é necessário que se o justifique. Por via de regra, quando os benefícios de duas opções forem iguais, o bom democrata deve optar por aquela política que beneficie o maior número de pessoas. Esta é a parte fácil da definição. Complicado mesmo é definir "bem-estar".

Aqui, o potencial de variáveis a serem escolhidas é imenso. Em um mundo ideal, gostaríamos de poder auferir bem-estar por meio de algum método científico, inapelável. Esse método começa a se desenvolver, timidamente, para indivíduos, com avanços recentes da neurociência.[1] Não sei se algum dia será praticável para questões públicas envolvendo grande número de pessoas, mas o fato é que hoje esse tipo de medição é impossível.

Outro caminho é simplesmente perguntar às pessoas em que nível está seu bem-estar. Algumas pesquisas tentam esse exercício indagando, em vários países do mundo, se a pessoa é feliz. O índice de felicidade traduziria então o bem-estar da nação. Mas o grau de subjetividade e possibilidade de erro de uma pesquisa assim é enorme.

Primeiro, como sabe todo pesquisador, há nos entrevistados um desejo de responder a questões com a resposta a que a sociedade atribui um valor positivo. Se você perguntar a um neonazista se ele é racista, ele lhe dirá que não. Ninguém, afinal, gosta de se enxergar como racista, assim como ninguém quer admitir-se infeliz. Esse desejo tende a inflar todas as respostas sobre felicidade. Depois, talvez haja diferenças culturais entre um país e outro que recompensem de forma diferente a tristeza e a felicidade, o que tende a fazer com que os resultados não sejam realmente comparáveis de um país para outro.

Já que não podemos obter uma medição minimamente confiável através de pesquisas ou sondagens, temos de recorrer a estatísticas coletivas que sirvam como bons representantes do bem-estar individual. Vejamos se conseguimos encontrar um mínimo denominador comum: as pessoas gostam de ter uma vida longeva e saudável, preferem ter dinheiro a viver na miséria e preferem ter uma existência rica, interessante, intelectualmente estimulante. Para medir essas três variáveis normalmente adotamos critérios de saúde (expectativa de vida, mortalidade infantil etc.), renda (PIB per capita) e educação, respectivamente. De todas, o uso da educação como variável para medir o "conteúdo" de uma vida seja talvez o mais subjetivo, mas poucos duvidam que a ignorância é um severo limitador da experiência humana.

Mesmo adotando-se essas variáveis mais objetivas para chegar a um conceito de bem-estar, resta uma subjetividade desconfortavelmente grande: como fazer para balancear as três dimensões? O que é mais importante: saúde, educação ou renda? E, destrinchando-se essas variáveis, quais são as dimensões mais importantes dentre elas: expectativa de vida ou mortalidade infantil? Índice de matrícula ou taxa de analfabetismo? E a matrícula importa mais no ensino primário, secundário ou terciário (universitário)? E quanto à renda, importa apenas o grau absoluto ou a desigualdade?

A ONU vem tentando resolver esses dilemas com a criação do Índice de Desenvolvimento Humano (IDH), que combina essas três dimensões, atribuindo pesos específicos a cada uma delas e também a subvariáveis dentro das três categorias principais.[2] O índice, porém, permanece com algumas das subjetividades que queríamos eliminar, dado seu uso de pesos diferentes para cada área.

A boa notícia é que todo esse esforço pode ser resumido em um único fator sem muita perda de generalidade. Várias análises sugerem que usando apenas o indicador de renda — PIB per capita[3] — tem-se uma boa aproximação do bem-estar geral (Ray, 1998). A correlação entre o ranking do PIB per capita e o ranking no IDH 2004, por exemplo, é de 0,91; ou seja, o PIB sozinho explica 91% do posicionamento de cada país. Essa relação não é de todo surpreendente já que, afinal, os serviços de educação e saúde são pagos com dinheiro, e de quanto mais renda uma sociedade dispuser, mais ela tende a investir — ou exigir que seu governo invista — em serviços que lhe propiciam bem-estar.

Há, é verdade, algumas diferenças entre medidas de renda e outras daquilo que se convencionou chamar Capital Humano (educação, saúde etc.), tanto para o bem como para o mal. A Suécia, por exemplo, ganha dezenove posições no ranking do IDH em relação ao que ocuparia caso medíssemos unicamente renda; o Brasil, por sua vez, perde nove, por causa de seus baixos indicadores sociais. Não obstante essas diferenças casuais, a relação entre renda e IDH é robusta dentre os 177 países listados pela ONU, como a correlação acima atesta. E, mais importante, ao que tudo indica, a discrepância entre renda e indicadores sociais é passageira, conforme relata o estudo capitaneado por Gustav Ranis (2000). No longo prazo, os países ricos que não investem em capital humano tendem a ver seu crescimento de renda estagnar, e aqueles que investem bastante em capital humano tendem por fim a aumentar seu nível de renda.

Assim, sinto-me confortável com a ideia de que o nível de renda da população é uma variável abrangente e objetiva para nortear os esforços de um governo. *Grosso modo*, há duas maneiras de aumentar a renda per capita: ou se aumenta o numerador (PIB) ou se diminui o denominador (o número de habitantes de uma população). Ainda que as duas formas de alcançar o objetivo sejam teoricamente válidas, há pelo menos três razões para se preferir o aumento do PIB. Primeiro, por considerações éticas, já que políticas de redução populacional — através de mecanismos de controle de fertilidade, migração forçada, programas de esterilização etc. — tendem a interferir com liberdades pessoais, no mínimo, e resvalar para a barbárie, no máximo. Segundo porque, como os chineses podem demonstrar, a ideia de que o crescimento demográfico impede o desenvolvimento econômico é uma das falácias desmontadas pela evidência empírica (Lucas, 1988). E isso se dá porque, terceiro, há uma forte relação inversa entre fertilidade e renda: ao contrário das previsões de Malthus (1798) de que um aumento de renda levaria a uma explosão demográfica devido aos impulsos irrefreáveis da libido humana, o que se nota na prática é que quanto maior o nível econômico de um casal, mais baixa tende a ser sua fertilidade (Becker et al., 1990). É o que a literatura chama de a troca de quantidade por qualidade: menos filhos, mas mais tempo devotado a cada um.[4] Assim, para diminuir a fertilidade é melhor aumentar a renda, e não vice-versa.

Chegamos, finalmente, à medida final. Se é o nível de renda que importa, o objetivo central de um governante deve ser, então, o crescimento econômico, comumente medido pela diferença do PIB (Produto Interno Bruto) de ano a ano.[5]

Ainda que o crescimento econômico certamente não seja o único objetivo de um governo ou de uma sociedade, parece-me ser o mais abrangente e de mensuração mais descomplicada. Cabem dois esclarecimentos.

A alguns leitores certamente parecerá que adoto aqui uma visão economicista da *res publica* e, por extensão, da educação, como se sua única função fosse gerar aumento de renda. A própria existência deste livro mostra o contrário. Afinal, estudo a questão da educação há anos, e esse conhecimento e o tempo utilizado para escrever este volume teriam certamente sido mais rentáveis, financeiramente, se ocupados em outras atividades. A educação dá muitos frutos. Alguns com utilidades práticas, outros que resultam no simples e inebriante prazer de descobrir coisas novas, de entender áreas antes obscuras. O fato de este livro tratar da educação como ferramenta para o crescimento econômico não desmerece seus outros atributos. Esse enfoque é simplesmente aquele que me interessa e sobre o qual tenho algum conhecimento. O livro, portanto, não é reducionista por convicção ou ideologia, mas por conveniência. Seu objetivo é pensar a educação como ferramenta do desenvolvimento econômico. Quem está procurando um tomo sobre a função libertadora, revolucionária ou ética da educação deve buscar essa perspectiva alhures.

Segundo, haverá quem pense que uma educação voltada para o desenvolvimento econômico é necessariamente técnica, profissionalizante. Alienadora, como diziam meus professores de escola. Não é essa a minha visão. Eu não vou discutir neste livro minhas crenças pedagógicas, porque minha área é outra. Mas posso adiantar que, como a maioria dos pensadores contemporâneos sobre o tema, acredito que, para o desenvolvimento tanto pessoal quanto profissional do ser humano, o recomendável é uma vasta base intelectual — multidisciplinar, horizontal.

Parte daqui, então, minha análise: estudar o impacto da educação sobre o crescimento econômico e tentar entender se, como e sob que circunstâncias a educação contribui para o aumento da renda e o que podemos mudar no sistema educacional brasileiro para que essa relação se torne mais virtuosa.

Primeira parte

Educação e crescimento econômico: uma perspectiva global

A fundação microeconômica

Afinal, pra que serve a educação? A pergunta pode parecer exótica para o leitor contemporâneo, que vê na frequência à escola algo tão automático e corriqueiro a ponto de ser uma obviedade que dispensa explicações. Mas nem sempre foi assim. Aliás, é assim há pouco tempo.

Pessoas diferentes em épocas distintas dariam respostas diferentes. O mestre da academia da Grécia antiga versaria sobre a preparação de uma aristocracia justa e digna, seu congênere da China teria em mente a confecção de burocratas de boa caligrafia. O monge medieval via a escola como ferramenta para a transmissão da fé cristã à pequena parcela de alfabetizados da Idade Média, ao mesmo tempo que seu colega muçulmano se preocupava não apenas com os ensinos de Maomé, mas também com a transmissão de conhecimentos práticos sobre matemática e navegação, que os ajudariam no projeto de expansão da fé. Durante a maior parte da história da humanidade, porém, a escola e o saber dela oriundo foram um privilégio de poucos, cuja administração era confinada a grupos privados, frequentemente religiosos.

O primeiro sistema moderno de educação compulsória foi desenvolvido por Frederico, o Grande, na Prússia de 1763. Apesar de popular em suas dimensões, a iniciativa não tinha nenhuma intenção de popularidade em seus propósitos. Tratava-se de um sistema fortemente doutrinário, gerido pela Igreja luterana, destinado a garantir a sujeição dos súditos; pobres eram ensinados a despeito de sua oposição (Gradstein, 2000; Soysal e Strang, 1989). Um século mais tarde, a Revolução Industrial e uma ampla reforma eleitoral criavam na Inglaterra a demanda e a sistemática para a formação de um programa educacional compulsório que seria a base do sistema escolar moderno (Gradstein e Justman, 1999). A massificação do ensino decorreu não apenas das demandas de uma população que começava a ter voz política através do voto, mas de sua convergência com os interesses dos industrialistas do império, necessitados de uma mão de obra com conhecimentos mínimos de leitura e aritmética.

Desde então e até hoje, o processo educacional vive cindido por visões antitéticas de seus constituintes: por um lado, ferramenta de libertação, baluarte da esperança e esteio da revolução vindoura; por outro, instrumento de adestramento, doutrinação, preparação para o trabalho e manutenção da ordem vigente. De um lado, pedagogos, educadores e filósofos da educação; de outro, empresários e trabalhadores.

A visão que norteia este livro é distinta, e não se alinha a nenhuma corrente. Penso a educação — especialmente a educação pública — como meio para o desenvolvimento do país. A educação que quero estabelecer aqui é aquela mais apropriada ao crescimento de um Brasil democrático e livre. E livre, em primeiro lugar, da tirania da pobreza, que torna o homem liberto um escravo de sua própria subsistência.

Meu campo de inquérito e ferramenta de estudo será a Economia; minha filosofia será a da eficiência e da equidade (ainda sinônimas no caso brasileiro, onde, como veremos, a distribuição mais equânime de recursos tem o potencial de gerar grandes ganhos absolutos); meu norte, o desenvolvimento — desenvolvimento de competências e possibilidades, sem rumo preestabelecido.

Dados o longo histórico da convivência entre o homem e o ensino e a quantidade de tempo passado em bancos escolares por cientistas sociais, é surpreendente que o interesse da economia pelo assunto seja tão recente e o conhecimento acumulado ainda tão pequeno.

É verdade que desde Adam Smith (1776) o impacto da educação no mercado de trabalho já era sabido, quando ele dizia que "A diferença entre os tipos mais dissimilares, entre o filósofo e um carregador de malas, por exemplo, parece surgir não tanto da natureza, mas de hábitos, costumes e educação".[1]

Um tratamento mais quantitativo e rigoroso dos efeitos econômicos da educação, porém, teria de esperar quase duzentos anos. A chaga da escravidão projetou uma nefasta sombra sobre qualquer atividade intelectual que tentasse quantificar a educação, percebida como um direito do homem, tão fundamental quanto sua liberdade. Por séculos a ideia de se falar do lado mercadológico do conhecimento permaneceu intratável. O processo educativo, visto ao mesmo tempo como formador de sentimentos nobres e competências profissionais, escapou, assim, do escrutínio dos economistas. Gerou-se a anomalia de uma ciência que versava sobre o desenvolvimento feito por homens sem tocar no desenvolvimento dos homens.

A TEORIA DO CAPITAL HUMANO

A miopia começou a ser consertada na década de 1960, quando três pioneiros da Universidade de Chicago — Theodore Schultz, Gary Becker e Jacob Mincer — adicionaram ao Capital e Trabalho o tripé que faltava: o Capital Humano. Nem só de dinheiro, máquinas e horas trabalhadas depende uma economia: a qualidade de seus homens e mulheres começava a ser incorporada como elemento decisivo da riqueza das nações. E nada mais importante do que o processo educacional para determinar seu valor.

Schultz ajudou a promover o conceito em um ensaio de 1960, em que mostrava que a educação era um investimento consciente de seus agentes em busca de maiores rendimentos futuros no mercado de trabalho, aventando a hipótese de que o processo educacional fornecia não apenas enriquecimento cultural, mas também competências que aumentavam a produtividade do trabalhador e, assim, seu salário.

No ano seguinte, em outro *paper*, Schultz começava a apontar o nível de escolaridade como principal fator para compreendermos o perfil de renda de um trabalhador ao longo de sua vida. E sugeria que a inclusão de um fator que levasse em conta a mudança de capital humano ao longo das décadas explicaria duas ocorrências que o deixavam perplexo: a paulatina redução, ao longo do tempo, da relação entre capital e produção (o capital-*output ratio*) e o fato de que a renda crescia mais rapidamente que a soma de seus produtos (os fatores de produção: capital, horas trabalhadas e terras). Schultz sugeria duas possibilidades para resolver esses enigmas: ou a qualidade dos fatores estava mudando para melhor, ou a economia estava experimentando retornos de escala enormes. Schultz via que a chave estava mesmo na qualidade dos fatores — e o que havia mudado era a qualidade do material humano, devido à popularização da educação. Esse insight lhe valeu o prêmio Nobel de Economia de 1979. A descoberta é fruto não só da perspicácia intelectual do economista norte-americano, mas também de sua biografia: a escassez de mão de obra causada pela Primeira Guerra Mundial forçou o jovem Theodore a abandonar a escola. Só mais tarde, e com a ajuda de professores generosos, Schultz pôde ingressar na universidade e prosseguir uma carreira acadêmica brilhante.

A ideia de Schultz e dos demais proponentes da teoria do capital humano é de que o gasto em educação leva ao aumento da renda futura. Eis aí a descrição clássica de um investimento. E assim como quem compra uma máquina decide se vai ou não investir baseado na taxa de retorno que o investimento oferece, também o futuro aluno (ou seus pais, ou seu governo) se decide pelo investimento de acordo com a taxa de retorno que espera recolher. Essa taxa, já dizia Schultz, é medida essencialmente pela diferença de salários recebidos por uma pessoa de acordo com seu nível de instrução (veja o quadro 1 para maiores detalhes).

QUADRO 1
CALCULANDO TAXAS DE RETORNO À EDUCAÇÃO

A medida mais básica de retorno do investimento em um ano extra de educação é aquela que leva em conta apenas seus custos e benefícios.

Os benefícios são medidos pelo ganho salarial recebido por uma pessoa em relação a outra com um ano de escolaridade a menos, ao longo de sua vida laboral (normalmente estipulada como o período desde o fim da vida escolar (t_0, na fórmula adiante) da pessoa até seus 65 anos de idade (T).

Já os custos incluem dois componentes: custos diretos e custos de oportunidade. Os custos diretos correspondem ao valor desembolsado por alunos, pais ou governos na educação — seus componentes incluem salários de professores e outros profissionais do ensino, despesas com instalações físicas (tanto de manutenção como taxas de depreciação), livros e quaisquer outros utensílios escolares. O custo de oportunidade é aquilo que o aluno deixa de receber em salários ao ir para a escola.

Para medi-lo, basta observar o salário que o aluno receberia caso abandonasse a escola e entrasse no mercado de trabalho. Seu salário seria aquele recebido por alguém com o mesmo nível educacional (isto é, o custo de oportunidade de cursar o segundo ano do ensino secundário é igual ao salário recebido por alguém com o primeiro ano do ensino secundário completado).

Temos, então, que o retorno a um ano extra de educação é igual ao valor presente do prêmio salarial pelo ano a mais de educação, menos os custos incorridos durante esse ano. Formalmente, a taxa de retorno (r) é aquela que iguala custos e benefícios, conforme a equação abaixo:

$$\sum_{t=t0}^{T} \frac{w_s - w_s - 1}{(1+r)^t} = w_{s-1}^{+cs}$$

em que:

$w_s \rightarrow$ salário obtido por alguém com s anos de escolaridade

$c \rightarrow$ custo direto da educação

Gary Becker, companheiro de Schultz em Chicago e no Nobel, expandiria significativamente o escopo da teoria do capital humano com a publicação do livro *Human Capital*, em 1964. Becker começa tecendo considerações sobre treinamento no emprego. Mostra que, se o treinamento oferecido por uma empresa é absolutamente genérico e pode ser utilizado em qualquer firma ou indústria, o empregado pode transferir-se para outra empresa assim que o treinamento acaba. Assim, se a empresa pagasse pelo período de treinamento, ela arcaria com o custo mas não capturaria nenhum retorno — e nenhuma empresa entraria em um negócio desse. Portanto, nesses casos de treinamento genérico, quem paga o treinamento não é a empresa, mas o empregado, através de um desconto implícito em seu salário. Esse desconto é igual ao custo do treinamento.[2]

O treinamento tem um impacto importante no perfil de renda de uma pessoa ao longo de sua carreira: se Becker estivesse correto, o salário de alguém com treinamento deveria ser mais baixo que o de alguém que não recebe treinamento no início da carreira (já que aquele sem treinamento recebe de acordo com sua produtividade, mas o funcionário em treinamento leva um abatimento de acordo com o custo e a generalidade de seu treinamento), mas mais alto ao longo da carreira, quando o trabalhador treinado obtém os benefícios de seu treinamento, passando a receber mais do que o destreinado porque produz mais. As trajetórias dos funcionários destreinados e treinados são representadas pelas linhas UU e TT no gráfico abaixo, respectivamente.

GRÁFICO I.1

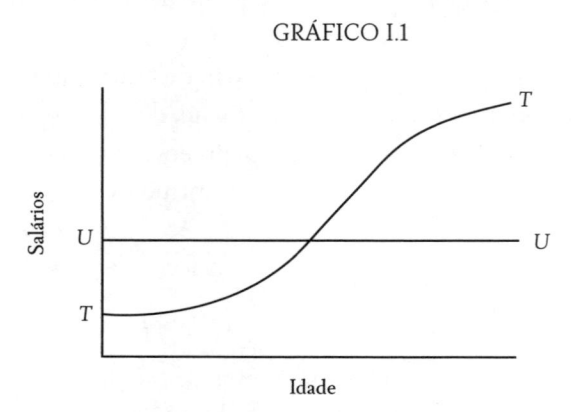

FONTE: Gary Becker. *Human Capital Investment and Economic Growth: Exploring the Cross-Country Evidence*. 3. ed. [Chicago]: University of Chicago Press, 1964, quadro 1, pp. 3-7.

A diferença entre a inclinação das curvas UU e TT é proporcional ao custo e aos retornos colhidos pelo treinamento. E o perfil côncavo da curva TT é dado pelo fato de que a taxa de retorno do investimento cresce mais em idades mais avançadas, já que o grosso do treinamento (e, portanto, a depressão e subsequente expansão do salário) se concentra nas idades mais tenras, por razões que veremos adiante.

A transferência dessa heurística para o campo do ensino é simples: basta imaginar que a escola é uma instituição especializada na produção de treinamento. Algumas oferecem treinamento genérico, como escolas secundárias e universidades; outras, ensino especializado, como escolas técnicas e regimes de aprendizagem (*apprenticeship*). Assim, quem frequenta uma escola de ensino não específico teria, segundo Becker, um perfil de renda ao longo da vida parecido com o quadro TT retratado acima. Aqueles com treinamento específico teriam um desconto menor ou inexistente em seus salários iniciais, já que o trabalhador não se animaria muito a bancar um treinamento específico, cujos benefícios ele só poderia utilizar em uma indústria ou empresa. Esse tipo de treinamento, então, ficaria a cargo de sua firma, de forma que sua curva de rendimentos seria mais alta no começo e menos inclinada ao longo do tempo, algo entre TT e UU.

A ideia de que o gasto com capital humano é, de fato, um investimento que desenvolve competências a ser futuramente recompensadas pelo mercado de trabalho oferece respostas para uma série de fenômenos até então aparentemente inexplicáveis.

Em primeiro lugar, para o próprio perfil de renda de pessoas com e sem educação. O próprio Becker colheu dados para comprovar sua hipótese, demonstrados na tabela abaixo:

TABELA I.1

DIFERENÇA DE SALÁRIOS ENTRE BRANCOS FORMADOS EM UNIVERSIDADES × ESCOLAS SECUNDÁRIAS, DE VÁRIAS IDADES, EM 1949 (ESTADOS UNIDOS).[3]

IDADE (ANOS)	DIFERENÇA (EM %)
18-19	– 111
20-21	– 95
22	– 59
23-24	– 16
25-29	+ 8
30-34	+ 42
35-44	+ 86
45-54	+ 100
55-64	+ 85

FONTE: Gary Becker *Human Capital Investment and Economic Growth: Exploring the Cross-Country Evidence*. 3. ed. [Chicago]: University of Chicago Press, p. 170, 1964.

Esses dados — o perfil côncavo e crescente dos salários ao longo do tempo, e os maiores ganhos dos mais instruídos depois da entrada no mercado de trabalho — têm sido confirmados desde então em praticamente todos os países e sob todas as circunstâncias avaliadas, como exemplifica o gráfico a seguir publicado em 1999:

GRÁFICO I.2 — PERFIL DE SALÁRIOS PARA HOMENS

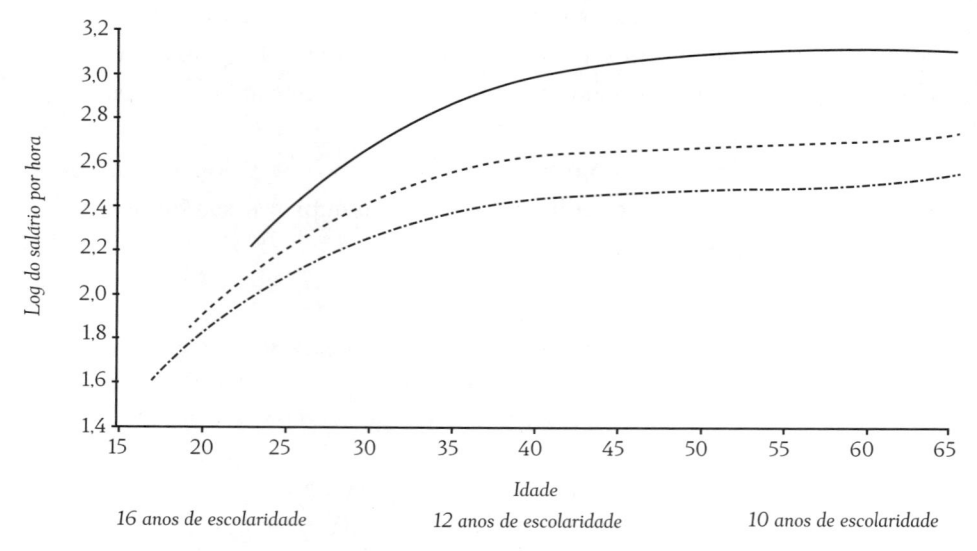

FONTE: David Card. "The Causal Effect of Education on Earnings". In: Orley Ashenfelter e David Card (Org.). *Handbook of Labor Economics.* v. 3, p. 1805, 1999.

Aceita a teoria do capital humano, podemos responder a uma série de perguntas sobre fenômenos referentes ao nosso comportamento. Por exemplo: Por que investimos em educação quando jovens, e pouco ou nada na maturidade ou na velhice? Porque, como todo investimento, aquele em capital humano também tem retorno maior quanto mais longo for o período em que seus resultados são colhidos. Por isso alguém de quinze anos tem mais incentivo para investir em educação do que alguém de sessenta (além, é claro, de diferenças físicas no que diz respeito a absorção de novidades, normas sociais de trabalho etc.). Pelo mesmo motivo, deveríamos ver maiores investimentos em educação quanto maior fosse a expectativa de vida da população, outra hipótese amplamente confirmada por observações empíricas.[4]

Pelo mesmo raciocínio também podemos entender um pouco melhor movimentos migratórios: é mais fácil perceber que jovens são mais propensos a se mudar do que velhos não apenas por fatores relacionados à disposição física e tolerância ao risco de um ou outro, mas também pelo fato de que a maioria dos migrantes se dirige a zonas onde os salários são mais altos que em suas zonas de origem, e o jovem terá mais tempo para colher os resultados do que um velho — e, portanto, maiores retornos.

Da mesma forma, minorias étnicas discriminadas no mercado de trabalho tenderão a investir menos do que a média em competências para mercados em que serão discriminadas e mais naqueles em que possam obter retorno igual ou maior do que a média da população (o foco de judeus em atividades intelectuais e financeiras em períodos em que eram proibidos de cultivar a terra, ou a concentração de negros norte-americanos em atividades de baixo valor agregado nos Estados Unidos do início do século passado são faces da mesma moeda).

Por último, a teoria do capital humano ajuda a explicar o permanente spread entre as taxas de retorno para investimentos em capital humano e aqueles em capital físico. Historicamente e ao redor do mundo, a taxa de retorno do investimento em educação é significativamente mais alta do que daquele voltado ao capital físico.

A diferença de retorno é exigida pelo investidor em potencial (alunos, pais, governos ou instituições privadas de financiamento) porque o investimento em capital humano apresenta alguns riscos para os quais os investidores demandam maiores retornos. Primeiro, ele é difícil de afiançar. Um banco que empresta dinheiro para investimento em uma fábrica sabe que, mesmo se ela for à falência, sobrarão prédios e máquinas para ajudar a resgatar a dívida. O investimento em pessoas não desfruta desse privilégio: caso o objeto do investimento morra, fique incapacitado ou decida viver em uma colônia nudista, não há nada que os credores possam fazer para recuperar seu investimento. Segundo, há incertezas maiores no investimento em capital humano: uma máquina tem um cronograma de depreciação previamente estabelecido, mas uma vida tem prazo de validade indefinido e sua produtividade está sujeita a uma série de fatores imprevisíveis. Por último, o prazo de amortização do investimento é muito longo, e as condições do mercado quando o estudante se junta à força de trabalho são, não raro, marcadamente distintas daquelas que imperavam quando o empréstimo foi tomado.

Os últimos quarenta anos foram generosos com os proponentes da teoria do capital humano. A expressão deixou de ser objeto de discussões sobre a "coisificação do homem" e a "mercantilização do saber" para passar a incorporar o léxico público e ser peça importante do discurso político. A ideia de que a educação é um investimento e que esse investimento tem valor no mercado de trabalho na medida em que aumenta a produtividade de seus detentores é hoje amplamente aceita. Como e por que se dá esse aumento de produtividade são questões diferentes e talvez mais interessantes.

EDUCAÇÃO, TECNOLOGIA E DESEQUILÍBRIOS

A teoria do capital humano indica que as competências adquiridas nas escolas aumentam a produtividade do trabalhador. Mas que competências são essas? Como elas tornam alguém mais produtivo? Os meandros dessa questão são objeto de estudo de pedagogos, psicólogos e professores, mas temos de ter uma compreensão mínima de seu funcionamento no que tange à economia.

Duas vertentes são exploradas já há algum tempo. Uma, desenvolvida por Nelson e Phelps (1966), propõe que a educação facilita a adoção de novas tecnologias. Schultz (1975) complementa com a ideia não muito diferente de que o valor da educação está em lidar com situações de desequilíbrio, mudança, ruptura.

Comecemos pela teoria de Nelson e Phelps. Sua ideia era de que há áreas da economia em que o nível de mudanças é baixo: são funções repetitivas, como a de um operário no chão de fábrica. Para essas, as competências básicas ensinadas nos primeiros anos de escola (ler, escrever, fazer contas) são suficientes.

Outras funções, especialmente cargos de gerência, envolvem mudanças e novidades constantes, de forma que não basta ser treinado para exercer um cargo: é preciso ser capaz de mudar as habilidades conforme a necessidade. Sua hipótese era que, nessas funções, ter educação formal aumentaria a capacidade de absorção de novos métodos e tecnologias. Assim, quanto mais educada uma sociedade, mais rápida seria a difusão de novas tecnologias, e menor seria a distância que separa essa sociedade da tecnologia mais avançada.[5] Um corolário importante do modelo é a noção de que, mantendo-se constantes as outras variáveis, o retorno à educação é proporcional ao desenvolvimento tecnológico da economia. Ou seja, quanto mais mudança há, mais se valorizam aqueles que dispõem do preparo acadêmico para adaptar-se às novas circunstâncias.

Na década seguinte, Theodore Schultz adicionaria à lista de competências a habilidade de lidar com desequilíbrios econômicos (situações em que há, por exemplo, excesso de oferta ou procura, tanto em mercado de bens como de serviços ou de trabalho). A hipótese de Schultz é de que pessoas instruídas teriam melhores condições de identificar esses desequilíbrios, calcular os custos e os benefícios de aproveitá-los e, consequentemente, maior chance de dar certo se decidissem atuar para equacioná-los. Schultz apresenta algumas evidências empíricas para comprovar sua tese: na agricultura, pessoas com maior educação respondem melhor a novas técnicas e obtêm maiores retornos; no mercado de trabalho, pessoas com mais instrução têm maior probabilidade de mudar de cidade e/ou emprego em busca de oportunidades melhores quando essas se apresentam. Até mesmo na produção doméstica, Schultz cita estudos em que mulheres com mais educação têm menos filhos, escolhem seus parceiros de forma diferente e são mais produtivas nas atividades do lar. Na mesma linha, Rosenzweig (1995) aponta que a taxa de adoção da pílula anticoncepcional é maior entre mulheres mais instruídas.

Desde que essas ideias foram expostas, há considerável comprovação empírica substanciando as hipóteses de ambos os modelos. Um estudo sobre a agricultura na Índia durante a chamada Revolução Verde, quando foram introduzidas sementes geneticamente modificadas e de maior rendimento, mostra que o nível de educação primária dos membros das famílias dos agricultores foi um fator determinante na rapidez da adoção dessas novas variedades de sementes. O estudo, que começa na década de 1960, mostra que em 1971 as fazendas com gente instruída tinham um lucro 11% maior que aquelas cujos trabalhadores não haviam frequentado o ensino primário; em 1982, os lucros eram 46% maiores (Foster e Rosenzweig, 1996).[6] O estudo também demonstra que as taxas de matrícula escolar cresceram mais rapidamente em áreas de maior progresso tecnológico. Ou seja, a educação torna-se um bem mais desejado em áreas impactadas por mudanças tecnológicas.

A estreita relação entre educação e progresso tecnológico é confirmada por um estudo no qual se analisa o setor rural do Paquistão (Alderman et al., 1994). Ali, em um cenário onde não há praticamente mudanças e as mesmas técnicas são passadas de pai para filho, a escolaridade por si só não afeta a rentabilidade da produção. Outro estudo sobre o setor agrícola das Filipinas referenda a irrelevância da educação em um cenário de progresso tecnológico baixo ou inexistente (Rosenzweig, 1995). O próprio estudo sobre a Índia, citado anteriormente, nota que a relação entre educação e lucro dá-se apenas para o ensino primário. Quer dizer, não foi preciso diploma de ensino secundário ou universitário para adotar e plantar sementes novas na Índia dos anos 1960-80. Nesse caso, investir em educação superior é, sob o prisma da produção, jogar dinheiro fora.

Vários estudos em um sem-número de países confirmam a hipótese de que a demanda por educação aumenta em períodos de rápido desenvolvimento tecnológico. Afora os casos atípicos em que uma sociedade tem zero de progresso e mudanças, uma avalanche de estudos nas mais diferentes regiões do globo e ao longo das décadas mostra que o retorno à educação é não só positivo, mas costumeiramente maior do que o retorno proporcionado por outros tipos de investimento. Resta-nos descobrir qual a magnitude do efeito e suas características.

QUANTO VALE O CONHECIMENTO?

Para fins econômicos, o benefício mais direto da educação é seu impacto sobre o perfil de renda, elevando os salários de pessoas instruídas ao longo de suas vidas. A evidência empírica comprovando esse efeito é tão contundente que um economista de Harvard, Lant Pritchett, chegou a dizer que esse seria o segundo fato mais amplamente aceito em economia (Pritchett, 2001).[7]

Mas como medir esse impacto? Será que seu efeito é linear, ou será que um ano de ensino primário aumenta mais o salário do que um ano de mestrado?

Essas questões começaram a ser solucionadas pelo trabalho pioneiro de Jacob Mincer, a última ponta do tripé — junto com Schultz e Becker — que traria o estudo da educação para a esfera da economia.

Em um livro de 1974, Mincer formula uma equação salarial que acabaria levando seu nome. Sua hipótese era de que os anos de escola teriam uma influência linear sobre o salário (quanto mais anos, maior o salário, e cada ano adicional de educação tem o mesmo impacto sobre o salário), enquanto os anos de experiência no batente assumiriam um padrão quadrático (isto é, o rendimento sobe até certo ponto à medida que aumenta a experiência do trabalhador e depois declina à medida que o sujeito envelhece). A equação minceriana analisa a renda da pessoa levando em conta sua educação e experiência.[8]

Testada empiricamente, essa simples equação demonstra um enorme poder explicativo, prevendo com grande robustez os salários.

No que diz respeito ao componente educacional, sua formulação descreve com incrível acuidade os retornos à educação, como mostram os painéis a seguir.

GRÁFICO I.3 — EVIDÊNCIAS DA LINEARIDADE DO IMPACTO DA EDUCAÇÃO SOBRE SALÁRIOS

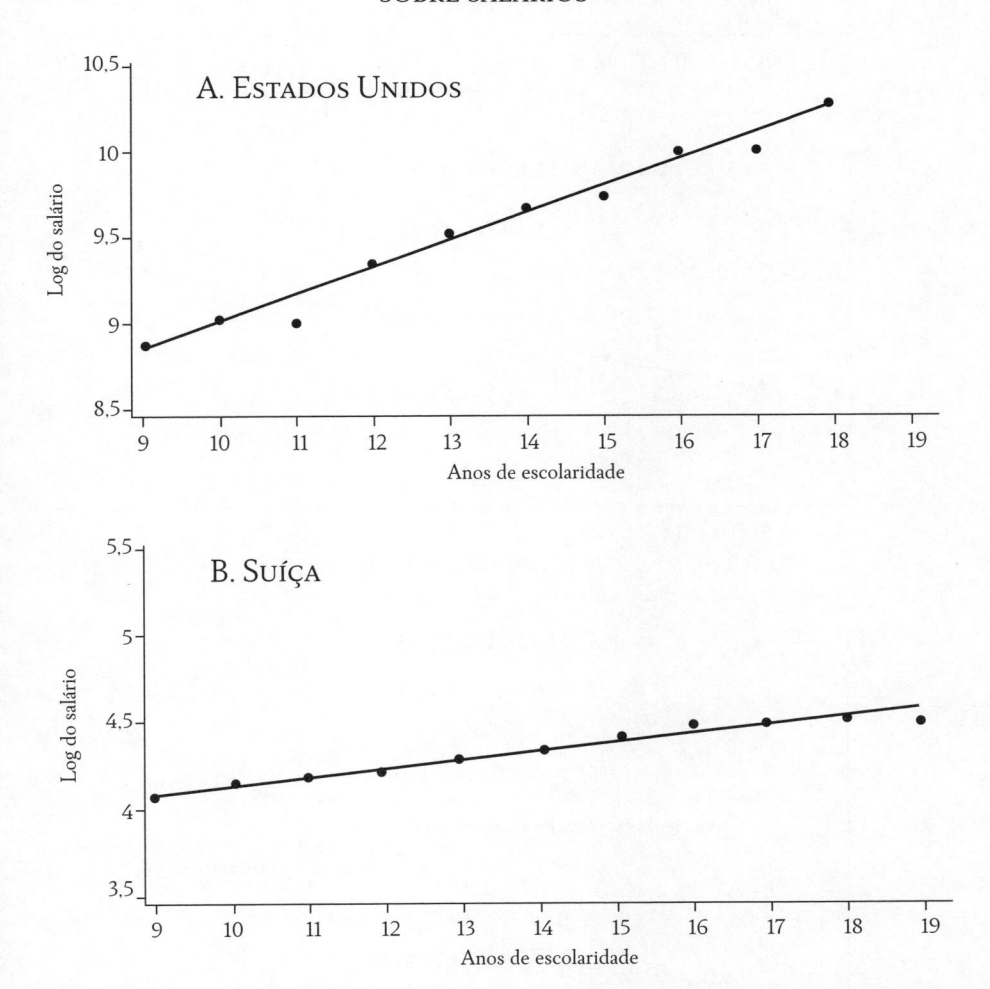

FONTES: Painéis A a D: Krueger e Lindahl. "Education for Growth: Why and for Whom?", p. 1104. Painel E: D. Card. "The Causal Effect of Education on Earnings", p. 1807.

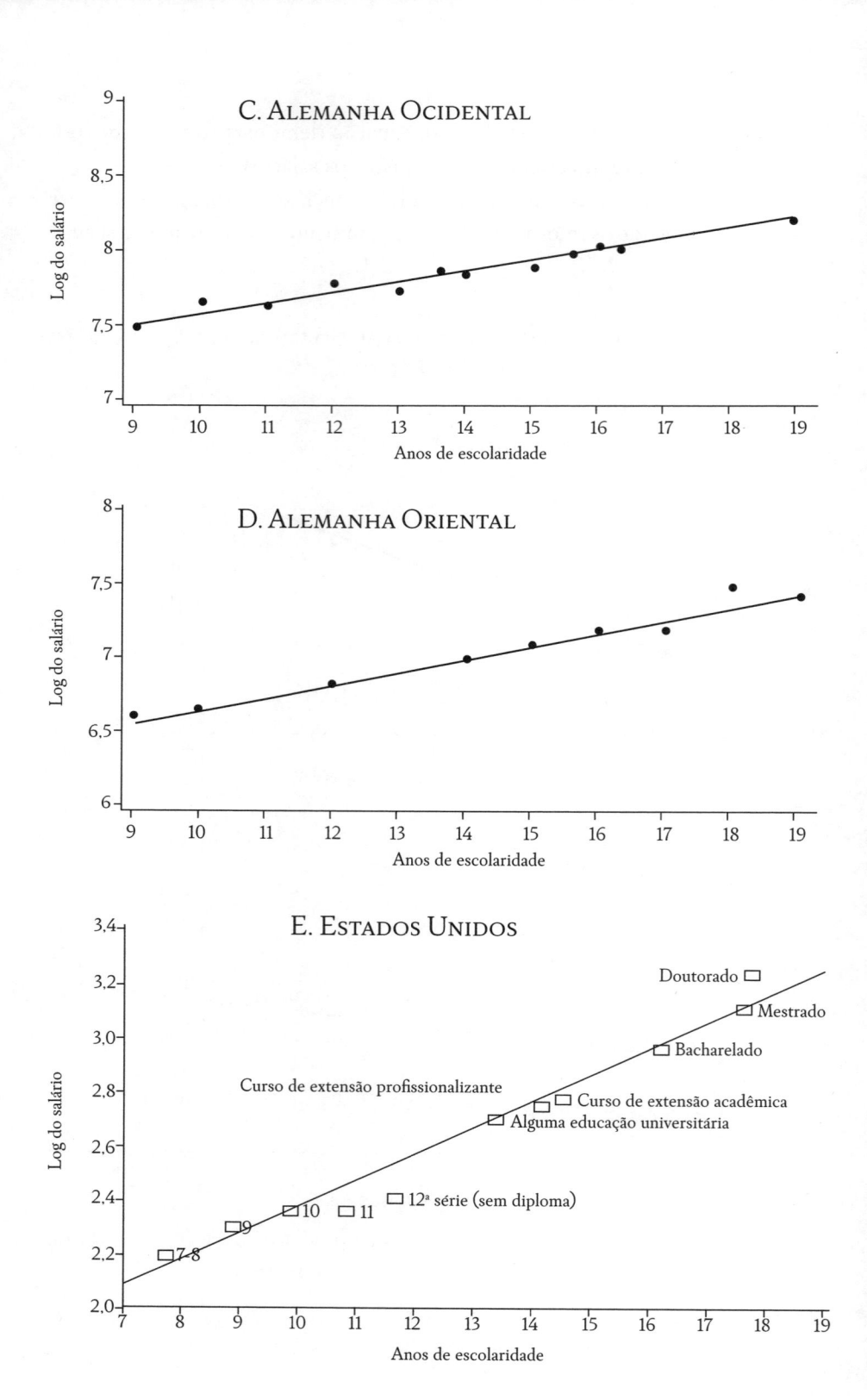

A beleza de uma linearidade tão perfeita é que se pode obter o retorno médio à educação apenas através da inclinação da curva: quanto mais acentuada, maior o retorno. Quem trabalha com ciências sociais sabe da quase impossibilidade de achar correlações com esse grau de linearidade quando se estuda algo relacionado ao sempre complexo comportamento humano.

O trabalho de Mincer, assim, parece referendar e concluir os achados de Schultz e Becker. A ideia de que a educação transmite competências é reforçada pelos achados quantitativos de que quanto mais educação se obtém, mais salário se recebe. Em um mercado competitivo, onde os empregadores pagam de acordo com a produtividade marginal dos empregados, essa relação demonstra que cada ano a mais de escola torna o aluno mais produtivo. Estaria assim finalmente compreendido e quantificado o impacto econômico da educação. Será?

PEDRAS NO CAMINHO: O VIÉS DA HABILIDADE, CREDENCIALISMO E EDUCAÇÃO COMO SINALIZAÇÃO

São raros os momentos na história intelectual da humanidade em que à perspectiva de um novo achado não se antepõem dúvidas e antíteses. O campo da economia da educação não é exceção.

A primeira oposição à ideia dos retornos da educação já existia, na verdade, muito antes de sua formulação teórica. É o familiar debate de *nature* vs. *nurture*, natureza vs. ambiente, genética vs. cultura. Nos séculos anteriores e também nas décadas posteriores aos avanços aqui relatados, céticos de todos os quilates aventaram a hipótese de que a relação entre escolaridade e renda não reflete causalidade, mas apenas uma correlação espúria. A verdadeira causa da maior produtividade daqueles com mais educação seria sua maior habilidade inata (inteligência, QI etc.). A razão pela qual os mais instruídos recebem maiores salários seria que aqueles com maior habilidade natural tendem a buscar níveis superiores de educação. Pessoas mais inteligentes e de maior curiosidade intelectual têm maior facilidade no colégio e dele obtêm mais prazer; assim, nos períodos em que a educação é obrigatória (ensino primário para a maioria dos países e também secundário para vários dos países desenvolvidos), alunos mais inteligentes tendem a repetir menos e a ter menos problemas de comportamento. Depois de terminado o período compulsório, os mais inteligentes teriam maior probabilidade de querer continuar na vida acadêmica, decidindo cursar uma faculdade e talvez fazer pós-graduação.

Levada ao extremo, essa hipótese sugeriria que a educação tem impacto zero sobre a produtividade no mercado de trabalho — seria apenas uma camuflagem para o efeito da inteligência inata de cada um. Talvez esse extremismo seja exagerado, mas o leitor pode notar que qualquer que fosse o impacto de fatores inatos sobre o desempenho profissional ele teria de ser diretamente subtraído do impacto agora conferido à educação.

Por isso, já há muito tempo pesquisadores tratam de identificar e isolar o componente de habilidade inata nas equações de salário. Isso é comumente feito através da inclusão de variáveis como QI em análises de regressão (veja quadro 2).

QUADRO 2
ANÁLISES DE REGRESSÃO

Análises de regressão são o feijão com arroz de economistas e outros cientistas. A regressão é uma ferramenta da estatística que nos permite verificar se há uma relação entre duas (ou mais) variáveis e quão forte e confiável é essa relação.

Basicamente, o objetivo de uma análise de regressão é definir o padrão que une duas variáveis, com o menor erro possível. Para tanto, reunimos pares de dados dessas variáveis e tratamos de traçar a melhor "linha" possível que as una.

Por exemplo, suponhamos que você queira saber quais são os fatores que afetam o salário de uma pessoa. Digamos que você imagine que um desses fatores é seu nível de instrução e que você queira averiguar qual é a relação entre o salário (que representaremos pela letra Y) e o nível de escolaridade, medido em anos de estudo (que representaremos pela letra X), em uma determinada cidade. Para isso, colhemos dados de uma série grande de pessoas — de preferência uma amostra representativa da população como um todo, sem nos concentrarmos em um bairro, grupo etário ou gênero dos amostrados —, perguntando quanto elas ganham e por quantos anos frequentaram a escola.

Imaginemos que o gráfico abaixo representasse nossos achados:

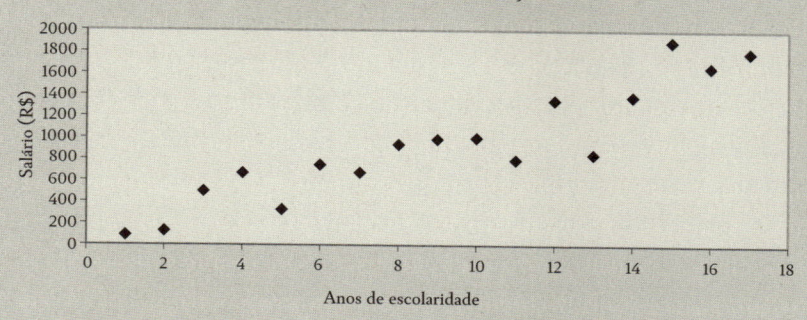

Podemos tentar expressar esse gráfico através de uma equação, tal como $Y = a + bX + u$. Ou seja, o salário de uma pessoa (Y) é determinado por uma constante (a) mais a relação com seu nível de escolaridade (b). A variável (u) é o nosso "erro" ou "ruído": é tudo aquilo que determina o salário além do nível de educação; é aquilo que desconhecemos e que faz com que nossa relação entre educação e salário não seja perfeita (por exemplo: idade da pessoa, seu status socioeconômico, preferências pessoais etc.).

Se colocarmos os dados acima em um software de estatística ele cuspirá vários números, dos quais três são importantes para nós.

O primeiro é o valor de "b", o coeficiente da educação, isto é, aquele que aponta a relação entre a educação e o salário. No nosso caso hipotético, meu software me diz que esse valor é de 99,4. Quer dizer, para cada ano a mais de escolaridade, o salário da pessoa aumenta, em média, 99,4 reais.

O segundo número — também fundamental — é o que mede o nível de confiança desse resultado. Quer dizer: será que a relação entre educação e salário é robusta ou será que o resultado acima pode ser obra do acaso? Será que se repetíssemos a análise com outro grupo de pessoas obteríamos resultado parecido ou diferente? Enfim, podemos confiar no resultado?

Esse número depende da variação encontrada na amostra. Reveja o último gráfico. Você pode, sem muita dificuldade, traçar uma linha reta imaginária entre os pontos, conectando-os, não é? É porque a variação é relativamente baixa, os pontos estão bem próximos dessa linha imaginária. Quanto menor a distância entre essa linha e os diversos pontos, maior será a confiança no nosso resultado. Se tivéssemos um gráfico em que todos os pontos estivessem perfeitamente alinhados, de forma que uma linha pudesse passar por todos eles, nosso erro seria zero e nossa confiança no resultado seria de 100%.

Nas ciências sociais, porém, não existem relações 100% perfeitas. Então se estabeleceram convenções. Há três níveis aceitáveis de confiança: 90%, 95% e 99%. O primeiro é um nível de confiança fraco e o último é extremamente forte, de forma que na maioria das vezes usamos o meio-termo, 95%, como marcador. O que esses 95% querem dizer? Querem dizer que, quando obtemos esse resultado para o coeficiente da variável X, podemos ter 95% de certeza de não estarmos atribuindo uma relação entre X e Y quando ela na verdade não existe. Ou, por outro lado, temos 5% de chances de declarar que X e Y são relacionados quando na verdade o nosso achado é acidental.

No caso do nosso último gráfico, essa probabilidade é menor que 0,00001%, de forma que nosso resultado é extremamente robusto e podemos dizer com confiança que há uma relação positiva entre nível de educação e salário; que quanto mais se estuda mais se ganha. *Quando obtemos resultados em uma regressão em que a probabilidade de erro é menor ou igual a 5%, dizemos que o resultado é* **estatisticamente significativo**. Quando nosso resultado está aquém desses parâmetros, os chamamos de **estatisticamente insignificantes**.

Essa distinção é primordial. Ela separa a ciência da casualidade. Você várias vezes lerá análises em que se diz que o aumento de um fator (digamos, número de policiais) "causou" a mudança de outro (por exemplo, número de assaltos) simplesmente porque ambos aconteceram durante o mesmo período. Mas, como qualquer pessoa aprende na primeira aula de estatística, correlação não significa causalidade. Para que cheguemos mais próximos de estabelecer que X causa Y precisamos, primeiro, de uma análise que mostre que a correlação entre os dois fatores é estatisticamente significativa. Segundo, de uma teoria plausível que explique por que e como uma coisa leva à outra. E, terceiro, de preferência uma série de medições — cobrindo países, épocas e/ou pessoas diferentes, utilizando-se de métodos distintos e conduzidas por diferentes equipes — que confirme o resultado inicial. Só então podemos nos sentir mais seguros no que diz respeito à relação entre causas e efeitos. A verificação de uma relação estatisticamente significativa é o primeiro passo nesse sentido; sem ela, qualquer conclusão é engodo.

O terceiro valor que nos interessa gerado pela análise de regressão é o chamado R^2. O que esse valor nos diz é que parcela da variável dependente (aquela do lado esquerdo da equação, o Y — o salário no nosso caso) é explicada pela variável ou variáveis independentes (aquelas do lado direito da equação, o X — no nosso caso, anos de escolaridade). No nosso exemplo, o R^2 foi de 0,84. Ou seja, a variação da escolaridade responde, sozinha, por 84% das diferenças salariais das pessoas nessa população. Esse é um nível extremamente alto, que normalmente não encontramos nas ciências humanas. O que esse número diz é que outros fatores determinam os outros 16% do salário.

A análise de regressão nos permite colocar quantas variáveis independentes (X) quisermos e acharmos relevantes. No caso do salário, por exemplo, talvez fizesse sentido adicionar, além do nível de escolaridade, variáveis que controlassem a experiência profissional da pessoa, gênero, raça, salário dos pais, ambição, autoestima, QI e quaisquer outras variáveis que achássemos relevantes. À medida que aumentamos o número de variáveis, é provável que o R^2 aumente, que nossa explicação se torne mais completa. Mas também pode acontecer que, ao incluir novas variáveis, as variáveis antigas percam robustez, talvez até deixando de ser estatisticamente significativas. Por isso a maioria das análises de regressão sobre fenômenos econômicos utiliza mais de uma variável, para evitar a declaração de uma certeza sem testar todas as possibilidades que podem minar a impressão inicial. Não há nenhuma regra que diga quantas ou quais variáveis devem ser incluídas em uma determinada análise. Cabe ao pesquisador fazer sua seleção baseada em seu bom senso. E cabe ao leitor avaliar se os dados apresentados são conclusivos e completos.[9]

Há vários tipos de análises de regressão, de níveis de sofisticação diferentes e servindo para casos distintos. O tipo mais básico é chamado OLS (Ordinary Least Squares), em que a relação entre as variáveis é determinada elevando-se ao quadrado as distâncias entre cada ponto e a linha que os une e traçando a reta de forma a diminuir a soma desses quadrados. Situações mais complexas podem necessitar de outros métodos, como os discutidos mais adiante.

Outros estudiosos tentaram isolar efeitos genéticos estudando irmãos com níveis de instrução diferentes, já que sua bagagem genética e circunstâncias socioeconômicas são similares.

Na primeira resenha da literatura devotada ao tema, Zvi Griliches (1977) chegou à conclusão de que o efeito da habilidade sobre o rendimento da educação não tinha grande importância. Griliches estimou que a inclusão de uma variável refletindo a habilidade pessoal resultaria em um "desconto" dado às estimativas sobre o retorno à educação não maior do que um décimo do impacto medido (isto é, se o retorno à educação fosse de 10%, 9% seriam devidos à educação e 1% às capacidades cognitivas do sujeito). Griliches observou, contudo, que a grande volatilidade das diversas estimativas sobre habilidade — resultado, sem dúvida, das dificuldades de definição e mensuração de variáveis como "inteligência", "cognição" etc. — deveria inculcar uma pitada de ceticismo sobre os estudos que se propunham a medi-la.[10]

Desde o tempo de Griliches, economistas vêm tratando de achar métodos mais precisos e confiáveis para a medição do coeficiente de habilidade, dada a sua significância. Ao contrário das ciências físicas, porém, as ciências sociais dificilmente conseguem promover experimentos controlados, em laboratório, com um grupo de teste e outro de controle.[11] Seus resultados devem derivar de observações de campo, e nelas é difícil isolar apenas a variável que se quer estudar e ter certeza de que não há correlações imperceptíveis com outras variáveis. (Um caso das chamadas correlações espúrias que veremos no próximo capítulo é o do desempenho de escolas privadas e públicas: comumente se pensa que as privadas oferecem educação melhor, mas a diferença é explicável em grande parte pelo status socioeconômico de seus alunos, e não pelas diferenças entre o ensino das escolas.) Duas soluções possíveis para essa dificuldade são (1) a utilização de "experimentos naturais", em que fatores exógenos — mudanças de legislação, por exemplo — acabam produzindo o equivalente a um experimento de laboratório e (2) usar-se de variáveis instrumentais ("IV", da sigla em inglês), que naturalmente isolam a variável a ser estudada. Ambos os métodos têm sido usados na tentativa de desvendar o impacto exato da habilidade sobre a educação e o perfil de salários.

Um exemplo de experimento natural é descrito em estudo de J. Angrist e A. B. Krueger, de 1991. Ele demonstra que a data de nascimento dos alunos dos Estados Unidos é um fator determinante na quantidade de ensino recebida por eles. É que em vários estados norte-americanos a frequência escolar é compulsória até certa idade (dezesseis anos, digamos) e o ano escolar termina em maio. Assim, os alunos nascidos no início de cada ano (por exemplo, janeiro) alcançam a idade mínima antes dos nascidos mais perto do fim do ano (novembro) e podem abandonar a escola antes de seus colegas de menor idade, completando uma série a menos. Assim, temos dois grupos de diferentes níveis de escolaridade, cujas características são bastante similares e cuja única diferença é causada por um fator exógeno (data de nascimento). Podemos, então, comparar os salários daqueles que nasceram mais cedo com os daqueles que nasceram mais tarde no mesmo ano, atribuindo as diferenças de salário à quantidade de educação recebida por cada grupo. Quando ambos os grupos estudados são suficientemente numerosos, podemos presumir que não há diferenças sistemáticas de inteligência entre um e outro, de forma que as diferenças salariais devem ter sido causadas pela maior exposição ao ensino dos alunos mais novos.[12] Angrist e Krueger verificaram, utilizando-se desses subgrupos, que o retorno a um ano adicional de educação ficava em torno de 7,5%, número bastante parecido com as estimativas OLS, como a equação minceriana.[13]

Esther Duflo (1999) reporta outro experimento natural na Indonésia, em que um programa governamental investiu maciçamente na construção de escolas. Duflo observa que aqueles afetados pelo programa — residentes de áreas em que novas e melhores escolas foram construídas — tendem a permanecer mais tempo na escola. Assim, os salários do grupo afetado pelo programa e os daqueles nascidos antes de sua criação podem ser comparados e daí retirado um valor para o retorno à educação. Duflo estimou que o retorno a um ano de educação fica entre 6,8% e 10,6%.

Outra maneira de isolar diferenças de habilidade é o estudo de gêmeos univitelinos, que têm código genético idêntico e vivem, normalmente, sob as mesmas condições socioeconômicas. Se conseguirmos encontrar uma série de gêmeos univitelinos que tenham diferentes níveis de escolaridade, poderemos daí depreender o efeito da educação sobre seus salários.

Vários pesquisadores fizeram exatamente isso, e a literatura de retornos à educação de gêmeos é extensa. Um exemplo é o estudo conduzido por Ashenfelter e Rouse (1998), baseado em entrevistas com setecentos gêmeos idênticos que frequentaram o inusitado festival de gêmeos de Twinsburg, em Ohio. O retorno ao ano de educação desses gêmeos foi de 9%, um pouco acima do retorno estimado por regressões convencionais.

Analisados individualmente, estudos medindo o retorno à educação por meio de experimentos naturais ou de IV não dizem muito, mas tomados em conjunto eles podem ajudar a resolver o dilema sobre habilidade.

Para surpresa geral, estudos resumindo a literatura sobre o tema apontam que o retorno à educação medido por métodos IV é frequentemente mais alto que aqueles alcançados por medições convencionais. Onze estudos resumidos por Card, em "Estimating the Return to Schooling" (2001), indicam um retorno mediano a um ano extra de educação de 9,8% com métodos IV e 7% com métodos OLS.[14] Harmon et al. (2000), com uma amostra ainda maior de estudos, encontraram uma média de retornos de 6,5% com métodos OLS e superiores a 9% com métodos IV.

Ou seja, quando se controla o efeito da habilidade inata, o retorno à educação parece ser ainda maior. Isso não faz, a priori, muito sentido. É como se a inteligência tivesse um efeito negativo sobre o rendimento da educação. É sinal de que provavelmente há algum erro de mensuração em algum desses métodos.

Que conclusões podemos tirar desses estudos? Em primeiro lugar, que os retornos à educação são consistentemente altos, independente dos métodos usados para medi-los. Em segundo, parece infundado o receio de que esses retornos sejam não mais do que uma cortina de fumaça, mascarando a importância da habilidade inata. Terceiro, parece haver problemas sérios de subestimação da importância da educação quando se utilizam técnicas convencionais (OLS).[15]

Resumo da ópera: habilidade inata não é importante. Quando a isolamos, o retorno à educação fica ainda mais alto. Pode ser que essa diferença se deva a problemas de mensuração. Tirando possíveis exageros, porém, ainda temos resultados iguais a regressões convencionais. E mais: como veremos a seguir, há razões para se acreditar que as regressões convencionais *subestimam* o efeito da educação. Griliches já havia aventado essa possibilidade em 1977. Mais de 25 anos de pesquisas extremamente criativas e sofisticadas apenas corroboraram sua hipótese.[16]

Equacionada a questão da habilidade, tratemos de um desafio mais radical à teoria do capital humano. Alguns teoristas aventaram a ideia de que a educação é, sim, valiosa e merecedora dos altos salários que seus possuidores recebem. Mas não por conferir conhecimentos que aumentam a produtividade das pessoas instruídas, e sim como mecanismo de "sinalização" para futuros empregadores.

Um dos pais da teoria, Michael Spence (1973), descreve o mercado de trabalho como um caso típico de assimetria de informação: o empregador prestes a contratar um funcionário não sabe quão produtivo ele será, mas o empregado sabe. Assim, os candidatos mais produtivos e inteligentes têm um incentivo para procurar algum mecanismo que os diferencie dos improdutivos, algo que sinalize ao futuro empregador sua verdadeira performance. Vários outros mercados sofrem com a assimetria de informação, e encontram mecanismos criativos para circundá-la.[17]

Na ausência de um mecanismo de sinalização, o empregador pagaria a todos os seus funcionários um salário médio, um valor entre aquele destinado ao superprodutivo e ao inepto. Os mais produtivos, assim, sairiam perdendo, pois receberiam menos do que se pudessem demonstrar sua verdadeira produtividade. Eles, então, estariam dispostos a investir em um mecanismo que comunicasse aos empregadores em potencial sua verdadeira produtividade.[18] Esse instrumento, como o leitor já deve imaginar, é a escola.

Spence expressa essa ideia através do gráfico 4, abaixo, em que o empregador paga dois salários (W): nível 1 para aqueles sem educação e nível 2 para os com educação.

GRÁFICO I.4 — A HIPÓTESE DA ESCOLA COMO SINALIZAÇÃO

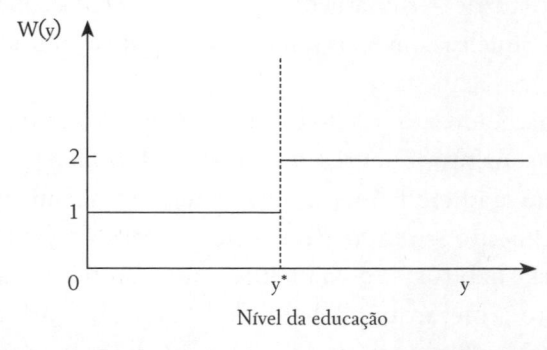

FONTE: Michael Spence. "Job Market Signaling". *Quarterly Journal of Economics*, v. 87, n.3, p. 362, 1973.

Note que as linhas salariais nesse caso têm inclinação zero, em flagrante oposição à curva proposta por Mincer e verificada no gráfico 3. Ela tem esse formato porque a ideia básica é que, como a educação serve apenas para filtrar pessoas de habilidades diferentes, a população subdivide-se somente em dois grupos: os de baixa produtividade não obtêm educação nenhuma, e os de alta produtividade obtêm apenas educação y^* — qualquer quantidade acima de y^* seria um desperdício de dinheiro, já que o salário será constante. E qualquer quantidade entre $y = 0$ e y^* será também um desperdício, já que a filtragem se dá apenas em y^*. Assim, teremos apenas dois níveis de educação na força de trabalho ($y = 0$ e $y = y^*$).

A presunção básica desse modelo, como já deve ter ficado aparente, é que a educação tem efeito zero sobre a produtividade de uma pessoa. Daí a inclinação zero da curva de salários: se alguém com um doutorado tem a mesma produtividade de alguém com diploma de curso primário, certamente não faz sentido pagar-lhe mais.

Spence vê um certo benefício social no investimento em educação, pois ela aumentaria a eficiência do processo de seleção do mercado de trabalho, na medida em que indica ao empregador a produtividade do empregado, diminuindo as chances de um desencontro.

É uma interpretação generosa. Analisando modelos similares, Arrow (1973) nota que o gasto com a educação só pode ser benéfico para a sociedade em casos em que há dois tipos de trabalhos com exigências de produtividades diferentes, e essa diferença tem de ser pronunciada o suficiente para contrabalançar os custos com educação. Em um cenário em que só há um tipo de trabalho, o gasto com escola seria um desperdício — já que não tem efeito algum sobre a produtividade — e criaria desigualdades de renda onde antes elas não existiam, já que aqueles com mais dinheiro obteriam a educação e os mais remediados não.[19]

Outro desafio parecido à teoria do capital humano é o chamado credencialismo. Segundo seus proponentes, a educação afetaria a produtividade, mas não da maneira tradicionalmente imaginada — transmitindo competências ou conhecimento — e sim através do processo de socialização. A educação inculcaria hábitos supostamente importantes no mercado de trabalho: o respeito à hierarquia, a habilidade de trabalhar com colegas, pontualidade, ética profissional etc. Assim, um diploma escolar serviria como uma espécie de credencial ao formando, comunicando ao seu futuro empregador que ele faz parte do mundo dos civilizados e não sucumbirá à tentação de ficar na praia depois do almoço ou bater no chefe durante episódios de irritação.

As observações empíricas não têm sido muito generosas com ambas as hipóteses. Como já vimos, a verificação da linearidade inclinada entre o nível de escolaridade e o salário, proposta por Mincer e verificada em vários países ao longo dos anos, solapa a ideia de que o efeito sobre a produtividade de um ano a mais de escola seja desprezível. Todas as observações de variáveis instrumentais analisadas até aqui também mostram que em grupos com as mesmas características — e até o mesmo DNA — um ano a mais de escola tem um impacto decisivo sobre o salário no mercado de trabalho.

Segundo, podemos medir o impacto da educação sobre os autônomos, gente que não precisa sinalizar para o empregador seu nível de produtividade porque não tem patrão. Harmon et al. (2000), analisando os rendimentos de autônomos no Reino Unido, mostram que o componente de sinalização é bastante pequeno. Os estudos analisando o impacto da educação sobre a produtividade agrícola, citados anteriormente, ratificam esse achado.

Terceiro, vale a pena olhar para sistemas não capitalistas, nos quais os salários não correspondem à produtividade do empregado. Como atesta P. Schultz (1988), o fato de que nenhum regime — capitalista ou socialista — tenha usado outro sistema que não a escola para gerar as informações necessárias para alocar suas populações no mercado de trabalho coloca em dúvida o valor da hipótese da educação como mero instrumento sinalizador. Por que, afinal, governos — inclusive os socialistas — investiriam na educação de suas populações se não houvesse retorno a um investimento tão maciço?

Se podemos, assim, descartar as vertentes mais rígidas da ideia de sinalização, que dizer do credencialismo? Certamente há um componente de socialização na educação; ninguém passa uma vida em uma escola e sai de lá sabendo apenas fórmulas e fatos. Como separar o efeito das credenciais daqueles que aumentam a produtividade através da cognição?

Vale a pena olhar de novo para o gráfico 2, em que analisamos o perfil salarial das pessoas ao longo de suas vidas. Se é verdade que a educação serve apenas para separar as pessoas mais inteligentes e bem-comportadas do resto da população, seria de esperar que as diferenças salariais entre bacharéis e não instruídos permanecesse constante ou até convergisse com o passar do tempo. Quer dizer, é de compreender que um empregador pague mais a alguém com diploma quando o contrata, já que ele não tem como saber quem é competente e usa o diploma como um indício. Mas depois de anos de emprego as diferenças haverão de aparecer, e nesse momento nenhum patrão pagará a um mestre ou doutor incompetente mais do que àquele com ensino primário e desempenho estelar. Se a educação transmite apenas bons modos e não maior competência, não deveríamos observar nenhuma relação sistemática entre nível educacional e salário ao longo dos anos. Os dados, porém, mostram justamente o contrário. Não só a diferença salarial não diminui ao longo dos anos como ela inicialmente aumenta e depois permanece constante e significativa entre aqueles com diferentes níveis educacionais. Outros estudos mostram inclusive que a diferença entre aqueles com maior e menor instrução aumenta com o passar dos anos. Brunello e Comi (2004), analisando onze países europeus, demonstram que a curva de rendimentos de pessoas com diploma universitário, ao longo do tempo, tem o dobro de inclinação daquelas com ensino secundário. É uma evidência de que não apenas as pessoas com maior instrução têm mais competências do que seus pares, mas que há uma relação de complementaridade entre o aprendizado na escola e aquele no trabalho. As pessoas mais instruídas parecem tirar maior proveito de seu aprendizado no trabalho.

Assim, hoje há um consenso na literatura de que as hipóteses de sinalização e credencialismo não servem para explicar a relação entre educação e renda verificada quase que universalmente.[20]

Reforçada a validade da ideia de que a educação é um investimento cujos resultados são mensuráveis através do mercado de trabalho, precisamos entender que forças moldam esse investimento e determinam seu retorno.

O MERCADO DA EDUCAÇÃO: OFERTA E DEMANDA

A educação, como qualquer serviço, tem uma demanda e uma oferta, um "preço" e uma "quantidade". O valor da educação é medido por seu retorno, e sua quantidade é calculada pelo número de anos de escolaridade das pessoas instruídas em uma determinada área geográfica. O mercado da educação tem, contudo, algumas características que o diferenciam de outros mercados.

Uma delas é que a própria educação gera um de seus fatores de produção mais importantes: professores. Quanto mais ampla a base educacional de um país, mais professores em potencial existirão. O aumento da oferta de professores diminui o seu "preço" (o salário), diminuindo o custo da educação. Reduzindo-se o custo, mais pessoas tenderão a frequentar escolas, em um ciclo virtuoso. A diminuição dos salários de professores é o segundo fator mais importante na expansão das escolas ao redor do mundo (especialmente em países subdesenvolvidos), só perdendo para o aumento de renda per capita da população (P. Schultz, 1988). Quando se diz que os salários de professores estão caindo com o tempo, não deixa de ser verdade, mas não é toda a verdade: tipicamente em países da América Latina e no sul e oeste da Ásia, seus salários são (ou eram) artificialmente altos pela escassez de alunos no ensino secundário, o que gerava um pool pequeno de futuros professores em potencial. Quando se lamenta o baixo salário de professores, esquece-se de comemorar o fato de que essa baixa possibilitará a educação de muitas crianças pobres que não teriam acesso ao ensino se o custo por professor continuasse tão alto. (O reverso da moeda é que alguns acreditam que o baixo salário dos professores impacta a qualidade do ensino, mas isso é discussão para mais tarde.)

Outra diferença do processo educacional é que ele gera retornos externos, que beneficiam mesmo pessoas que não participam do processo educacional. É o que a literatura chama de externalidades. Discutiremos esse tópico em detalhe logo mais, mas é bom que se tenha em mente que um dos resultados da educação é tornar mais produtivas pessoas que estão próximas a outras mais instruídas. O conceito parece algo estapafúrdio quando é discutido em economês, mas qualquer pessoa que já tenha trabalhado em um escritório sabe como a improdutividade de um colega, subordinado ou chefe pode emperrar o seu próprio desempenho. Essa característica do processo educacional gera uma singularidade: em outros mercados, quando aumenta a oferta, o valor cai. No mercado educacional, a diminuição do valor é atenuada pelo fato de que quanto mais pessoas educadas houver em um mercado, mais produtivas elas tendem a ser por causa de seu contato com outras pessoas instruídas e competentes, e mais seu valor (seus salários e, por conseguinte, o retorno à educação) tende a subir.

Excetuadas essas singularidades, o mercado de educação é como qualquer outro: quando a demanda iguala a oferta, está em equilíbrio; quando a demanda supera a oferta, o retorno sobe; quando a oferta supera a demanda, o retorno cai. Note que o mercado é dinâmico e tende ao equilíbrio: quando a oferta excede a demanda e o retorno cai, as pessoas investirão em atividades de maior retorno, diminuindo a oferta do período seguinte e trazendo o mercado de volta ao equilíbrio. Da mesma forma, quando a demanda excede a oferta, o chamado *skill premium* — o prêmio adicionado aos salários dos instruídos — sobe, e gente que normalmente abandonaria a escola em favor de outras atividades acaba ficando mais tempo, em busca dos retornos maiores, até que a demanda novamente alcance a oferta e o mercado volte ao equilíbrio.

Precisamos, então, compreender o que determina a oferta e a procura.

Vamos começar pela oferta. Os principais fatores exógenos a influenciar a oferta de educação são a taxa de crescimento demográfico e a taxa de matrícula.[21] Quanto maiores forem a população e a oferta educacional (número de escolas, salas etc.), maior será a oferta e, tudo o mais constante, menor será o retorno à educação. A diminuição do retorno pode dar-se de duas maneiras: ou através de salários menores (quando o empregador reduz o salário oferecido ao notar que o número de pretendentes cresceu mais que o número de vagas) ou, quando o valor do salário é fixo, através da diminuição de vagas disponíveis, aumentando o desemprego. (Para simplificar a análise, falamos aqui de uma economia fechada, ignorando, por enquanto, a dinâmica de sua interação com outros países.) Para exemplificar esses efeitos, vale a pena mencionar o caso Israel-Palestina.

Quando se intensificou a ocupação israelense nos territórios palestinos, surgiu uma série de universidades que, além de seu papel de instrução profissional, serviam principalmente como foco da resistência política. A enxurrada de bacharéis resultante dessa iniciativa reduziu o salário da população com diploma universitário e aumentou seu desemprego (Angrist, 1995).

Outro caso clássico é o de Cuba. A falta de literatura a respeito me força a recorrer a uma narrativa pessoal, certamente compartilhada por quem quer que tenha visitado a ilha: lá, não é raro encontrar pessoas com diploma universitário dirigindo táxis ou cortando cana, devido à universalização do ensino, inclusive o terciário. Sobra oferta, mas não há demanda. A despeito da espirituosa blague de Fidel Castro — segundo o qual, na ilha, não eram as universitárias que exerciam a prostituição, mas sim as prostitutas que tinham diploma universitário[22] —, o fato permanece que, dadas a estagnação econômica da ilha e sua política de contenção de emigração, muitos dos mais instruídos não têm onde usar sua instrução. A única saída para o problema destes são as balsas para Miami.

Em economias abertas, um dos mecanismos de equacionamento de choques de excesso de oferta é a transferência dessa oferta para áreas em que haja demanda, ou seja, migração. Assim se explica o êxodo de engenheiros de software da Índia para os Estados Unidos ou de cientistas da União Soviética para outros países europeus, assim como a transferência de trabalhadores de baixa educação do México aos Estados Unidos ou da Turquia à Alemanha.

Esses migrantes pobres se dirigem a países ricos porque nestes a universalização do ensino primário e o índice de matrícula superando 70% no ensino secundário significam que há escassez de pessoas de baixa qualificação.

Falemos da demanda pela educação. Seu principal fator, como o leitor deve esperar pela discussão anterior, é o desenvolvimento tecnológico da economia. Quanto mais alto o desenvolvimento tecnológico, maior a necessidade de pessoas com maior nível educacional. Todas as três razões que fazem com que haja um retorno para a educação são ampliadas pelo progresso tecnológico: quanto maior a sofisticação tecnológica, maior será a demanda por capacidades cognitivas mais apuradas, como prevê a teoria clássica do capital humano (Becker, 1964; Schultz, 1960 e 1961); quanto mais rápido for o avanço, maior a probabilidade de que novas oportunidades se abram e situações de desequilíbrio se verifiquem, o que privilegiaria a habilidade de lidar com mudanças desenvolvida através do processo educacional, como propôs originalmente Schultz (1975). E, finalmente, quanto mais educada for a população maior será a convergência tecnológica entre os países menos desenvolvidos e o líder, de acordo com Nelson e Phelps (1966).

Os últimos vinte anos, mas especialmente a década de 1990, produziram farta evidência da correlação entre tecnologia e educação. Estudos mostram que o *skill premium* vem aumentando nos Estados Unidos e em outros países desenvolvidos nas últimas décadas (Mincer, 1994; Galor e Moav, 2000; Greenway e Haynes, 2000). A crença de que o prêmio aumenta mais em indústrias de alta tecnologia e, dentro dessas indústrias, em funções que usam computadores levou inclusive alguns pesquisadores a perguntar se os computadores haviam mudado a dinâmica do mercado de trabalho (Autor et al., 1997). Pode ser, mas é improvável. Estudos abrangendo períodos históricos mais longos demonstram que a relação entre tecnologia e educação já é complementar há várias décadas, talvez séculos. Goldin e Katz (1998) mostram que, ao contrário de nossas percepções atuais, já na virada do século XX pagavam-se maiores salários a operários de chão de fábrica com curso secundário. E desde então aqueles com maior instrução se encontram desproporcionalmente em algumas indústrias, especialmente aquelas com linhas de produção contínuas e empresas do setor de alta tecnologia. Goldin e Katz escrevem que, apesar de toda a comoção com as novas tecnologias que experimentamos nessa passagem de milênio, aquelas ocorridas ao redor de 1915 talvez tenham sido proporcionalmente mais importantes. A grande diferença para os dias atuais é que esse período de rápido avanço tecnológico coincidiu com uma explosão de popularização do ensino secundário nos Estados Unidos; com a demanda e a oferta de educação crescendo em sintonia, o retorno à educação manteve-se constante. Atualmente, com um sistema educacional mais próximo de seu limite, os países desenvolvidos observam um excesso de demanda que empurra as taxas de retorno para o alto, aumentando a desigualdade de renda entre os com e sem instrução.

RETORNOS PRIVADOS

Analisemos então as taxas de retorno à educação, já que agora compreendemos suas forças determinantes.

A primeira medida é o retorno básico, discutido no quadro 1. Os dados são do estudo produzido por economistas do Banco Mundial, George Psacharopoulos e Harry Patrinos (2002).

TABELA I.2
RETORNOS PRIVADOS À EDUCAÇÃO, POR NÍVEL DE EDUCAÇÃO E REGIÃO (EM %)

	RETORNO PRIVADO		
REGIÃO	PRIMÁRIO	SECUNDÁRIO	TERCIÁRIO
Ásia*	20,0	15,8	18,2
Europa / Oriente Médio África do Norte*	13,8	13,6	18,8
América Latina / Caribe	26,6	17,0	19,5
OCDE	13,4	11,3	11,6
África Subsaariana	37,6	24,6	27,8
Mundo	26,6	17,0	19,0

* excluindo membros da OCDE.

FONTE:, George Psacharopoulos e Harry Anthony Patrinos. "Returns to Investment in Education: A Further Update". World Bank Policy Research Working Paper n. 2881. 2002, tabela 1.

TABELA I.3
RETORNOS PRIVADOS À EDUCAÇÃO, POR NÍVEL DE RENDA (EM %)

	RETORNO PRIVADO		
RENDA PER CAPITA	PRIMÁRIO	SECUNDÁRIO	TERCIÁRIO
Baixa (US$755 ou menos)	25,8	19,9	26,0
Média (de US$766 a US$9.265)	27,4	18,0	19,3
Alta (acima de US$9.266)	25,6	12,2	12,4
Mundo	26,6	17,0	19,0

FONTE: George Psacharopoulos e Harry Anthony Patrinos. "Returns to Investment in Education: A Further Update". World Bank Policy Research Working Paper n. 2881. 2002, tabela 2.

A observação empírica confirma as expectativas da análise das forças de demanda e oferta. Note que o retorno à educação cai à medida que o nível de renda aumenta: dada a escassez de pessoas educadas na África, lá o retorno à educação é duas ou mais vezes maior do que nos países da OCDE (que congrega os trinta países mais ricos do planeta).

O retorno da educação primária é quase sempre o mais alto, pois seus custos são relativamente baixos (tanto os custos diretos quanto os de oportunidade) e o benefício é particularmente alto de um ano a outro: uma pessoa alfabetizada, por exemplo, tem uma gama exponencialmente maior de empregos à sua disposição do que um analfabeto.

Por último, duas restrições: primeiro, as taxas acima representam o retorno marginal *médio*, isto é, a média dos custos e benefícios de um ano a mais de educação. Ela não será necessariamente igual ao retorno marginal — que calcula os custos e benefícios da educação de um aluno a mais (isto é, se um país tem cem alunos no ensino universitário, as taxas de retorno marginal médio calculam o retorno de um ano a mais de educação *para esses cem alunos*; a taxa de retorno marginal calcula o retorno ao *101º aluno*). Para efeitos de política pública, é a taxa de retorno marginal — e não a taxa de retorno marginal médio — que deve ser levada em consideração, já que a decisão de investir ou não em um programa depende do impacto que tal ação terá sobre as pessoas afetadas pela nova iniciativa.[23] Como diz o vulgo, de boas intenções o inferno está cheio: como os cubanos podem atestar, aumentar a oferta de educação quando não há (e nenhuma previsão de haver) demanda é, sob o ponto de vista da economia, jogar dinheiro fora.[24]

O segundo problema das taxas acima é que elas atribuem as diferenças salariais unicamente ao nível de educação, sem levar em conta a experiência profissional. Por isso, essas taxas são mais úteis para comparações de custos e benefícios entre regiões e diferentes níveis de educação do que para se obter um número preciso do retorno esperado ao dólar ou real investido em educação.

Para se obter uma taxa de retorno que inclua a variável experiência, basta recorrer à equação criada por Mincer, mencionada anteriormente. Seus resultados estão na tabela I.4, a seguir.

O cálculo de retorno baseado na equação minceriana tem dois problemas. Primeiro, o valor do coeficiente de escolaridade não representa exatamente um retorno, já que ele mede apenas o impacto da educação sobre o salário, sem levar em consideração os custos. Se os custos de educação fossem iguais em todos os níveis, não haveria problema, mas, como veremos mais tarde, esse não é o caso. Assim, o coeficiente minceriano mede apenas o benefício da educação. A tabela anterior confirma a tendência de menores benefícios à medida que a renda e o nível de escolaridade da população aumentam, e estabelece uma média global de ganhos salariais resultantes da educação: *em média, uma pessoa com um ano de escolaridade a mais que seus colegas tende a receber um salário 10% maior.*

TABELA I.4

RETORNO MÉDIO (MINCERIANO) A UM ANO EXTRA DE EDUCAÇÃO

RENDA PER CAPITA	ANOS DE ESCOLARIDADE	COEFICIENTE DE RETORNO (%)
Baixa (US$755 ou menos)	7,6	10,9
Média (de US$766 a US$9265)	8,2	10,7
Alta (acima de US$9266)	9,4	7,4
Mundo	8,3	9,7

FONTE: George Psacharopoulos e Harry Anthony Patrinos. "Returns to Investment in Education: A Further Update". World Bank Policy Research Working Paper n. 2881. 2002, tabela 3.

A segunda deficiência da equação minceriana é que, por estabelecer uma relação linear entre educação e rendimentos, ela só nos indica o retorno médio a um ano de educação, sem definir se essa média é composta por retornos idênticos para todas as séries do ensino ou pela aglutinação de retornos diferentes para cada ano ou ciclo. Estudos mais recentes mostram, por exemplo, que os resultados têm maior poder explicativo quando o modelo permite retornos maiores para os anos de conclusão de curso (ou seja, completar o último ano do ensino secundário por exemplo, gera salários proporcionalmente maiores do que completar o penúltimo) (Heckman et al., 1996).[25]

Assim, sugerimos ao leitor que retire um pouco de cada modelo. A equação minceriana é uma boa ferramenta para se estimar os benefícios de um ano a mais de educação, mas ignora as diferenças de custo. Já os cálculos de retorno básico apresentam um bom indicador para se medir a relação custo-benefício entre os diversos níveis de educação, mas, por desconsiderar os ganhos com a experiência, não serve para quantificar o benefício da educação em termos absolutos, sendo mais útil para comparações de investimentos entre níveis educacionais.

RETORNOS SOCIAIS

Uma vez compreendido e quantificado o retorno da educação para o indivíduo, precisamos chegar a uma medida do impacto social da educação, isto é, o que a sociedade ganha com o investimento na instrução de seus membros.

O primeiro passo para a consecução desse objetivo é simplesmente calcular a taxa de retorno social, que mede a rentabilidade do investimento feito pelo governo. A diferença entre a taxa de retorno privada e a social é que nesta incluímos os gastos incorridos pelo governo, onde antes só considerávamos o gasto do indivíduo. O cálculo dos benefícios é idêntico àquele usado nas taxas de retorno privado.[26]

As tabelas I.5 e I.6, a seguir, comparam os retornos social e privado por regiões e por níveis de renda.

Observe que a taxa social segue a mesma tendência da taxa privada: em geral, quanto mais rico o país, menor o retorno.

Outras duas características são importantes. Primeiro, note que a taxa de retorno privado é maior no nível primário, cai no nível secundário e aumenta um pouco para o ensino universitário. Já o retorno social vai caindo continuamente: exceto nos países da OCDE, começa alta no ensino primário e depois cai, atingindo seu valor mais baixo no ensino universitário. É assim por causa dos altos custos do ensino universitário e do subsídio estatal aos universitários, extremamente alto, o que faz com que as taxas de retorno privadas sejam altas e as taxas sociais, relativamente baixas.

Segundo, as taxas sociais são sempre menores do que o retorno privado, já que grande parte dos custos é financiada pelos governos, mas os benefícios são apropriados pelos indivíduos.

As taxas de retorno social são uma primeira aproximação do impacto da educação no crescimento econômico de uma nação. Afinal, elas medem os ganhos das pessoas instruídas já se descontando o custo social de financiar sua

TABELA I.5
RETORNOS SOCIAIS E PRIVADOS À EDUCAÇÃO, POR NÍVEL DE EDUCAÇÃO E REGIÃO (EM %)

	RETORNO SOCIAL			RETORNO PRIVADO		
	PRIMÁRIO	SECUNDÁRIO	TERCIÁRIO	PRIMÁRIO	SECUNDÁRIO	TERCIÁRIO
Ásia	16,2	11,1	11,0	20,0	15,8	18,2
Europa/Oriente Médio/ África do Norte*	15,6	9,7	9,9	13,8	13,6	18,8
América do Norte/Caribe	17,4	12,9	12,3	26,6	17,0	19,5
OCDE	8,5	9,4	8,5	13,4	11,3	11,6
África Subsaariana	25,4	18,4	11,3	37,6	24,6	27,8
Mundo	18,9	13,1	10,8	26,6	17,0	19,0

* Excluindo membros da OCDE
FONTE: George Psacharopoulos e Harry Anthony Patrinos. "Returns to Investment in Education: A Further Update". World Bank Policy Research Working Paper n. 2881. 2002, tabela 1.

TABELA I.6
RETORNOS SOCIAIS E PRIVADOS À EDUCAÇÃO, POR CLASSE DE RENDA (EM %)

	RETORNO SOCIAL			RETORNO PRIVADO		
RENDA PER CAPITA	PRIMÁRIO	SECUNDÁRIO	TERCIÁRIO	PRIMÁRIO	SECUNDÁRIO	TERCIÁRIO
Baixa (US$755 ou menos)	21,3	15,7	11,2	25,8	19,9	26,0
Média (de US$766 a US$9265)	18,8	12,9	11,3	27,4	18,0	19,3
Alta (acima de US$9266)	13,4	10,3	9,5	25,6	12,2	12,4
Mundo	18,9	13,1	10,8	26,6	17,0	19,0

FONTE: George Psacharopoulos e Harry Anthony Patrinos. "Returns to Investment in Education: A Further Update". World Bank Policy Research Working Paper n. 2881. 2002, tabela 2.

educação. Se mesmo levando-se em conta esses custos o resultado para a sociedade é um retorno positivo, é provável que a renda do país — que pode ser vista como a soma da renda de seus habitantes — também cresça com a educação.

Mas o cálculo de retorno social deixa de lado aspectos importantes. Primeiro, ignora o impacto da educação sobre a arrecadação de impostos. Quanto maior o nível de educação, maior a renda, e quanto maior a renda, maior a coleta de impostos. É um cálculo do benefício bruto; o líquido seria mais interessante.

Segundo, e mais importante, os benefícios da educação a um país não se resumem a maiores salários. Há outros ganhos comumente associados à educação: maior tolerância, consciência social, melhores cuidados com a saúde, tendências democráticas, controle de impulsos violentos, pesquisas que levam ao desenvolvimento tecnológico e uma série de outros benefícios. Identificar e tratar de mensurar esses ganhos é tarefa para a próxima seção. Aqui notamos apenas que a exclusão desses fatores — conhecidos no jargão da economia como externalidades (veja quadro 3) — aponta os limites da microeconomia para a compreensão de fenômenos macro, como o é o crescimento do PIB.

A presença de externalidades — positivas, nesse caso — indica que o total é maior que a soma de suas partes. Para se medir o ganho macroeconômico resultante da educação, uma metodologia microeconômica, como a que vimos até agora, que se preocupe tão somente em somar os ganhos privados daqueles beneficiados pela educação para chegar ao resultado macro é totalmente insatisfatória. No próximo capítulo trataremos de esboçar um mecanismo mais adequado.

QUADRO 3 EXTERNALIDADES

Externalidades são atividades que impõem custos ou benefícios involuntários a terceiros e cujos efeitos não são plenamente refletidos em preços e transações comerciais (Samuelson e Nordhaus, 2001). O exemplo clássico é a poluição: uma fábrica que polui o ambiente impõe perdas à comunidade sem ter de pagar por isso; um aeroporto causa poluição sonora à sua vizinhança como consequência involuntária de sua função, que é de oferecer um lugar para aviões pousarem e decolarem. Esses são casos de externalidades negativas. Mas há também externalidades positivas, em que atividades de terceiros resultam em benefícios para nós sem que tenhamos de pagar por isso. O caso paradigmático é a atividade de pesquisa: quando alguém inventa o transistor ou um remédio ou o telefone, o inventor ou companhia responsável pela invenção colhe uma parte dos ganhos — através de patentes etc. —, mas não todo o ganho resultante de sua descoberta. Um remédio melhor, por exemplo, não ajuda apenas o doente (que terá pagado por ele), mas também sua família e amigos, que ganham com sua recuperação.

A educação é uma atividade repleta de externalidades, como veremos. Ganha com ela não apenas quem recebe a instrução mas também a sociedade como um todo: pessoas educadas são pais mais cuidadosos, o que gera benefícios a seus filhos; cidadãos mais participativos, o que ajuda a consolidar a democracia; menos violentos, o que aumenta a segurança de terceiros; e, ao que parece, melhores colegas de trabalho, que elevam a produtividade de seus colegas.

A existência de externalidades na educação é importante por duas razões, como veremos a seguir: justifica o financiamento público da educação e indica que o ganho público pode ser maior do que a soma dos ganhos privados.

CONCLUSÃO

A perspectiva microeconômica nos indica que há ganhos robustos resultantes do processo educacional. A partir do trabalho pioneiro que deu origem à teoria do capital humano, passamos a entender a educação como um investimento feito por homens e mulheres para melhorar seu futuro. Essa teoria estipula que a educação gera competências (quer sejam elas gerais, de adoção de tecnologias novas ou de adaptação a desequilíbrios econômicos) que aumentam a produtividade daquele que a recebe. Já que em mercados competitivos cada qual recebe de acordo com sua produção, a forma mais direta de mensurar o efeito da educação é comparar os salários de pessoas instruídas com os daquelas sem instrução. Essa comparação, feita ao redor do mundo e há várias décadas, indica que o salário de uma pessoa é fortemente correlacionado a seu nível educacional.

Como todo investimento, podemos também computar uma taxa de retorno à educação. Vimos aqui que a hipótese de que há um efeito linear entre educação e salário é extremamente consistente, e que o coeficiente dessa relação sugere que um ano a mais de educação gera um aumento salarial médio por volta de 10%.

Discutimos dois desafios a esses achados. Primeiro, a ideia de que habilidades inatas, quando ignoradas, fazem com que as taxas de retorno observadas superestimem o efeito da educação sobre produtividade. Segundo, a ideia de que a educação não transmite competência alguma, sendo apenas um sinal ou credencial de outras qualidades. Apresentamos argumentos refutando o bojo de ambas as hipóteses. Estudos feitos com gêmeos univitelinos e outros experimentos naturais mostram que métodos tradicionais não só não superestimam o impacto da educação mas também tendem a subestimá-lo. No máximo, a habilidade inata responde por um décimo do retorno atribuído à educação.

Quanto à hipótese da educação como mero sinalizador, vimos que a solidez da linearidade entre educação e salários e o perfil de renda de trabalhadores com diferentes níveis de educação rejeitam essa hipótese.

Removidos os obstáculos, passamos então para a compreensão do mercado de educação, tratando de estabelecer o impacto de movimentos nos níveis de demanda e oferta de educação em sua taxa de retorno. Concluímos que o principal fator de demanda da educação é o desenvolvimento tecnológico de uma economia.

Finalmente, passamos a medir as taxas de retorno, primeiro privadas, depois sociais. Ambas confirmaram a teoria de que o valor do investimento em educação é regido por relações de demanda e oferta: os retornos à educação são maiores onde ela é mais escassa. Em geral, a educação primária proporciona os maiores retornos. Analisando as taxas de retorno social, verificamos que o ensino universitário é o de menor retorno social, devido a seus altos custos sociais e grandes benefícios privados. A conclusão de que a presença de externalidades à educação nos impede de estimar o impacto da educação sobre o crescimento econômico através da simples soma de ganhos individuais nos leva a buscar métodos mais sofisticados.

A macroeconomia da educação

EXTERNALIDADES

Vimos no capítulo anterior que o retorno social da educação é sempre menor que o retorno privado, já que boa parte dos custos é financiada pelo governo. Uma pergunta pertinente é: se o retorno privado é tão alto, por que há financiamento público? Por que não deixar simplesmente que as pessoas invistam seu próprio dinheiro, ou contraiam empréstimos?

Por duas razões. Primeiro, porque o mercado de crédito é muito ineficiente para financiar investimentos em capital humano, como já discutimos. A ausência de financiamento público prejudicaria especialmente os mais pobres, para os quais o mercado de crédito é mais inacessível e a educação ainda mais indispensável. Nenhuma nação justa pode correr o risco de deixar sua população enodoar-se na ignorância.

Segundo, pela presença de externalidades positivas. A existência dessas externalidades significa que o investimento privado na educação será sempre menor do que a taxa ótima para a sociedade. Como a educação de uma pessoa beneficia a sociedade como um todo, e as pessoas não costumam gastar seus recursos investindo em algo cujos beneficiários não sejam elas próprias, a tendência é que cada pessoa invista em sua educação menos do que a sociedade como um todo desejaria. Dando um exemplo simplista: suponha que os benefícios de um ano a mais de educação para o indivíduo equivalha a dez unidades (genéricas). Suponha também que esse ano a mais de educação para o indivíduo gere duas unidades para os outros membros da sociedade, pois a educação de uma pessoa torna seus colegas mais produtivos, reduz sua fertilidade e/ou aumenta sua consciência cívica. Esse indivíduo só investirá até dez unidades, pois acima disso o investimento traria uma perda. Mas, para a sociedade, a educação dele vale um investimento de até doze unidades. Se não houver nenhuma intervenção de fora, a presença das externalidades significa que será investido na educação do sujeito menos do que o ideal. Assim, a sociedade — através do governo — subsidia esse investimento (no nosso caso, cobrindo as duas unidades que faltam), até que ele chegue a seu nível ótimo.

O fato de que há um ganho social oriundo do investimento em educação — além daqueles medidos por diferenças salariais — quer dizer que, na verdade, a taxa de retorno social não precisa ser menor do que a privada. A diferença entre as duas só significa que talvez parte dos benefícios sociais não seja capturada através de medições salariais. Dependendo do tamanho da externalidade, pode até ser que o ganho social seja maior do que o retorno privado. Investir em educação é um bom negócio. Para todo mundo.

Para saber até que ponto o governo deveria financiar a educação, portanto, ele precisa conhecer a dimensão das externalidades decorrentes de cada nível de ensino. Aí é que começa o problema: se é fácil dizer que as externalidades existem, conseguir medi-las é tarefa ingrata.

Essa é uma área em que a economia avançou pouco. Nossa compreensão sobre as dimensões de externalidades da educação é pequena, e ainda há muita controvérsia. Suspeito que nos próximos anos essa será uma área à qual a literatura empírica há de devotar muita atenção. Mas tratemos do progresso alcançado até agora.

O primeiro tratamento abrangente do assunto foi tentado por Robert Haveman e Barbara Wolfe, em 1984. Eles listaram vinte impactos da educação sobre o bem-estar da sociedade:

Dos vinte efeitos listados, dezoito são externalidades, e a grande maioria permanece sem estimativas econômicas. Progressos, contudo, foram realizados.

Moretti (2002), por exemplo, estuda o impacto de pessoas com diplomas universitários sobre os habitantes da cidade onde moram. Ele reporta que um aumento de 1% no número de bacharéis aumenta o salário médio da cidade em 0,6%-1,2%. O efeito sobre aqueles com ensino secundário incompleto é de 1,9%, de 1,6% sobre os formados no ensino secundário e de 1,2% sobre

TABELA I.7
CATÁLOGO DOS IMPACTOS DA EDUCAÇÃO, SUA NATUREZA E EVIDÊNCIAS DE SUA MAGNITUDE

CANAL DO IMPACTO DA ESCOLA	NATUREZA ECONÔMICA DO IMPACTO	ESTADO DA PESQUISA SOBRE A MAGNITUDE DO IMPACTO	ESTIMATIVAS DO BENEFÍCIO ECONÔMICO
1. Produtividade individual no mercado	Privada, mercadológica; investimento em capital humano	Pesquisa extensiva sobre o impacto da educação nos ganhos salariais	Aumentos da produção marginal
2. Remuneração não pecuniária no mercado de trabalho	Privada, mercadológica e não mercadológica; investimento em capital humano	Alguma pesquisa em diferenças de benefícios não pecuniários e condições de trabalho de acordo com o nível de educação	Estimativas da verdadeira taxa de retorno à educação 10%- -40% maiores que o indicado pelas taxas de retorno
3. Lazer	Privada, mercadológica; consumo	Aumento de salário poderia aumentar o desfrute do lazer	Não há estimativas
4. Produtividade individual na produção de conhecimento	Privada, não mercadológica; investimento em capital humano	Pouca evidência de que a escolaridade aumenta a produtividade da produção de capital humano adicional	Não há estimativas
5. Produtividade individual não mercadológica	Privada, não mercadológica; investimento em capital humano	Pouca evidência de que a escolaridade diminui o tempo gasto e aumenta a qualidade de atividades domésticas feitas por mulheres. Não há evidências para homens	Não há estimativas

CANAL DO IMPACTO DA ESCOLA	NATUREZA ECONÔMICA DO IMPACTO	ESTADO DA PESQUISA SOBRE A MAGNITUDE DO IMPACTO	ESTIMATIVAS DO BENEFÍCIO ECONÔMICO
6. Produtividade intrafamiliar	Privada; alguns efeitos externos; mercadológica e não mercadológica; investimento em capital humano	A relação entre a escolaridade da mulher e o salário do homem é bem estabelecida	Não há estimativas
7. Qualidade de vida das crianças	Privada; alguns efeitos externos; mercadológica e não mercadológica; investimento em capital humano	Evidência substancial de melhorias para crianças em várias áreas (saúde, desenvolvimento cognitivo, educação, salário futuro), positiva e significativamente relacionadas com a educação dos pais	Única estimativa é através dos salários de filhos de pais instruídos
8. Saúde	Privada; efeito externo pequeno; investimento e consumo de capital humano	Privada; efeito externo pequeno; investimento e consumo de capital humano	Pequena evidência através de salários, semanas trabalhadas e expectativa de vida
9. Saúde do cônjuge e da família	Privada; efeito externo pequeno; parcialmente mercadológica; investimento e consumo de capital humano	Evidência de que a saúde do cônjuge afeta a saúde positivamente	Não há estimativas
10a. Fertilidade (atingir o tamanho desejado da família)	Privada; não mercadológica; consumo	Uso de métodos anticoncepcionais e consecução do tamanho desejado da família estão relacionados à educação	Não há estimativas

CANAL DO IMPACTO DA ESCOLA	NATUREZA ECONÔMICA DO IMPACTO	ESTADO DA PESQUISA SOBRE A MAGNITUDE DO IMPACTO	ESTIMATIVAS DO BENEFÍCIO ECONÔMICO
10b. Fertilidade (mudança na preferência por filhos)	Privada; alguns efeitos externos; não mercadológica; consumo	Evidência de que a escolaridade reduz o tamanho desejado da família	Não há estimativas
11. Desfrute	Privada; não mercadológica; consumo	Educação parece ser consumida por seu valor intrínseco e possivelmente para ampliar as formas de lazer apreciadas	Não há estimativas
12. Eficiência da escolha do consumidor	Privada; alguns efeitos externos; não mercadológica; investimento em capital humano	Evidência de que a educação altera a alocação do orçamento na mesma direção da renda, o que geraria um efeito de eficiência positivo	Não há estimativas
13. Eficiência de alocação no mercado de trabalho	Privada; alguns efeitos externos; não mercadológica; investimento em capital humano	Evidência de que a educação diminui os custos de procura por trabalho e aumenta a mobilidade	Não há estimativas
14. Eficiência da escolha matrimonial	Privada; reduzido efeito externo; não mercadológica; consumo	Pouca evidência de melhor escolha no mercado matrimonial e melhor *matching* de acordo com a inteligência	Não há estimativas
15. Redução de criminalidade	Bem público	Evidência de que a escolaridade é associada a redução de atividade criminal	Não há estimativas

CANAL DO IMPACTO DA ESCOLA	NATUREZA ECONÔMICA DO IMPACTO	ESTADO DA PESQUISA SOBRE A MAGNITUDE DO IMPACTO	ESTIMATIVAS DO BENEFÍCIO ECONÔMICO
16. Coesão social	Bem público	Evidência limitada de uma relação positiva com educação	Não há estimativas
17. Mudança tecnológica	Bem público	Evidência limitada de que a educação influi no comportamento econômico, no campo de pesquisa e desenvolvimento	Não há estimativas
18. Distribuição de renda	Bem público	Evidência sobre a direção do impacto da educação sobre a distribuição de renda é inconclusiva	Não há estimativas
19. Poupança	Privada; alguns efeitos externos; fator de produção mercadológico	Mantendo-se constantes renda e outros determinantes da taxa de poupança, a educação parece ser positivamente relacionada com taxas de poupança	Não há estimativas
20. Doações de caridade	Privada e pública; não mercadológica	Educação aumenta a doação tanto de dinheiro como de tempo a causas caritativas	Não há estimativas

FONTE: Robert H. Haveman e Barbara Wolfe, Barbara L. "Schooling and Economic Well-Being: The Role of Nonmarket Effects". *Journal of Human Resources*, v. 19, n. 3, 1984, tabela 1.

aqueles com educação superior incompleta. E, surpreendentemente, o efeito sobre outros formados do ensino universitário é positivo, de 0,4% — ou seja, o aumento de produtividade de se ter um colega mais produtivo é maior do que a pressão negativa exercida pelo aumento de oferta de mão de obra qualificada.[1] A ideia às vezes ouvida de que os "poderosos" não querem a educação dos mais pobres para não perder sua fortuna é burrice: aumentar o estoque de educação da população é uma proposição em que todos ganham.

Outra consequência positiva da educação parece ser sobre índices de criminalidade. Um estudo recente aponta que um ano a mais de educação tende a reduzir a incidência de aprisionamentos em 11% a 16% (Lochner e Moretti, 2001). Os ganhos dessa redução são expressivos: um aumento de 1% na taxa de escolaridade da população masculina geraria um ganho calculado em 1,4 bilhão de dólares anuais nos Estados Unidos. Referendando o velho adágio, os autores confirmam que sai mais barato investir em educação do que em policiamento para se obter resultado semelhante.

Leigh (1998) resume alguns dos impactos da educação sobre saúde: há, nos Estados Unidos, uma relação inversamente proporcional entre nível de escolaridade e o tabagismo. Maior educação também reduz mortalidade infantil. P. Schultz (2001) mostra que a educação das mães resulta em melhores cuidados de saúde e maior escolaridade dos filhos.

Gemmell (1997) apresenta evidências de um efeito externo macroeconômico: o investimento em capital humano parece atrair investimento em capital físico. Dentre os níveis de educação, o secundário parece ser especialmente importante na relação de complementaridade com o capital físico.

Borjas (1995), analisando o padrão de vizinhanças norte-americanas, reporta que a etnicidade impacta fortemente a renda de descendentes de minorias. Quanto mais racialmente segregada for a vida de uma criança, menores serão suas chances de convergir à renda média da população. O processo educacional, na medida em que mistura gente de origens diferentes e expande horizontes, pode ser um importante mecanismo para romper o ciclo da segregação.

Outro efeito externo da educação é a dispersão de conhecimento, na forma de *knowledge spillovers* ("transbordamento de conhecimento"). Esses efeitos são notoriamente difíceis de medir, já que a sabedoria se espalha sem deixar sinais visíveis. Mas um estudo valeu-se de uma metodologia arguta para traçar sua difusão. Utilizando-se das citações a outras patentes que todo inventor tem de registrar quando tenta estabelecer uma patente para sua própria invenção, Adam Jaffe e seus colegas (Jaffe et al. 1993) verificaram que há uma probabilidade estatisticamente significativa de que o inventor citará patentes desenvolvidas em sua cidade ou condado. Há evidências, portanto, de que a proximidade física com pessoas inventivas aumenta a inventividade do morador de um determinado local.

James Rauch (1993) escreveu o trabalho mais citado sobre externalidades da educação. Analisando cidades norte-americanas e levando em consideração um modelo que inclui variáveis como clima, concentração demográfica, preços de aluguéis e até atrações culturais, Rauch nota que, mesmo se levando em conta todas essas variáveis, a educação formal dos membros de uma cidade tem impacto determinante sobre a produtividade de seus pares. O efeito encontrado é bastante alto: um ano a mais de escolaridade aumentaria a produtividade geral em 2,8%. A magnitude dessa externalidade faz com que ela inverta a relação entre retornos sociais e privados: na observação de Rauch, o retorno social à educação seria 1,7 vez maior que o retorno privado.

Se as externalidades da educação são difíceis de mensurar, as atividades de pesquisa e desenvolvimento (P&D) têm um impacto mais claro. Griliches (1991), fazendo um apanhado de estudos sobre P&D, mostra que a taxa de retorno ao investimento público em pesquisa agrícola é extremamente alta, na faixa dos 30%-40%. O retorno ao investimento público em P&D industrial é também elevado: 20% a 30%. Não é por acaso que uma série de invenções desenvolvidas em laboratórios universitários — a maioria delas com amplo apoio de verbas públicas — se transformou em tecnologias importantes que acabam criando novas indústrias e melhorando sensivelmente a vida da humanidade. Greenway e Haynes (2000) citam algumas: a invenção de calculadoras e supercalculadoras na Universidade da Pensilvânia acabou gerando a indústria dos computadores; a pesquisa do MIT sobre fibra óptica promoveu um boom em telecomunicações; a clonagem de DNA aperfeiçoada em Stanford acelerou a indústria de biotecnologia; os trabalhos com supercomputadores da Universidade de Illinois foram as sementes a gerar a Internet anos depois; e o esforço das universidades de Cambridge e CalTech no sequenciamento de DNA promoveu outro salto quântico na área de biotecnologia.

Apesar da riqueza de exemplos individuais, ainda há muita controvérsia sobre a existência e dimensão de externalidades. Estudos de Jeremy Rudd

(2000), Acemoglu e Angrist (2000), Zimmerman (1999) e Venniker (2000) indicam a existência de externalidades pequenas ou inexistentes, sendo que os dois primeiros estudam cidades norte-americanas usando metodologias parecidas com aqueles pesquisadores que encontram resultado oposto.

Há muito a ser descoberto e entendido, portanto. A mensuração exata dos efeitos externos da educação é ainda tarefa longe de ser realizada e deve mobilizar a atenção de cientistas sociais nos próximos anos.

DO MICRO PARA O MACRO: PROBLEMAS DE AGREGAÇÃO

Saímos da seção microeconômica imbuídos da convicção de que a educação gera aumento de renda para o indivíduo que a possui. Essa ideia suscita fortes expectativas sobre seu impacto macroeconômico: se, afinal, a educação gera aumentos de renda individuais, e a coletividade é uma soma de indivíduos, deveríamos poder observar o impacto do nível educacional de um país sobre seu PIB.

Essa intuição empírica não saiu por muito tempo do estaleiro, porém, por falta de suporte teórico. Do fim dos anos 1950 até o fim dos anos 1980, o capital humano simplesmente não aparecia como variável para explicar o crescimento econômico nos modelos teóricos mais utilizados. Assim, a medição de seu impacto passou a ser mais exercício de alquimia do que de ciência, a busca por um fantasma.

O principal modelo de crescimento econômico do período em questão foi desenvolvido pelo economista Robert Solow em *papers* de 1956 e 1957. Solow hipotetizava que uma economia tinha um estado estacionário (*steady-state*), em que o crescimento econômico era apenas grande o suficiente para acompanhar o crescimento demográfico e a depreciação de ativos, de forma que o crescimento per capita permaneceria estável. As mudanças das variáveis até então utilizadas para explicar o crescimento — como capital, poupança e investimento — tinham um efeito apenas sobre o nível de produção econômica, nunca sobre seu crescimento. Assim, no modelo de Solow, se uma economia se encontra com um nível de capital abaixo de seu nível ótimo (o do estado estacionário), o retorno ao capital será maior, e o investimento aumentará, trazendo o estoque de capital ao seu nível ótimo e a economia de volta ao nível estacionário. Se o nível de capital estivesse acima do nível ótimo, taxas de retorno decrescentes se encarregariam de diminuir o investimento, baixando o nível de capital novamente até seu nível estacionário. A mesma sistemática se aplica às outras variáveis da economia: sua mudança gera um afastamento temporário do estado estacionário, que será inevitavelmente corrigida com o tempo. Esse espaço de tempo pode ser bastante longo. Assim, por exemplo, quando uma economia passa por uma guerra e tem muito de sua infraestrutura destruída, seu nível de capital cai abaixo do estado estacionário. O investimento resultante fará com que a economia volte ao nível original, e nesse processo observaremos um crescimento do PIB, mas — por mais longo que seja esse crescimento — terá sido apenas um ajuste de nível, e não um crescimento sustentável de renda. O único fator, no modelo neoclássico de crescimento concebido por Solow, capaz de gerar crescimento de produtividade é o desenvolvimento tecnológico. O problema é que o modelo não explica de onde vem esse desenvolvimento; ele parece cair do céu, como maná.

E tem outros problemas. Primeiro, no que diz respeito ao crescimento econômico. Uma de suas implicações é que o estado estacionário é a norma e os movimentos recessivos e expansionistas das economias são meros ajustes. Outra é que, partindo de níveis díspares de capital, poupança e investimento, todos os países deveriam por fim alcançar o mesmo estado estacionário e, assim, ter os mesmos níveis de renda per capita.[2, 3] Qualquer marciano que pousasse na Terra hoje veria que a realidade teima em não se conformar à teoria: não só vivemos em um planeta com disparidades de renda brutais, como essas disparidades não vêm diminuindo ao longo dos anos — aliás, vêm aumentando — em larga medida porque os países desenvolvidos não estão em um estado estacionário. Ao contrário: eles vêm apresentando crescimentos de renda significativos há muitas décadas.[4]

Mesmo que o modelo neoclássico previsse acertadamente o padrão do crescimento econômico mundial, ele ainda sofreria de um severo problema: a variável que explica o crescimento — a tecnologia — é completamente exógena ao modelo. Para realmente explicar o desenvolvimento econômico, uma teoria deveria também explicar ("endogeneizar") os fatores que geram a principal fonte de crescimento.

Partindo do modelo neoclássico, a forma de se detalhar melhor o crescimento econômico é através daquilo que ficou conhecido como contabilidade do crescimento (*growth accounting*).

A contabilidade do crescimento traduz-se, basicamente, em um exercício de estimação em que o analista observa o crescimento da economia como um todo e depois trata de atribuir uma porção desse crescimento à expansão do estoque de capital (aumento de investimento, máquinas etc.) ou do estoque de trabalho (quer seja através do aumento de horas trabalhadas, do número de trabalhadores no mercado ou de sua "qualidade", normalmente medida através da escolaridade). Se a soma do crescimento do capital e trabalho for menor do que o crescimento do PIB, atribui-se o diferencial ao crescimento de produtividade, ou seja, estima-se que pessoas e/ou máquinas ficaram mais eficientes no período, produzindo resultado maior com insumos iguais. O elemento do aumento de produtividade é comumente chamado de PTF (Produtividade Total dos Fatores) e, não por acaso, ficou conhecido na literatura pela alcunha não muito abonadora de "o residual de Solow".

Desnecessário dizer que o método tem severas limitações. Parte das estimativas — especialmente sobre o estoque de capital — envolve tantas presunções e amostragens que parece ser mais arte que ciência. E, mesmo que elas estejam corretas, revelam muito pouco: a contabilidade do crescimento é apenas descritiva, sem ser explicativa. Através dela não podemos entender as relações entre capital e trabalho, nem vislumbrar os fatores que causam o aumento da produtividade.

As estimativas do impacto da educação sobre o crescimento econômico são mais indiretas e problemáticas ainda: há um impacto tanto sobre o trabalho quanto sobre a produtividade, e, em ambos os casos, é preciso ir "descascando" esses fatores de outras causas que expliquem seu comportamento até se chegar a uma estimativa do impacto da educação.

Apesar dos problemas com esse método, ele foi muito usado simplesmente porque não havia nada melhor em seu lugar. O panorama começou a mudar com a produção daquela que ficaria conhecida como a teoria do crescimento endógeno.

Esse novo modelo, desenvolvido especialmente por Paul Romer e Robert Lucas no fim dos anos 1980, finalmente incorpora a ideia do capital humano diretamente como um fator do modelo de crescimento.

Romer (1986, 1990) sugere um modelo que explica o crescimento econômico dos países postulando que ao retorno decrescente do investimento em capital físico sobrepõe-se o retorno positivo daquele em capital humano. Esse retorno positivo existe porque o conhecimento desenvolvido pela atividade de pesquisa tem características peculiares.

A maioria dos bens materiais só pode ser usada por uma pessoa ao mesmo tempo. Se você usa uma camisa, eu não posso usá-la. O conhecimento, não: o meu conhecimento de dado assunto não significa que você não possa sabê-lo ao mesmo tempo e com custos de compartilhamento muito baixos (os módicos reais gastos neste livro, por exemplo).

Outra característica da maioria dos bens é que você pode excluir terceiros. Se eu produzo uma camisa, ela é minha, e para usá-la você terá de pagar o preço que eu determinar por ela. Com o conhecimento, esse controle nunca é perfeito, o que faz com que ele não seja totalmente descartável. Por um lado, o criador do conhecimento pode instituir patentes e copyrights para lucrar com sua invenção, mas, por outro, pelo menos uma parte do conhecimento originário da pesquisa será apropriada por terceiros — através de técnicas de engenharia reversa, lendo a patente, contando o conteúdo do livro a um amigo etc. É essa característica do conhecimento que impulsiona o crescimento econômico.

No modelo de crescimento endógeno, a tecnologia não cai do céu: é resultado do desejo de lucro de seus agentes. Quem inventa uma nova tecnologia desfruta, ainda que por pouco tempo, de lucros superiores à média, oriundos da posição de monopolista que o inventor terá. Esse desejo de lucro incentiva as pessoas e firmas a buscarem atividades de pesquisa. E quanto mais pesquisa houver, *grosso modo*, mais conhecimento haverá. E quanto mais conhecimento houver, mais produtiva será a próxima invenção, pois ela se soma à tecnologia já existente. Esse processo não tem fim. Seus retornos não são decrescentes, pois uma tecnologia, ao contrário de uma máquina, nunca perde a utilidade, porque ela serve de ponto de partida para a tecnologia seguinte. Como disse Newton, "se eu consegui enxergar mais longe, foi por estar apoiado nos ombros de gigantes".

O capital humano tem importância fundamental nesse modelo. À medida que aumenta o estoque de capital humano — o número de pessoas instruídas —, mais pessoas podem dedicar-se a atividades de pesquisa, pois o conhecimento necessário para a produção do que já se conhece terá sido suprido.

O modelo de crescimento endógeno de Romer resolve as questões que Solow deixou sem resposta. Ele é especialmente útil no entendimento da não convergência entre países. Se o crescimento depende de pesquisa tecnológica e a pesquisa é potencializada pelo estoque de conhecimento de uma sociedade, é de esperar que economias mais desenvolvidas cresçam mais rapidamente, que é o que vem acontecendo nos últimos séculos. Pela mesma razão, há uma explicação para países muito pobres que não crescem: a ausência de um estoque mínimo de conhecimento e a premência por conhecimento aplicado à produção imediata fazem com que a pesquisa não se desenvolva e o desenvolvimento tecnológico não ocorra.

Lucas (1988) postula igualmente que a diferença fundamental do investimento em capital humano em relação ao capital físico é que aquele tem retornos externos, ou seja, quanto mais capital humano há em uma sociedade, mais produtiva será cada nova unidade de capital humano inserida na economia. A ideia — cujas observações empíricas discutimos na seção anterior — é de que a presença de alguém com alto capital humano torna todos ao seu redor mais produtivos. Não só o capital humano tem retornos positivos para sua própria acumulação como ele também interfere sobre o nível de capital físico: no modelo de Lucas, a taxa de capital físico varia de acordo com o crescimento do capital humano, formando uma complementaridade. Quanto mais educada a mão de obra, mais rentável será o investimento em capital físico.[5] Essa característica explicaria por que economias com grandes estoques de capital não são vitimadas por retornos marginais decrescentes: com o crescimento constante do capital humano, os retornos marginais não precisam cair. O investimento de retornos constantes ou crescentes em capital humano serve de contrapeso ao retorno marginal decrescente do investimento em capital físico. O resultado é a observação de ciclos virtuosos e viciosos em países com estoques de capital (tanto físico quanto humano) alto e baixo, respectivamente. Ao invés do capital norte-americano se dirigir à Índia, forçando a convergência entre os dois países, é o capital humano da Índia que migra para os Estados Unidos, buscando dinheiro e um ambiente intelectualmente fértil, fazendo com que aumente a divergência entre os dois. A ausência de um estoque de capital humano mínimo parece tornar o capital físico inútil. (Para um exemplo anedótico, veja o caso dos ganhadores de loteria: a grande maioria perde o dinheiro ganho em pouco tempo, porque não sabe administrá-lo.)

A teoria do crescimento endógeno, assim, pode explicar o crescimento econômico sem ter de recorrer a fatores exógenos. A economia pode crescer indefinidamente pelo investimento em capital humano, que por sua vez é causado pelos retornos positivos que seus "investidores" (alunos, pais, firmas e governo) sabem que podem colher. O crescimento do estoque de capital físico é também relacionado com o capital humano, como vimos. Finalmente, a relação entre a qualidade da mão de obra e o capital humano é íntima, e a quantidade também é afetada: estudos mostram que a educação tende a aumentar o número de horas trabalhadas (Card, 1999) e também a taxa de participação no mercado de trabalho (Krueger e Lindahl, 2001; P. Schultz, 2001).

Esse avanço teórico tem implicações testáveis: deveria haver uma relação estreita entre capital humano e crescimento econômico.

CRESCIMENTO ECONÔMICO E CAPITAL HUMANO: O QUE OS NÚMEROS DIZEM

A formulação de um modelo teórico que finalmente incluía o capital humano na equação de crescimento econômico gerou um impulso quase imediato na direção da experimentação empírica da ideia.

Os primeiros resultados foram encorajadores.

Um ano depois da publicação do trabalho de Lucas, Robert Barro apresentava um *paper* em uma conferência testando empiricamente o impacto da educação sobre o crescimento econômico. Publicado em 1991, o artigo de Barro analisou 98 países durante o período de 1960 a 1985, tratando de verificar o impacto de uma série de variáveis sobre o crescimento de renda.[6] Entre elas, entrava finalmente o nível de educação, representado por variáveis medindo a taxa de matrícula nos níveis primário e secundário de ensino em 1960 e seu impacto sobre o crescimento econômico nos anos subsequentes. O resultado, conforme poderíamos esperar, foi positivo: os dados levantados por Barro mostravam que ambos os níveis de ensino tinham efeito estatisticamente significativo sobre o crescimento, e de grande magnitude, como demonstra o gráfico a seguir.[7]

Destrinchando a variável educacional em níveis, via-se que o impacto da educação secundária era maior que o da educação primária. Um país "A" com uma taxa de matrícula média 50% maior que de um país "B" em 1960 cresceria 1,5 ponto percentual por ano a mais do que "B" no período 1960-85. O impacto para a mesma diferença em taxas de matrícula do ensino primário seria menor mas ainda assim considerável: 1,25 ponto percentual. Note que uma taxa de 1,5% pode parecer pequena mas, quando mantida durante 25 anos, representa um salto de 45% ($1,015^{25}$). Combinando-se os dois níveis de educação, Barro estipulou que o capital humano tinha uma correlação de 73% com o crescimento econômico. Barro também confirmou outros efeitos colaterais importantes da educação, como seu efeito negativo sobre a fertilidade e seu estímulo ao investimento privado.[8]

GRÁFICO I.5 — A RELAÇÃO ENTRE CRESCIMENTO ECONÔMICO
PER CAPITA E TAXAS DE ESCOLARIZAÇÃO

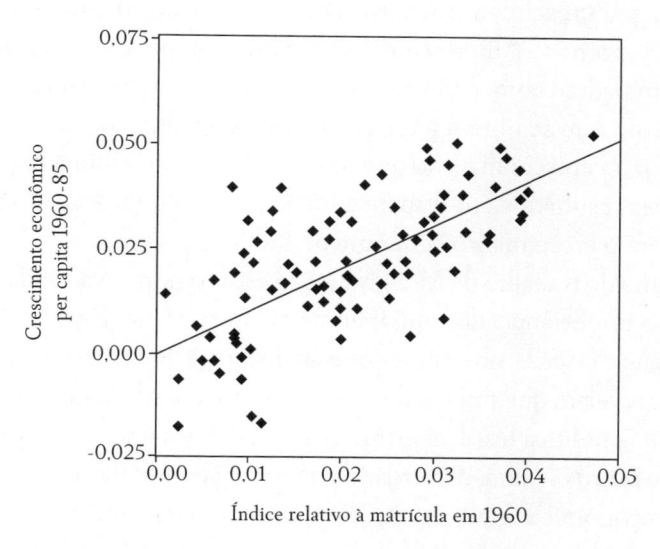

FONTE: Barro (1991), p. 417.

Um ano mais tarde, Greg Mankiw, colega de Barro na Universidade Harvard e atual conselheiro econômico do presidente Bush (ninguém é perfeito), daria mais um passo adiante. Seu estudo com Romer e Weil (1992), também com 98 países, adicionaria ao modelo neoclássico uma variável representando o estoque de capital humano de cada país, obtido com dados da Unesco.[9]

Esse estoque é medido pelo número de jovens matriculados no segundo grau como porcentagem dos jovens na idade correspondente ao segundo grau em cada país (a taxa de matrícula líquida).[10] O resultado é impressionante. Adicionando-se o componente de capital humano, o poder explicativo da regressão (R^2) sobre crescimento econômico sobe de 0,59 para 0,78. Ou seja, inicialmente a equação desenvolvida por Mankiw et al. pode explicar 78% da diferença de renda verificada entre os 98 países estudados. Mais: o coeficiente da variável de escolaridade é positivo e fortemente significativo.[11]

Indo além, Mankiw e seus colegas tratam do tema espinhoso da convergência entre países pobres e ricos entre 1960 e 1985: a ideia de que os países inicialmente mais pobres crescem mais do que os mais ricos. Eles encontram basicamente a mesma tendência observada por Barro. Como mostram os gráficos a seguir, só a posição de renda do país em 1960 não tem muito poder preditivo sobre seu crescimento futuro (gráfico 6), contrariando a previsão clássica de convergência. Adicionando-se taxa de poupança e crescimento demográfico, um padrão começa a emergir (gráfico 7), mas é só com a inclusão do capital humano que se obtém a relação esperada (gráfico 8). Ou seja, não basta ser pobre para crescer mais do que os ricos: é preciso ter uma população instruída.[12] Esses resultados confirmam a ideia de que a educação é um fator fundamental para o crescimento econômico.

No mesmo ano do trabalho de Mankiw, outro estudo ratificava, ainda que de forma indireta, a importância do capital humano para o crescimento econômico. Levine e Renelt (1992), em estudo que analisou até 119 países no período entre 1960-89, revelam que muitos fatores automaticamente associados a movimentos do PIB — política fiscal, abertura comercial, crescimento demográfico e inflação, entre outros — têm, na verdade, uma relação muito tênue com o desenvolvimento econômico. Uma das poucas variáveis que mantém a robustez é justamente a educação da população, medida nesse estudo pela taxa de matrícula do ensino secundário no início do período estudado.[13]

Em 1995, Barro publicaria um livro com Xavier Sala-i-Martin, dispensando um tratamento mais rigoroso e completo às hipóteses levantadas nessa série de *papers* do início da década. Observando um total de 122 países entre 1965 e 1985, os autores chegaram a conclusões aparentemente reconfortantes para os proponentes das ideias do capital humano: mais uma vez, a educação entrava com sinal positivo e estatisticamente significativo nas equações de

GRÁFICO I.6
CONVERGÊNCIA INCONDICIONAL

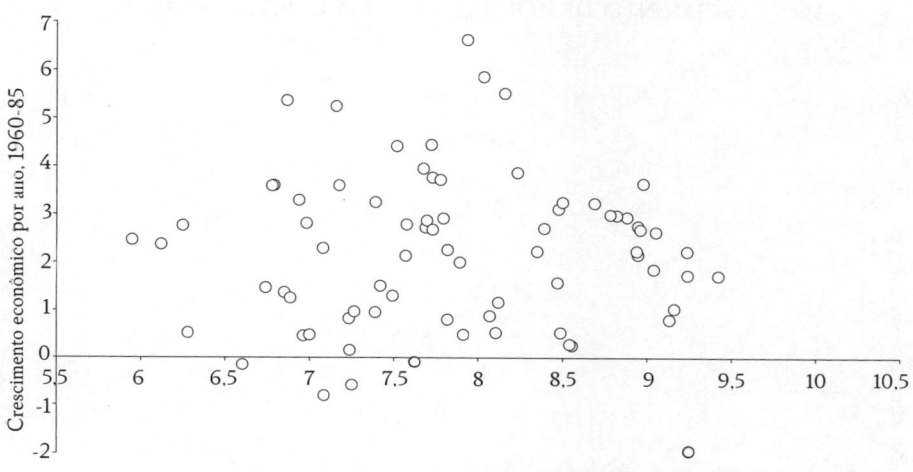

Log da produção por adulto em idade de trabalho, 1960

GRÁFICO I.7
CONVERGÊNCIA CONDICIONAL À POUPANÇA E
AO CRESCIMENTO DEMOGRÁFICO

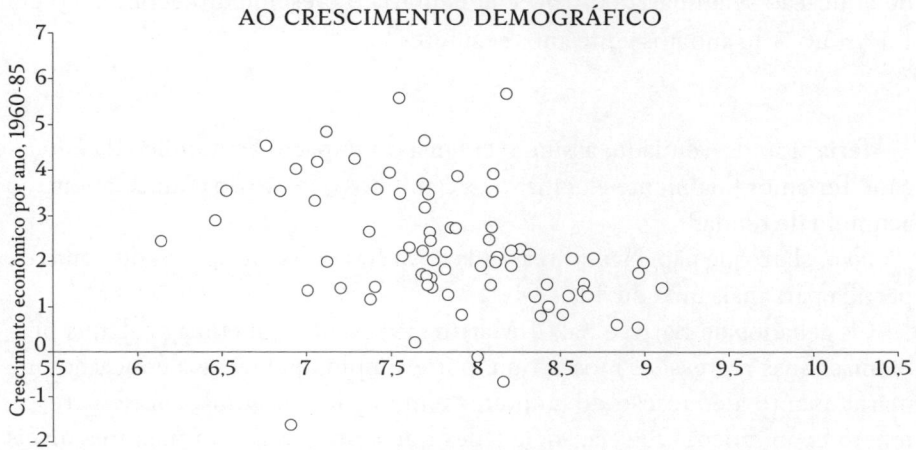

Log da produção por adulto em idade de trabalho, 1960

GRÁFICO I.8
CONVERGÊNCIA CONDICIONAL À POUPANÇA,
AO CRESCIMENTO DEMOGRÁFICO E AO CAPITAL HUMANO

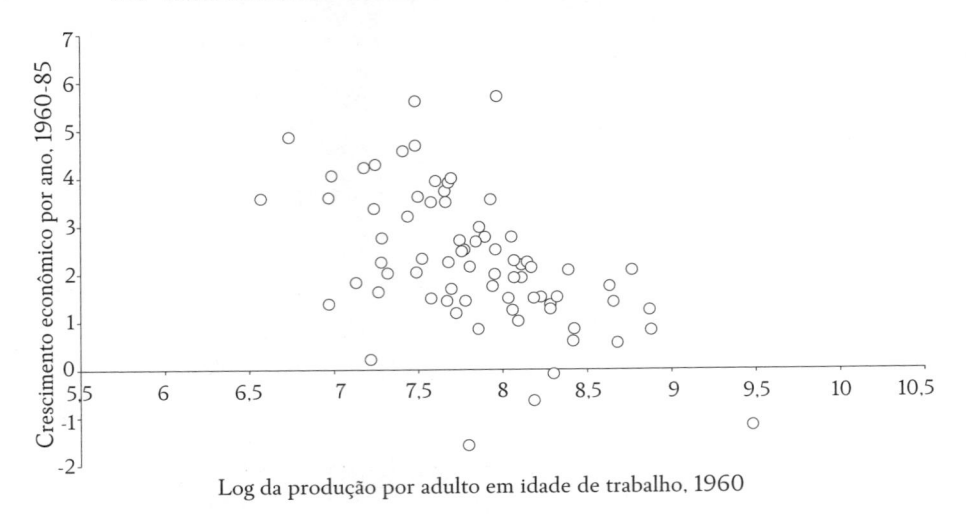

Log da produção por adulto em idade de trabalho, 1960

FONTE: Nicholas Gregory Mankiw, David Romer e David N. Weil. "A Contribution to the Empirics of Economic Growth". *Quarterly Journal of Economics*, v. 107, n. 2, p. 427, 1992.

crescimento econômico, especialmente quando a medida era a taxa de escolaridade de homens no nível secundário. Segundo os autores, um ano adicional de educação secundária em 1965 aumentaria o crescimento econômico em 1,3% a 1,6% ao ano nos vinte anos seguintes.[14]

Teria sido desvendado, assim, o enigma do impacto econômico da educação? Teríamos finalmente elucidado os caminhos que vão do conhecimento ao acúmulo de renda?

Não, claro que não. Nessa área, cada nova certeza serve apenas de ponto de partida para mais uma dúvida.

Os achados de Barro e Sala-i-Martin (1995) traziam consigo alguns problemas. Suas regressões mostravam, por exemplo, que tanto a educação primária quanto a educação de mulheres têm impacto *negativo* sobre o crescimento econômico. Ou seja, sociedades que começaram com maiores níveis de educação primária e feminina cresceram *menos* que seus pares.

Esses problemas são contornáveis, até com certa facilidade. A educação primária, por exemplo: basta notar que já era quase universal no período do estudo, de forma que a vantagem comparativa dos países não se dava no nível primário, mas no secundário. E, mesmo assim, a educação primária é pré--requisito para a educação secundária, de forma que, mesmo que aquela não gere crescimento econômico por si só, ela tem impacto indireto na medida em que possibilita o efeito obtido pela educação secundária.

O impacto negativo sobre a educação feminina é um pouco mais curioso, mas vale lembrar que havia (aliás, ainda há) uma significativa discriminação contra mulheres no mercado de trabalho. O impacto da educação feminina pode ter sido negativo se o investimento feito na educação de moças levar a resultados não captados pelo PIB, como aumento da produtividade em atividades do lar. Barro e Sala-i-Martin também aventam a hipótese de que países que apresentam as maiores diferenças de matrícula entre homens e mulheres são aqueles mais atrasados, que devem crescer mais rápido no período seguinte devido ao movimento de convergência. Assim, países com altas taxas de matrícula de mulheres seriam os mais ricos, fadados a pouco crescimento econômico.

Outro resultado de Barro e Sala-i-Martin (1995), porém, deixa uma dúvida cuja solução parece resistente a qualquer inquérito: *a taxa de mudança educacional é estatisticamente insignificante — e, para as mulheres, negativa(!) — em relação ao crescimento econômico*. Ou seja, apesar de verificarmos que o *nível inicial* de educação influencia positivamente o crescimento econômico futuro, seu *aumento* durante o período (1965-85) é irrelevante. Parece difícil digerir esses resultados: se o nível inicial de uma variável é bom para o crescimento, como é que mais daquela variável pode ser irrelevante ou até pernicioso?

A quem buscava abrigo na ideia de que os resultados se devessem à metodologia de Barro e Sala-i-Martin, a decepção não tardaria: outros pesquisadores, usando métodos e bancos de dados distintos, chegavam às mesmas conclusões.

Os primeiros foram Jess Benhabib e Mark Spiegel. Formulando uma equação em que a mudança de PIB depende da mudança de variáveis como tecnologia, trabalho, capital físico e, finalmente, capital humano, Benhabib e Spiegel (1994) encontraram uma relação sempre insignificante e *quase sempre negativa* entre a mudança de capital humano e crescimento econômico para 78 países durante o período 1965-85.[15]

Quando estudam o efeito do *nível médio* da educação sobre o crescimento econômico do período, os autores encontram um efeito positivo e estatisticamente significativo, o que só aumenta nossa perplexidade.[16]

Outro economista de renome viria referendar a ideia de que mudanças na escolaridade da população não surtiam efeito sobre o crescimento econômico. Em uma série de artigos publicados na segunda metade da década de 1990 e resumidos num *paper* de 2001, Lant Pritchett deu a seu texto o sugestivo título de "Where Has All the Education Gone?" [Onde foi parar toda a educação?]. Sua conclusão foi de que muito da expansão educacional observada no mundo pós-guerra deu em nada. Apesar de a taxa bruta de matrícula do ensino primário em países em desenvolvimento ter saltado, desde 1960, de 66% para 100% e, no ensino secundário, de 14% a 40%, o eldorado do desenvolvimento sustentado não se materializou.[17] Medindo o estoque de capital humano de um país e seu crescimento econômico, Pritchett chega à conclusão de que o aumento do nível de educação tem um impacto *negativo* — e *significativo* — sobre o crescimento econômico de 91 países!

Esses achados geraram um caudaloso processo de especulação sobre as possíveis causas do suposto impacto negativo ou inexistente da educação sobre o crescimento econômico. Discutiram-se desde os efeitos do ensino de má qualidade ao estrago causado por advogados e pilantras instruídos em sociedades onde o arranjo institucional dá espaço e recompensa à malandragem e desmerece o trabalho sério. Esse debate, caudaloso e interessante, vai resumido no Apêndice.

A chave do enigma está na conclusão meio decepcionante de que, na verdade, o enigma não existiu: a desconexão entre educação e economia era resultado de erros de mensuração e de especificação dos modelos utilizados. Em especial, quatro problemas:

1. A inclusão de países com situações demasiadamente atípicas, que distorciam a amostra (o que a estatística chama de "*outliers*");

2. O curto intervalo de tempo transcorrido entre a escolarização e a medição do crescimento econômico;

3. Os erros de medição nos índices de escolaridade dos países, feitos por órgãos internacionais com muita estimativa e interpolação para tapar buracos de falta de dados, e, finalmente;

4. A falta de um controle para a relação promíscua entre os capitais físico e humano.

* * *

Temple (1999) mostrou que os resultados de Benhabib e Spiegel (1994) eram sensíveis à escolha de países. Diminuindo os países estudados de 78 para 72, o coeficiente da educação quase dobra, de 0,063 para 0,111 — e se torna estatisticamente significativo.

Os outros problemas foram trabalhados por Krueger e Lindahl (2001). Todo pesquisador em educação sabe que há muito erro e estimativas nos índices de escolaridade de organizações internacionais como a Unesco, especialmente para o passado distante e em países pobres, onde o esforço de colher estatísticas é claudicante. E em análises de regressão esse problema pode ser fatal: erros na medição de uma variável levam a uma diminuição de seu coeficiente, até ele se tornar irrelevante. Krueger e Lindahl corrigiram esse erro usando vários índices e contrapondo um ao outro para gerar uma estimativa de confiabilidade, a fim de calibrar a variável do crescimento da educação.

Outro problema era a relação entre capital físico e humano. Quando sobe a educação, aumenta também, por causa dela, o investimento em capital físico. Então, quando se mede a relação entre crescimento econômico e os dois capitais, se não se controlar essa relação, acaba parecendo que o capital físico foi mais relevante ao crescimento econômico do que realmente foi, já que parte do crescimento do capital físico se deve ao aumento do capital humano. Os autores então instituem um teto para o impacto possível do capital físico.

Finalmente, o timing: a maioria dos estudos de educação e crescimento mede a relação de ambos em intervalos de cinco anos. Mas, todavia, leva mais de cinco anos para que mudanças educacionais repercutam sobre a economia. Cinco anos depois de formada, uma pessoa está recém-entrando no mercado de trabalho. Alargar esse prazo para dez ou quinze anos, portanto, possibilita a verificação mais acurada do impacto da educação sobre a economia.

Além de Krueger e Lindahl, outro pesquisador, Robert Topel (1999), já havia lidado com algumas dessas mesmas questões anos antes, e usado as mesmas soluções. E, para nosso conforto, ambos os estudos chegam a resultados bem parecidos. Nos dois casos, o aumento de escolaridade de um país tem um forte e significativo efeito em seu crescimento econômico.

Para Topel (1999), quando mediu esse impacto em períodos de dez anos, um aumento de um ano na escolaridade levava a um aumento de renda por trabalhador de 6,5% a 11,5% ao ano. Medido em intervalos de quinze anos, o impacto era maior ainda: de 12% a 15,5%.[18]

Para Krueger e Lindahl, o impacto sobre o PIB per capita de um aumento de um ano da escolaridade foi de 7,5%-8,6% ao ano quando medido em intervalos de dez anos, e de 18% quando medido em intervalo de vinte anos.[19]

Em outro estudo mais recente, Soto (2002) replica a metodologia de Krueger e Lindahl e encontra retornos à educação de 8,1% a 9,3%. Mantendo a taxa capital/produção constante, esse número sobe para 12,2% a 15,8%.

Resumo da (longa) ópera: usando a média das três estimativas mais conservadoras, chega-se à conclusão de que um aumento de um ano de escolaridade gera um aumento de renda de 8% a 10%. Uma enormidade.

CONCLUSÃO

Esta seção começou discutindo externalidades, o fator que poderia fazer a diferença entre resultados micro e macroeconômicos sobre o impacto econômico da escolaridade. Vimos que a evidência empírica sobre externalidades da educação ainda é inconclusiva. É ainda uma literatura incipiente e que tem muito chão pela frente. Há alguma evidência de que há externalidades à educação quando a estudamos localmente, especialmente quando a área de observação é uma cidade. Os achados até agora sugerem que há um aumento de produtividade gerado pela convivência com pessoas formadas no ensino universitário, e que níveis mais baixos de educação — especialmente o ensino secundário — tendem a impactar positivamente as camadas mais pobres da população, diminuindo a criminalidade, as taxas de fertilidade, aumentando o cuidado de mães para com seus filhos e reduzindo a dependência da assistência social prestada pelo Estado.

Partimos então para a literatura macroeconômica em si, primeiro tratando da parte teórica e depois resumindo a literatura empírica. Um breve histórico sobre o desenvolvimento da produção intelectual na área do crescimento econômico mostrou a evolução dos modelos criados para explicar o crescimento, desde o neoclássico e sua dependência em uma evolução tecnológica exógena até o aparecimento, no fim da década de 1980, da teoria endógena do crescimento. Esta finalmente identifica o capital humano e suas ligações com a produção de novas tecnologias como o principal pilar do desenvolvimento econômico.

Esse avanço teórico iniciou a corrida empírica para comprovar os elos do capital humano com o crescimento econômico que começou bem, passou por uma fase de dúvidas e parece estar, apenas agora, referendando as conclusões previstas pelos modelos teóricos. Os primeiros estudos sobre o impacto do capital humano pareciam comprovar seu efeito causal sobre o crescimento econômico, mas logo o entusiasmo arrefeceu quando a literatura só conseguiu achar evidências de que o nível inicial de educação — mas não seu crescimento — influía sobre o PIB. Estudos recentes, porém, mostram que essa conclusão se deve às imperfeições das medições e especificações dos modelos. Ainda que não tenhamos uma solução para o problema da carência de dados, a simples adoção de algumas medidas — alongamento do intervalo de tempo da medição entre educação e crescimento para intervalos de dez a quinze anos, maior cuidado na inclusão de variáveis sobre o capital físico em análises de regressão e exclusão de *outliers* — parece restituir a significância do crescimento da educação para o desenvolvimento econômico, alinhando a literatura macroeconômica com a micro. Como havíamos esperado de início, o que é bom para pessoas individualmente também é bom para países. Hoje podemos ter uma certa segurança ao afirmar que investir em educação é um ótimo negócio para países que desejam crescer, e que um aumento de um ano na média de escolaridade da população tende a causar, em média, um aumento ao redor de 10% na renda per capita. Se quisermos usar os valores mais conservadores disponíveis, podemos dizer que o aumento causa um crescimento econômico em torno de 8%.

Vale aqui sair um pouco dos números e aplicar o que aprendemos para a nossa situação real. O ciclo vicioso do subdesenvolvimento é de difícil rompimento justamente porque várias de suas curas são impedidas pela própria doença. Por exemplo, mencionamos aqui (e discutiremos em maior detalhe no Apêndice) que a educação só floresce em ambientes com arranjos institucionais saudáveis, em que se privilegia o trabalho em detrimento da mamata. Mas a formação dessa base institucional é dificultada justamente pela pobreza de recursos, materiais e intelectuais, que vitima países pobres e empurra seus cidadãos a práticas condenáveis e/ou criminosas. Essa mesma pobreza obstaculiza a criação de um sistema judiciário e policial eficiente (cuja debilidade contribui para a manutenção dessa ordem institucional lastimável); gera uma educação claudicante, que não consegue instilar em seus educandos o apreço pela democracia, a consciência da cidadania e a visão de longo prazo que nos permite enxergar que todos perdem em uma sociedade onde se quer ganhar à custa do próximo. À medida que o desenvolvimento se firma, também melhoram as instituições da sociedade e a formação do capital humano de sua população, gerando um ciclo virtuoso que leva ao desenvolvimento continuado.

Em se notando essa relação circular entre o capital humano e o crescimento econômico, torna-se pertinente perguntar qual dos elos da cadeia seria o melhor candidato a receber as atenções de nossos governantes. Quer dizer, seria melhor investir pesadamente em educação e saúde e aguentar uma geração na miséria na esperança de que os frutos do investimento fossem colhidos mais tarde? Ou, pelo contrário, quem sabe o melhor seria promover um "choque" de crescimento, talvez inflando através de empréstimos a taxa de investimentos, e esperar que o próprio crescimento desencadeasse uma educação melhor, que por sua vez ajudaria a engendrar um desenvolvimento sustentado?

Gustav Ranis, Frances Stewart e Alejandro Ramirez conduziram um estudo na tentativa de solucionar essa dúvida (Ranis et al., 2000). Analisando até 76 países em desenvolvimento ao longo do período 1960-92, o *paper* apresenta resultados muito interessantes.[20]

Seu ponto de partida é a confirmação empírica da circularidade entre crescimento econômico e desenvolvimento humano: o aumento do PIB impacta a educação e saúde da população, e vice-versa.[21] O passo seguinte é criar uma taxonomia dessas duas variáveis, através da qual cada país é classificado de acordo com quatro categorias: pode estar em um ciclo virtuoso (de alto desenvolvimento humano e crescimento econômico); em um ciclo vicioso, onde se observa o contrário; ou nos quadrantes em que uma variável progride mas a outra não (chamaremos de CE aqueles países em que o crescimento econômico prepondera e de DH aqueles em que o desenvolvimento humano é maior).

O primeiro achado interessante é que os casos de países nos quadrantes CE e DH não duram muito: com o tempo, a assimetria tende a levar o país ou para um ciclo vicioso ou em direção a um ciclo virtuoso. Nos casos em que há grande crescimento econômico mas pouco desenvolvimento humano (o quadrante CE), a tendência é que a carência de material humano interrompa o crescimento. (E, sim, esse é o caso do nosso impávido colosso: durante as décadas de 1960 e 1970, o Brasil foi classificado por Ranis et al. como tendo uma assimetria pró-crescimento econômico, até cair de volta ao ciclo vicioso na década de 1980).[22] Ou, pelo contrário, que a riqueza material leve o desenvolvimento humano a reboque. Quando a desarmonia favorece o lado humano (DH), a falta de crescimento econômico tende a cortar o fluxo de recursos para o investimento em capital humano.

Os principais achados do estudo foram os seguintes:
• Mais da metade (18 de 35) dos países que estavam no ciclo vicioso na década de 1960 permanecem lá durante os trinta anos seguintes;
— Seis países saíram de um ciclo vicioso nos anos 1960 e viraram CE, mas quatro deles voltaram ao ciclo vicioso na década de 1980. Três migraram de ciclo vicioso para DH (Honduras, Argélia e Madagascar), e só Madagascar voltou ao ciclo vicioso. Um país, o Quênia, passou do ciclo vicioso ao virtuoso na década de 1970, mas depois voltou ao ciclo vicioso. Apenas dois países migraram definitivamente de ciclos viciosos para virtuosos: Sri Lanka e Botsuana.
• Dos oito países no quadrante CE nos anos 1960, nenhum permaneceu nessa categoria durante todo o período: *todos, sem exceção, acabaram em um ciclo vicioso.*
• Dos treze países no quadrante DH no início do período, só a Costa Rica ficou lá. Quatro migraram para um ciclo virtuoso (Chile, China, Colômbia — que depois voltou ao DH — e Indonésia). Quatro inicialmente viraram ciclos viciosos — Venezuela, Myanmar, Peru e El Salvador —, os dois últimos dos quais voltaram ao DH nos anos 1980. Três — República Dominicana, Guatemala e Filipinas — inicialmente viraram CE, depois caindo para ciclos viciosos. Apenas as ilhas Maurício passaram de DH para CE e permaneceram lá.
• Treze países estavam em um ciclo virtuoso nos anos 1960. Cinco desses mantiveram esse status durante todo o período; outros cinco migraram para o quadrante DH e três, para o ciclo vicioso.

A conclusão que fica é que, primeiro, o desequilíbrio é realmente raro: apenas a Costa Rica se manteve em uma situação em que havia avanço humano convivendo com pobreza material durante todo o período. Segundo, e mais interessante, notamos que *o melhor caminho para chegar ao tão desejado ciclo virtuoso é através da ênfase no desenvolvimento humano. Nenhum dos países que escolheram a via do crescimento econômico puro escapou do ciclo vicioso. Dos que começaram privilegiando o desenvolvimento humano, investindo em educação e saúde, o índice de sucesso foi consideravelmente melhor: 31% (quatro em treze) chegaram ao ciclo virtuoso, e outros 31% escaparam do ciclo vicioso, aboletando-se nos quadrantes CE ou DH.*

Nada de inusitado, aliás, para o brasileiro médio, que viu o bolo crescer mas continua até hoje esperando sua fatia chegar.

Os achados de Ranis et al. são um encorajador fantástico para os defensores da primazia do capital humano: ele parece ser não apenas um bom investimento para qualquer governo, mas talvez o melhor.

Refinando a análise: pobres e ricos, ensino fundamental × superior, qualidade × quantidade

DO GERAL PARA O ESPECÍFICO

Terminamos a resenha da literatura sobre a economia da educação concluindo que tanto o nível inicial de educação de um país quanto o aumento de sua escolaridade geram crescimento econômico no futuro. O efeito do aumento de um ano de escolaridade de uma nação, verificamos, é de 8% a 10%. Mas, se o nosso interesse é mais pragmático e voltado para a definição de políticas públicas do que para a discussão acadêmica, esse "em média" não nos adianta muito. Precisamos tentar compreender como a educação impacta países diferentes.

O primeiro e mais importante diferenciador que vem à mente é o nível de renda de um país: será que a educação tem o mesmo efeito no Chade e na Dinamarca?

As conclusões sobre essa discussão são ainda extremamente provisórias.

Krueger e Lindahl (2001) sugeriram um modelo que abandonaria a especificação linear e adotaria o formato quadrático. Ou seja, em vez de uma linha ligando educação e crescimento econômico, teríamos uma curva em formato de "U" invertido. Esse formato reflete a hipótese de que depois de certo nível de educação seu efeito sobre o crescimento econômico passa a ser negativo. Na análise de Krueger e Lindahl, o pico seria atingido com 7,5 anos de educação para a população acima de 25 anos.[1] O que significaria, segundo a última versão dos dados sobre educação compilados por Barro e Lee (2000), que os países industrializados, com 9,8 anos de educação, estão já na parte decrescente da relação entre educação e crescimento (taxas para outras regiões são as seguintes: Oriente Médio e África do Norte: 5,08; África subsaariana: 3,78; América Latina e Caribe: 5,73; Leste Asiático: 6,50; sul da Ásia: 4,19; ex--bloco socialista: 9,95).[2]

Krueger e Lindahl dividiram então o total de países analisados em três blocos, de acordo com seus níveis iniciais de educação. Seus resultados foram algo surpreendentes: a educação teve impacto positivo e estatisticamente significativo apenas no crescimento econômico daqueles países que começaram no terço mais baixo de escolaridade. Para países no terço intermediário, a educação não tinha relação alguma ou tinha uma relação negativa com o crescimento posterior. E para os países com níveis de educação mais altos, a relação era tipicamente negativa.[3]

Soto (2002) também só encontrou retornos positivos para o investimento em educação para os países que começaram o período estudado com níveis baixos de educação.

Topel (1999) encontra uma relação parecida: quanto mais pobre o país no início do período, maior a influência da educação sobre o crescimento econômico subsequente.

Essa relação é antecipada pelo que vimos na literatura microeconômica: o retorno à educação costuma ser maior nos países mais pobres, com menor nível educacional, como prevê nosso modelo de demanda e oferta.

DIFERENTES NÍVEIS DE EDUCAÇÃO PARA DIFERENTES NÍVEIS DE RENDA

Outra conclusão sugerida implicitamente pelos dados da literatura microeconômica, do retorno social à escolaridade, parece indicar que níveis distintos de educação têm impactos diferentes de acordo com o nível de renda da população.

Vamos reproduzir aqui parte da tabela 6, como ponto de partida.

Comparemos os países de renda alta com aqueles de renda baixa. Note o leitor que a relação entre os retornos primário e secundário dos dois grupos é praticamente idêntica: nos países de renda baixa, a relação é de 1,35 (= 21,3 / 15,7), e nos países de maior renda ela é de 1,30 (=13,4 / 10,3). Ou seja, para

TABELA I.8
RETORNOS PRIVADOS À EDUCAÇÃO, POR NÍVEL DE RENDA (EM %)

| | RETORNO SOCIAL | | |
RENDA PER CAPITA	PRIMÁRIO	SECUNDÁRIO	TERCIÁRIO
Baixa (US$755 ou menos)	21,3	15,7	11,2
Média (de US$766 a US$9265)	18,8	12,9	11,3
Alta (acima de US$9266)	13,4	10,3	9,5
Mundo	18,9	13,1	10,8

FONTE: George Psacharopoulos e Harry Anthony Patrinos. "Returns to Investment in Education: A Further Update". World Bank Policy Research Working Paper n. 2881. 2002, tabela 2.

ambos os grupos, a rentabilidade do ensino primário em relação ao secundário é proporcionalmente igual. Vejamos agora a relação entre ensino secundário e terciário. Para os países de baixa renda, a relação é de 1,40 (= 15,7 / 11,2), enquanto para os países de renda alta ela é de apenas 1,08 (= 10,3 / 9,5). Isso indica que a educação secundária parece ser proporcionalmente mais rentável em países de baixa renda, ao passo que nos países de renda alta o retorno entre educação secundária e terciária é praticamente igual. Essa relação sugere que deveríamos esperar encontrar, na literatura macroeconômica, um efeito maior do ensino secundário no crescimento econômico de países pobres do que no de nações ricas.

Ainda que a literatura a respeito ainda seja muito pequena, essas hipóteses são confirmadas pela evidência empírica.

Benhabib e Spiegel (1994) especificam um modelo alternativo em que dividem os efeitos da educação em dois aspectos: um é o efeito *catch-up*, que mede o impacto da educação na capacidade dos países pobres em convergirem com o país de maior PIB.

O segundo efeito é aquele de geração endógena de conhecimento, pelo qual a educação favorece o crescimento econômico ao gerar a produção de novas tecnologias. A paternidade dessa invenção é dos formuladores da teoria endógena do crescimento, especialmente Romer (1986, 1990).

Benhabib e Spiegel então dividem seu conjunto de 78 países em três subgrupos, de acordo com seu nível de renda. O resultado é revelador: para o terço mais pobre dos países, o efeito *catch-up* é positivo e estatisticamente significativo, e o efeito do desenvolvimento endógeno é insignificante. Para o terço mais rico, é exatamente o contrário.[4]

Esse achado nos leva a especular que a educação secundária é o motor do desenvolvimento de países pobres, já que é nesse nível que se aprendem as competências necessárias para simplesmente adotar tecnologias já existentes. Da mesma forma, o ensino universitário parece ser o nível decisivo para os países desenvolvidos, já que seu crescimento depende da geração de novas tecnologias, tarefa normalmente alcançada através de pesquisas desenvolvidas nos níveis mais altos da carreira acadêmica. O leitor deve usar uma boa dose de ceticismo antes de aceitar esses resultados, devido a todos os problemas já discutidos com os dados utilizados por Benhabib e Spiegel.

Outro estudo parece ratificar essa hipótese, ainda que suas deficiências metodológicas diminuam sua confiabilidade. Petrakis e Stamakis (2002) analisam 24 países, escolhidos através de critérios misteriosos, e os subdividem em três grupos de acordo com seu nível de desenvolvimento (ainda que não seja muito claro qual o critério para a divisão). Seus testes mostram que a hipótese de que a educação exerce a mesma influência nos três grupos pode ser tranquilamente rejeitada.[5] Os autores prosseguem tentando demonstrar que para os países da OCDE a educação universitária é a mais importante, enquanto para os países subdesenvolvidos o maior impacto no crescimento econômico vem da educação secundária. Seus dados, porém, não parecem confirmar essa conclusão, no máximo permitindo a suposição de que o ensino secundário é mais importante para países subdesenvolvidos do que para seus pares do Primeiro Mundo.[6]

Até porque há poucos estudos *cross-country* sobre o tema, vale a pena aqui gastar algumas linhas com casos de países individuais, pois eles talvez esclareçam questões que observações genéricas não expõem.

O exemplo que me parece interessante para ilustrar as peculiaridades do crescimento econômico para países de diferentes níveis de renda é dos Tigres Asiáticos (Coreia do Sul, Hong Kong, Taiwan e Cingapura). O crescimento econômico desses países na segunda metade do século passado foi verdadeiramente espetacular. Durante o período 1966-90, esses países tiveram um crescimento per capita de 6% a 7% ao ano, impulsionando-os do Terceiro

Mundo para o nível de renda dos países mais desenvolvidos.[7] Hoje, mesmo depois da crise financeira, os Tigres permanecem com uma renda per capita ao redor de 20 mil dólares.[8]

Durante muito tempo, os estudiosos da área atribuíram o crescimento dos Tigres a melhorias de produtividade, ou seja, à sua capacidade de produzir com mais eficiência utilizando-se dos recursos existentes.

Essa visão começou a ruir com o trabalho de Paul Krugman (em artigo sugestivamente intitulado "O mito do milagre asiático", de 1994) e especialmente de Alwyn Young. Analisando detalhadamente a progressão dos fatores de produção ao longo do tempo nesses países, Young (1995) demonstra que seu crescimento é mais bem explicado pelo aumento da *quantidade* dos fatores, não sua melhor utilização. Em especial, os Tigres tiveram aumentos na taxa de participação de suas economias, particularmente através da inclusão das mulheres no mercado de trabalho; mudanças na alocação setorial do mercado de trabalho, com grande parte da mão de obra se transferindo da agricultura para a indústria; aumentos de capital maciços, muitas vezes conseguidos através de taxas compulsórias de poupança, e, finalmente, um aumento expressivo dos níveis de capital humano, triplicados ou quadruplicados no período, como mostra a tabela a seguir.

TABELA I.9
NÍVEL DE ESCOLARIDADE DA FORÇA DE TRABALHO DOS
TIGRES ASIÁTICOS (EM %)

	HONG KONG		CINGAPURA		COREIA DO SUL		TAIWAN	
	1966	1991	1966	1990	1966	1990	1966	1990
Nenhuma	19,2	5,6	55,1	--	31,1	6,4	17,0	4,5
Primária	53,6	22,9	28,2	33,7	42,4	18,5	57,2	28,0
Secundária	27,2	71,4	15,8	66,3	26,5	75,0	25,8	67,6

Para Cingapura, a taxa é de educação completada. Para os outros países, frequentada. FONTE: Alwyn Young. "The Tyranny of Numbers: Confronting The Statistical Realities of the East Asian Growth Experience". *Quarterly Journal of Economics*, v. 110, n. 3, p. 642, 1995, tabela 2.

Quando Young desmembra o crescimento desses países, ele mostra que seu desenvolvimento meteórico é mais bem explicado pelo aumento da quantidade dos fatores do que por mudanças de produtividade. No quesito produtividade, os Tigres não diferem substancialmente da média mundial no mesmo período.[9]

A conclusão de que os Tigres cresceram mais pela mobilização de seus recursos do que pela inventividade de seus cientistas, mais pela cópia de tecnologias existentes do que por sua originalidade, nos leva a formular hipóteses sobre o nível de educação apropriado para a empreitada do desenvolvimento. Parece-me inescapável a inferência de que o ensino superior, nesse caso, não seria tão importante quanto o ensino secundário.

McMahon (1998) estuda sete países asiáticos (Coreia do Sul, Tailândia, Malásia, Indonésia, Japão, Cingapura e Filipinas) de grande crescimento no período 1965-90. Suas descobertas confirmam o raciocínio tecido até aqui. Analisando os índices de escolaridade desses países no período anterior ao surto desenvolvimentista (1960-65), os números revelam que os níveis de ensino primário e secundário têm impacto positivo e estatisticamente significativo sobre o crescimento econômico, enquanto o ensino superior tem impacto negativo, ainda que insignificante. Os coeficientes dos níveis primário e secundário — 0,054 e 0,14, respectivamente — indicam que a matrícula no ensino secundário é quase três vezes mais importante que aquela no primário.[10]

Se juntarmos as evidências oriundas de estudos *cross-country* discutidas no começo desta seção com o resultado do único grupo de países que obtiveram um crescimento de renda sustentado no passado recente, começamos a poder ter alguma confiança na ideia de que países em diferentes estágios de desenvolvimento tiram maior proveito de níveis de educação também diferentes. A história recente indica que uma força de trabalho com educação secundária pode conduzir um país com níveis baixos de renda a uma convergência acelerada com os países do mundo desenvolvido. McMahon (1998) relata que, nos países asiáticos, o aumento acelerado de matrículas no ensino superior, especialmente no início do processo de desenvolvimento, gerou uma queda na qualidade do ensino, aumento do desemprego para os diplomados e, consequentemente, aumento de sua taxa de emigração.[11] Provavelmente eles se tenham dirigido aos países desenvolvidos, onde a formulação de novos conhecimentos — em vez da adoção daqueles já existentes — é componente indispensável do processo de crescimento econômico. E onde, portanto, a educação universitária é indispensável.

A discussão sobre as diferenças geradas no processo de desenvolvimento — tanto econômico quanto educacional — revela seu aspecto mais frustrante: o desenvolvimento leva tempo. Seu caminho é extremamente sequencial: uma parte tem de estar pronta para a próxima começar. Não só no que tange à educação, em que talvez seja mais óbvio que é preciso gente com ensino primário para cursar o secundário (e assim por diante), mas também no próprio investimento em capital físico (não adianta, afinal, construir uma fábrica moderna em uma zona sem estradas para escoar a produção). Também o desenvolvimento tecnológico, em que mesmo os processos de adoção de técnicas estrangeiras requerem uma familiaridade do copiador não só com o original, mas também com as condições do local em que a cópia será feita, é um processo lento, de avanços pequenos (cf. Evenson e Westphal (1995) para uma discussão interessante).

Assim, frequentemente, as pessoas embarcam num non sequitur: imaginam que se os países pobres fizerem o mesmo que os ricos fazem hoje eles também serão ricos. Na verdade, os países pobres deveriam olhar para aquilo que os países ricos fizeram quando eram pobres. E, então, perguntar se aquilo que deu certo para os países que se desenvolveram há cinquenta, cem ou duzentos anos ainda é relevante para o desenvolvimento dos países pobres de hoje. Os países subdesenvolvidos que olham para seus congêneres do Primeiro Mundo, imitam-nos e depois reclamam que continuam subdesenvolvidos lembram a indignação dos gordos que veem gente magra comendo doces. O gordo sempre pensa que se fosse ele a comer aquilo não seria esbelto como o que come. Mas, claro, o magro pode dar-se ao luxo de comer doce porque já malhou o suficiente para chegar onde está. As economias, assim como os corpos, têm seus metabolismos, construídos ao longo de seu processo de crescimento. O que funciona para uma causa indigestão em outra. Não há caminho fácil para o desenvolvimento; é difícil queimar etapas.

O frustrante nesse fenômeno é notar que o voluntarismo não basta, e toda a boa vontade do mundo não pode mudar uma realidade concreta. Especialmente para aqueles preocupados com a formulação de políticas públicas, sempre há a tentação de chegar à outra margem sem construir a ponte. O resultado costuma ser desastroso. Não é por acaso, afinal, que vivemos em um mundo onde a pobreza é regra e a opulência é privilégio de poucos. Também não é por acaso que o processo de desenvolvimento, até a chegada ao Primeiro Mundo, leva tempo. Muito tempo. Mais tempo do que a maioria está disposta a esperar. Como disse David Landes (1990), talvez o maior historiador econômico em atividade: "Se você perguntar hoje a qualquer dos países subdesenvolvidos se eles estão preparados para esperar cem anos até *catch-up*, eles expressarão ultraje. Porém, foi disso que o Japão precisou".[12]

A QUALIDADE DA EDUCAÇÃO

Talvez até mais onipresente que a discussão sobre a quantidade ideal de educação em uma sociedade é aquela sobre sua qualidade. Todos são, é claro, favoráveis a uma educação de maior qualidade, e parece óbvio que a chave para a prosperidade é uma educação de boa qualidade.

As aparências escondem muito, porém. O tema da qualidade de educação tem-se mostrado renhidamente refratário às expectativas de educadores, estudiosos e políticos. Ainda que qualquer pessoa que tenha passado por uma carteira escolar saiba a diferença entre uma aula boa e outra ruim — e o impacto que a qualidade tem sobre a disposição do aluno em interessar-se e aprender determinada matéria —, tem sido extremamente difícil identificar o que, exatamente, faz uma aula ou professor bom ou ruim, competente ou incompetente.

As evidências da literatura, nesse caso, contrapõem-se ao que gostaríamos de acreditar.

Comecemos nosso passeio pelo tema com a boa notícia: a qualidade da escola importa. Importa tanto diretamente — alunos com melhor desempenho em testes de aproveitamento escolar tendem a ser mais bem remunerados no mercado de trabalho — como indiretamente, na medida em que alunos com melhor desempenho escolar tendem a permanecer na escola por mais tempo (Hanushek e Luque, 2002; Case e Deaton, 1999; Hanushek, 1995, 1996; Behrman e Birdsall, 1983). Estudos também demonstram que a qualidade da educação, medida através do resultado em testes, tem impacto importante sobre o crescimento econômico. Talvez até mais importante que o efeito da quantidade: o aumento em um desvio padrão da qualidade da força de trabalho gera um crescimento real de PIB per capita de 1,4%, enquanto um aumento similar da quantidade de ensino leva a um aumento de apenas 0,25% (Hanushek e Kimko, 2000).[13]

Essas são as boas notícias. A má é que a maioria das variáveis comumente associadas à qualidade do ensino — coisas como menor relação aluno/professor, salário, experiência e educação dos professores e investimento por aluno — não é diretamente associável à qualidade do ensino.

Comecemos nossa discussão pelos países desenvolvidos, especialmente os Estados Unidos, para os quais a disponibilidade de dados é maior.[14]

Eric Hanushek, um dos maiores especialistas na área, há anos defende a ideia de que os recursos destinados à educação, que supostamente melhorariam sua qualidade, têm pouco ou nenhum efeito. Um estudo de 1986 revela dados surpreendentes, como demonstram os gráficos a seguir: enquanto o gasto por aluno nos Estados Unidos vinha subindo constantemente e a relação aluno/professor vinha caindo na mesma medida, o desempenho dos alunos norte-americanos, medidos pelo teste SAT — o exame de entrada nas universidades —, caía.

GRÁFICO I.9

GASTO POR ALUNO EM ESCOLAS PÚBLICAS AMERICANAS, 1960-83

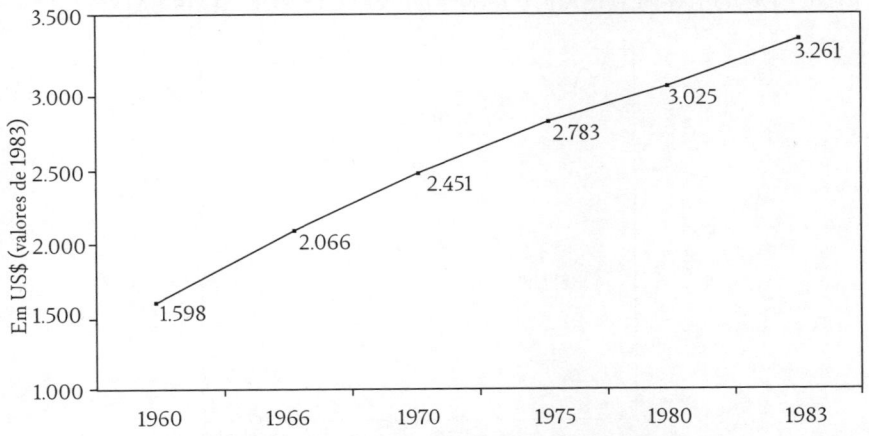

FONTE: Eric A. Hanushek. "The Economics of Schooling: Production and Efficiency in Public Schools. *Journal of Economic Literature*, v. 24, n. 3, p. 1147, 1986, tabela 5.

GRÁFICO I.10
RELAÇÃO ALUNO/ PROFESSOR EM ESCOLAS PÚBLICAS NOS ESTADOS UNIDOS, 1960-80

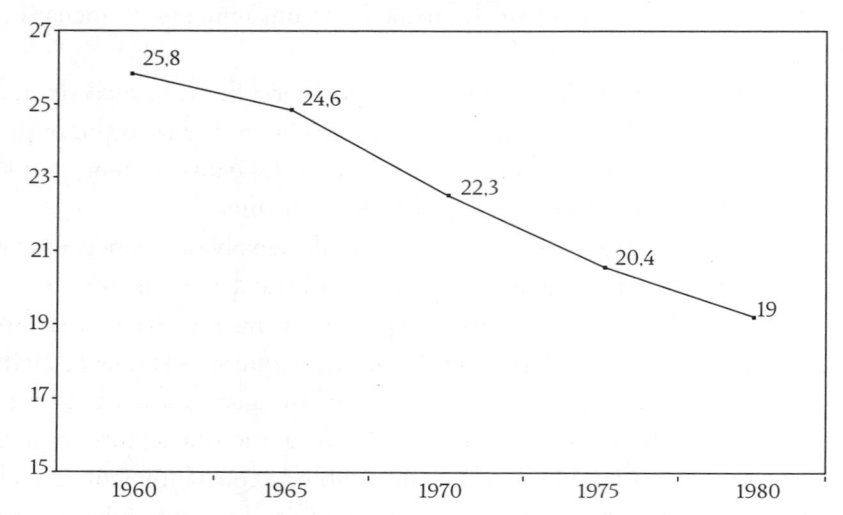

FONTE: Eric A. Hanushek. "The Economics of Schooling: Production and Efficiency in Public Schools". *Journal of Economic Literature*, v. 24, n. 3, p. 1148, 1986, tabela 6.

GRÁFICO I.11
RESULTADO DO TESTE SAT, MÉDIA POR MATÉRIA. DIFERENÇA DE RESULTADO EM RELAÇÃO AO ANO DE RESULTADO MAIS BAIXO (1979)

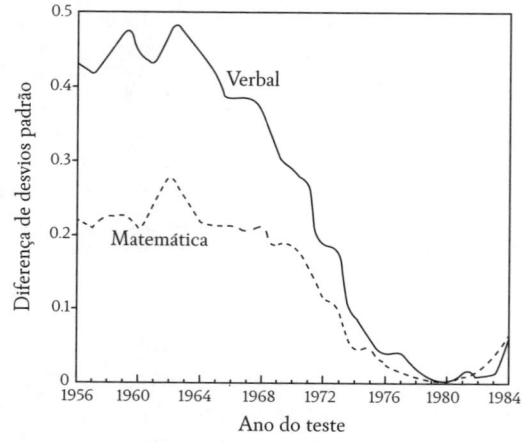

FONTE: Eric A. Hanushek. "The Economics of Schooling: Production and Efficiency in Public Schools". *Journal of Economic Literature*, v. 24, n. 3, p. 1146, 1986, gráfico 1.

Hanushek parte então para um estudo sobre o impacto das variáveis às quais se costuma atribuir efeito sobre a qualidade do ensino. Fazendo uma revisão da literatura sobre o tema, o autor analisa 147 estudos, cujos resultados mostramos na tabela I.10.

Como se pode ver na coluna destacada, a grande maioria dos estudos apresenta efeitos estatisticamente insignificantes para as variáveis apresentadas, o que quer dizer que não podemos atestar sua plena confiabilidade. Os dados valem uma pausa.

A tabela 1.10 mostra que a maioria das variáveis às quais normalmente se atribui grande impacto sobre a qualidade do ensino tem, em realidade, influência desprezível. A relação professor/aluno foi irrelevante em 79% dos casos estudados (89 em 112). A instrução do professor, insignificante em quase 90% das medições (95 em 106). Igualmente, a experiência dos professores (63%), seu salário (83%) e o gasto por aluno (75%) mostraram-se, *grosso modo*, insignificantes.

Mesmo se observarmos apenas os estudos que apresentam resultados estatisticamente significativos, os achados são um tanto decepcionantes: a variável "relação professor/aluno", por exemplo, tem mais resultados negativos do que positivos, o que indica — contrariando o senso comum — que alunos em salas de aulas maiores têm melhor desempenho que aqueles em salas menores. A grande quantidade de recursos gasta na melhoria da relação aluno/professor parece ser dinheiro jogado fora. O mesmo se pode dizer do investimento no preparo de professores: não aparenta importar muito. A conclusão que fica é de que para todas as variáveis estudadas os resultados são majoritariamente estatisticamente insignificantes.

Esse achado é corroborado por outro estudo, que mostra que a maioria dos fatores comumente associados à qualidade de ensino não tem efeito sobre a taxa de evasão escolar de secundaristas americanos e nem de seus resultados em testes estandardizados (Ehrenberg e Brewer, 1994).

Dez anos depois, outro estudo de Hanushek (1996) acrescentava novos detalhes à questão. Um de seus adendos mais importantes foi notar que nos Estados Unidos os gastos reais com escolas públicas subiram de 2 bilhões de dólares em 1890 para 187 bilhões de dólares cem anos depois (já corrigidos pela inflação).[15] Mas entre 1890 e 1990 a porcentagem desses gastos destinados a pagar professores caiu de 80% para 46%.[16] Foram os gastos com outros

TABELA I.10

RESUMO DE 147 ESTUDOS SOBRE VARIÁVEIS DA EDUCAÇÃO NOS ESTADOS UNIDOS E SEU IMPACTO SOBRE A QUALIDADE DA EDUCAÇÃO

VARIÁVEL	NÚMERO DE ESTUDOS	ESTATISTICAMENTE SIGNIFICATIVOS				ESTATISTICAMENTE INSIGNIFICANTES		
		EFEITO POSITIVO	EFEITO NEGATIVO	ESTUDOS	(%)	EFEITO POSITIVO	EFEITO NEGATIVO	SINAL INDETERMINADO
Relação professor/aluno	112	9	14	89	79	25	43	21
Educação do professor	106	6	5	95	90	26	32	37
Experiência do professor	109	33	7	69	63	32	22	15
Salário do professor	60	9	1	50	83	15	11	24
Gasto por aluno	65	13	3	49	75	25	13	11

FONTE: Eric A Hanushek,. "The Economics of Schooling: Production and Efficiency in Public Schools". *Journal of Economic Literature*, v. 24, n. 3, p. 1161, 1986, tabela 8.

itens — especialmente burocráticos e de benefícios não salariais a membros das escolas — que subiram vertiginosamente.

Outras pesquisas já haviam estudado o impacto do aumento do corpo burocrático da educação sobre a qualidade do ensino, e seus resultados foram funestos. Anderson et al. (1991) apresentam uma estatística impressionante: estudando a taxa de evasão de alunos do ensino secundário e sua performance em testes padronizados, os autores notam que um aumento de 1% na relação funcionário administrativo por aluno *diminui* a performance dos estudantes em testes, levando-a de 11% a 14% abaixo da média nacional.[17] Dado que 56,5% dos gastos educacionais naquele ano foram direcionados a custear a burocracia, seu efeito é alarmante.[18]

Levando em conta novos trabalhos publicados desde 1986, Hanushek (1996) faz nova tabulação de 377 estudos sobre as variáveis supostamente relevantes para a qualidade do ensino, encontrando resultados parecidos com aqueles reproduzidos na tabela I.9: a relação aluno/professor foi estatisticamente insignificante em 72% dos casos, como também o foram a educação do professor (86%), sua experiência (66%), salário (73%), gastos por aluno (66%), gastos administrativos (83%) e instalações (86% dos estudos).

A situação parece particularmente preocupante para os Estados Unidos, pois, como demonstra Hanushek (1998) — e atestam todos os estrangeiros que já fizeram intercâmbio em uma high school americana —, os Estados Unidos sempre substituíram qualidade por quantidade de educação para levar vantagem sobre seus colegas do mundo industrializado. Essa dianteira quantitativa está prestes a acabar, à medida que outros países do G-7 começam a alcançar taxas de matrícula semelhantes à norte-americana. Na população entre 55 e 61 anos de idade, por exemplo, os Estados Unidos têm 73% com ensino secundário completo, enquanto outros cinco países do grupo somam 42%.[19] Na faixa entre 25 e 34 anos, a diferença cai para 87% vs. 72%. Quando as taxas se igualarem, a disputa será em termos de qualidade — e, nesse quesito, o secundarista americano vai notoriamente mal.

Os resultados apresentados por Hanushek, porém, não ficam sem oposição. Muitos economistas criticam seus métodos: o julgamento indiscriminado de estudos, sem levar em consideração a qualidade de seus dados ou a metodologia utilizada, seria, segundo esses críticos, temerário. Três economistas conduziram então uma metanálise: um estudo que analisa outros estudos, discernindo sua qualidade e fazendo uma filtragem, descartando aqueles de metodologia repreensível ou dados incompletos. De acordo com esse procedimento, Greenwald, Hedges e Laine (1996) reduziram para sessenta o universo de estudos considerados. Reproduzimos abaixo um resumo de seus resultados.

TABELA I.11

IMPACTO DE VARIÁVEIS EDUCACIONAIS SOBRE A QUALIDADE DO ENSINO: METANÁLISE

VARIÁVEL	NÚMERO DE ESTUDOS	ESTATISTICAMENTE SIGNIFICATIVOS		ESTATISTICAMENTE INSIGNIFICANTES		
		EFEITO POSITIVO	EFEITO NEGATIVO	EFEITO POSITIVO	EFEITO NEGATIVO	% ESTATISTICAMENTE INSIGNIFICANTE
Gasto por aluno	34	15	1	10	8	53
Habilidade do professor[a]	24	12	1	5	6	46
Educação do professor	46	7	6	17	16	72
Experiência do professor	68	20	2	28	18	68
Salário do professor	16	3	2	9	2	69
Relação professor/aluno	68	13	8	34	13	69
Tamanho da escola[b]	39	14	4	12	9	54

a - Medida através de testes; b - Resultado positivo indica que escolas menores têm resultados melhores.
FONTE: Larry V. Hedges, Rob Greenwald e Richard Laine. "The Effect of School Resources on Student Achievement". *Review of Educational Research*, v. 66, n. 3, p. 368, 1996, tabela 1.

Como se vê, os resultados são mais favoráveis à hipótese de que os gastos na educação — quer seja sob a forma de formação do professor, seu salário ou diretamente no aluno — têm um efeito positivo na metanálise do que nos estudos de Hanushek. Não há, porém, muita razão para festejos: como mostra a última coluna (adição minha), a maioria das variáveis continua tendo efeito insignificante, especialmente em quesitos nos quais muitos recursos são costumeiramente gastos, como educação do professor (72% de resultados insignificantes) e relação professor/aluno (69%). O resultado da análise é inconclusivo: certamente não se pode inferir que esses recursos prejudicam a qualidade do ensino, mas também não há evidência sólida para atestar sua efetividade ou justificar os montantes neles despendidos.

Outra metanálise, utilizando-se de métodos diferentes, chegou a resultados tampouco encorajadores. Dewey et al. (2000) filtram 127 estudos, separando 35 de "boa qualidade".[20] Desses, dois terços (oito em doze) apontaram que a educação do professor é insignificante, mesmo veredicto de dez em dezessete (59%) sobre a relação aluno/professor e sete em treze (54%) do quesito gastos por aluno.[21]

Essa discussão talvez seja, contudo, desnecessária. Afinal, como economistas, estamos preocupados com o efeito da educação sobre o mercado de trabalho, e não apenas — ou principalmente — sobre os resultados em testes educacionais.

Assim, em vez de estudar o impacto da qualidade da educação sobre os frutos da própria educação, uma corrente de economistas estuda seu impacto sobre salários. Dentro desse movimento, a ideia de que a qualidade do ensino influencia os rendimentos no mercado de trabalho tem como principais expoentes David Card e Alan Krueger (este último, economista-chefe do Ministério do Trabalho durante a gestão de Bill Clinton).

Começando com um estudo de 1992, Card e Krueger coletaram dados referentes a populações que passaram pela escola entre 1920 e 1949, analisando seus ganhos salariais posteriores. Sua metodologia para identificar os impactos da qualidade de educação é engenhosa: os autores observam pessoas que foram educadas em um estado norte-americano e trabalharam em outro. Depois, comparam as variáveis educacionais entre os dois estados — coisas como relação aluno/professor, investimento por aluno etc. — e determinam se há uma relação entre a melhor (ou pior) qualidade do ensino no estado em que a pessoa foi educada e um maior (ou menor) salário no estado em que ela reside.

Instituindo controles para outros fatores, a lógica do estudo é a seguinte: você pega duas pessoas que trabalham na Califórnia, da mesma idade e com a mesma escolaridade. Uma delas foi educada na Califórnia e outra, digamos, na Flórida. Então você compara o salário dessas duas pessoas e as diferenças de qualidade entre o ensino da Califórnia e aquele da Flórida, o que lhe permite estipular o benefício causado por uma educação de maior qualidade.[22] O resultado dessa análise apontou uma relação positiva e estatisticamente significativa entre os recursos investidos na educação e ganhos salariais, ainda que modestos: uma redução de dez alunos por sala aumentaria os retornos à educação em 0,9%, e um aumento de 30% no salário dos professores resultaria em aumento de 0,3% nos retornos dos alunos.[23] A educação do professor também parece ajudar: um ano a mais de instrução do corpo docente resulta em aumento de 0,33% dos retornos de alunos.[24] A experiência dos professores, porém, parece desprezível.[25]

Card e Krueger voltariam à carga com outro artigo (1996a). Nele, sua análise foca principalmente o impacto de duas variáveis: gastos por aluno e relação aluno/professor. Os autores apresentam um resumo da literatura sobre o primeiro item, notando que todos os 24 estudos analisados (pp. 110-111) apresentam resultados positivos (ainda que não necessariamente estatisticamente significativos) para a relação entre recursos investidos e maior retorno à educação. As chances de esse resultado ser obra do acaso são, como mostram os autores, menores que uma em dezesseis milhões.[26] Os dados não são tão generosos à sua hipótese quando o assunto é a relação aluno/professor: dos cinco estudos resenhados por eles, dois apresentam resultados estatisticamente insignificantes, um é de significância incerta e dois têm o resultado esperado e estatisticamente significativo. (Coincidentemente, esses dois são estudos dos próprios autores, publicados em 1992.)[27]

Porém, como o leitor já deve imaginar a essa altura, os resultados de Card e Krueger (1992, 1996) não escapam da crítica.

Heckman (Nobel de Economia de 2000), Farrar e Todd (1996) apontam uma falha crucial no método desenvolvido por Card e Krueger (1992): a presunção de que a migração entre estados é aleatória. Na verdade, segundo Heckman et al., o movimento migratório é parcialmente determinado por variáveis ligadas à educação. Assim, a população que migra de um estado para outro não é uma amostra representativa do seu estado de origem. São, pelo contrário, pessoas mais ambiciosas e talvez mais bem preparadas, que migram exatamente para tirar proveito das melhores condições de vida no estado de destino. Um estudo recente sobre o Brasil, por exemplo, mostrou que mesmo quando se leva em conta educação, raça e região de origem, migrantes têm uma renda até 17% superior à dos não migrantes (Bourguignon et al., 2003). Quando Card e Krueger estudam as diferenças de rendimento entre a população de migrantes e aquela originária do estado e atribuem a diferença à educação do estado de origem, eles estariam superestimando o impacto da educação. Não é que os migrantes oriundos de estados onde a população tem escolas com mais professores por aluno ganham melhores salários por causa de sua educação, mas sim por causa de outras variáveis que os fizeram migrar.

O fenômeno talvez fique mais claro se pensarmos no exemplo brasileiro. Segundo a metodologia de Card e Krueger, poderíamos analisar, por exemplo, os gaúchos que se mudaram para o Mato Grosso. Analisaríamos então seus salários e, digamos, notaríamos que eles ganham mais do que os mato-grossenses nativos. Então veríamos que eles foram educados em escolas "melhores" (mais professores, mais investimentos por aluno etc.) do que os mato-grossenses e, mesmo mantendo fixas as diferenças de renda e desenvolvimento humano entre o Rio Grande do Sul e o Mato Grosso, atribuiríamos seus maiores salários a essa educação melhor. O problema é que os gaúchos que se mudaram para o Mato Grosso são provavelmente os mais ambiciosos, os de maior habilidade inata e, talvez, os que aproveitaram melhor a educação que tiveram. Talvez eles venham de famílias de agricultores e, por isso, tenham melhores recursos para dar certo desenvolvimento à agricultura na região pantaneira. Não importa a razão: o achado de Heckman et al. (1996) é de que a ideia de movimentos migratórios aleatórios não é respaldada pelos dados.[28] Quando os autores repetem o modelo de Card e Krueger alterando o pressuposto de aleatoriedade de padrões migratórios, o efeito da "qualidade" da educação — relação professor/aluno etc. — sobre os rendimentos no mercado de trabalho desaparece.[29]

Afinal, qual dos grupos está certo? Há ou não uma relação entre os critérios comumente associados com a qualidade da educação e seu resultado, em performance tanto escolar quanto profissional? Apresento a seguir duas resoluções para o impasse digamos, uma microscópica e outra macroscópica.

Comecemos pela micro. Murnane e Levy (1996) relatam um ótimo experimento natural sobre o assunto. Quinze escolas da cidade de Austin, no Texas, tinham um desempenho pífio. Em 1989, elas receberam uma ótima oportunidade de melhorar: ganharam na justiça um processo de segregação racial, e a corte determinou que elas deveriam receber status prioritário e 300 mil dólares a mais que a média das outras escolas da cidade a cada ano, por cinco anos.

Quatro anos depois, a performance dessas escolas foi medida. Das quinze escolas, treze permaneceram com resultados acadêmicos muito ruins. Mas as outras duas tiveram um desempenho extraordinário: a taxa de frequência de seus alunos virou uma das mais altas da cidade e seu desempenho nos testes escolares subiu à média da cidade, a despeito de essas escolas estarem localizadas em bairros pobres. Murnane e Levy usam esses resultados para mostrar que, se Hanushek e seus críticos os analisassem, sairiam com duas conclusões completamente diferentes. Hanushek mostraria que treze das quinze falharam e que, portanto, investimentos em qualidade de ensino não têm efeito sobre o desempenho dos alunos. Seus críticos fariam uma metanálise que mostraria que o efeito das duas escolas que deram certo é suficientemente alto para que possamos rejeitar a ideia de que recursos adicionais não têm efeito. Quem estaria certo? "Ambos", dizem Murnane e Levy.[30] Para obter uma resposta elucidativa da relação recursos-desempenho precisamos observar como esses recursos foram investidos. Nas treze escolas em que pouco ou nada mudou, o dinheiro extra foi investido na contratação de novos professores, para reduzir a relação aluno/professor. Todo o resto permaneceu intocado: mesmos métodos, mesmos currículos, tudo igual.

Nas escolas que deram certo, o dinheiro também foi usado para contratar mais professores, mas o esforço não parou aí. Os diretores se engajaram em resolver os problemas da escola, e trouxeram consigo pais e professores. Os estudantes com dificuldade de aprendizado, antes confinados a salas especiais, foram reintegrados às salas normais, o que só pôde ser feito porque agora as salas de aula eram menores e os professores podiam dar mais atenção aos alunos problemáticos. O currículo foi mudado. Prestadores de serviço de saúde foram contratados. E os resultados falam por si sós.

O que importa, portanto, é o "pacote": só dinheiro não ajuda, mas dinheiro aliado a vontade e coragem de mudar pode ser um incentivo poderoso. Talvez a questão mais importante não seja, portanto, quanto dinheiro dar, mas sim como ele será usado. E como ele será usado depende basicamente da estrutura de incentivos e desincentivos na qual os responsáveis pelo investimento desses fundos estão inseridos.

Easterly (2001), quando discute os problemas da busca pelo crescimento econômico, lembra um preceito básico da economia que é frequentemente esquecido entre modelos complicados e ideias mirabolantes: as pessoas respondem a incentivos. Sem o incentivo certo, dinheiro não adianta muito. Aliás, pode até ser maléfico. Nesse caso, países são um pouco como famílias: é melhor ser um filho de uma família pobre que instila valores como a ética do trabalho e da responsabilidade, que incentiva o estudo, do que ser filho de uma família rica libertina e desregrada, na qual os pais não se importam com os filhos. A pobreza do primeiro só o motiva a trabalhar mais duro, enquanto a riqueza do segundo financia seu deslumbre. As lideranças dos países também são assim: se, por exemplo, um país recebe mais ajuda internacional quanto mais pobre for sua população, maior será o incentivo de seus mandatários de desviar essa ajuda para suas contas na Suíça e deixar seus súditos à míngua. Se o estelionato resultar em mais auxílio, ele só tende a aumentar, e a ajuda externa vai acabar prejudicando a população.

No microcosmo da educação é a mesma coisa. Se um diretor de escola corre o risco de ser demitido caso mude o currículo e os pais ou alunos não gostem, o currículo continuará o mesmo. Se, como mencionam Anderson et al. (1991), o poder do diretor aumenta mais quando ele contrata burocratas (que cuidam de tarefas administrativas sob suas ordens) do que professores (cuja autonomia é maior), ele provavelmente admitirá mais burocratas do que o necessário e menos professores do que o necessário. Eu me lembro com certa admiração de uma escola em que estudei onde havia uma funcionária cuja função era soar o sino para indicar o começo e fim das aulas. Coisa que um timer acoplado a uma campainha provavelmente faria de forma mais eficiente e menos danosa aos tímpanos — e certamente bem mais barata. Se a diretora usa o dinheiro para pagar uma soadora de sinos e não para comprar uma campainha e ninguém se opõe, é porque algo há de errado.

Muitos críticos do sistema educacional — Hanushek, especialmente —

apontam a necessidade de reformas na estrutura administrativa das escolas, para que seus funcionários se sintam responsáveis pelo desempenho de seus pupilos. O problema é que o estímulo que costuma funcionar no mercado em geral — dinheiro — não parece ser muito eficiente no mundo acadêmico, como atesta a maioria dos estudos que analisam o impacto dos salários de professores. Falaremos mais sobre isso no segundo capítulo.

Talvez a saída para o impasse esteja então no velho "o que não tem solução, solucionado está". Ou, em outras palavras, que a resposta para o problema seja elevar o foco da análise a um grau superior e notar que a solução para o problema da qualidade talvez esteja na quantidade. É o que Betts (1995, 1996) faz.

Depois de discutir os problemas da eficácia do investimento em qualidade — referendando a ideia de que as variáveis comumente usadas não têm efeito sobre o salário futuro dos alunos —, Betts mostra que, mesmo que o efeito da redução de salas de aula ou do aumento de gastos por aluno seja positivo e significativo, ele é muito pequeno. Hedges et al. (1996), por exemplo, defendem que um aumento de gasto de 500 dólares por aluno melhoraria o desempenho dos alunos nos testes padrão em um sexto de um desvio padrão (!).[31] Card e Krueger (1992), conforme mencionado anteriormente, estimam que um corte em dez alunos por sala de aula (ou seja, um terço ou um quarto de uma sala normal) aumenta seus rendimentos futuros em apenas 0,9%. Ora, se, como vimos, um ano a mais de educação gera um retorno de cerca de 10%, será que não seria mais barato investir em um ano a mais do que em reduções drásticas de tamanho de salas de aula?! Os resultados de Betts (1996) apontam firmemente nessa direção. Calculando a taxa interna de retorno (TIR) de investimentos em qualidade versus quantidade de educação, Betts obtém os seguintes resultados (veja a tabela I.12).

A diferença das taxas de retorno significa que não há muito com o que se preocupar, por enquanto, com o efeito das variáveis sobre qualidade de ensino: de qualquer jeito, investir em um ano a mais de educação é mais negócio.

Mas o leitor já deve estar impaciente, a essa altura, com toda essa discussão sobre educação nos Estados Unidos. Afinal, o Brasil está em estágio diferente, com problemas diferentes. Seria a dinâmica do problema a mesma? Para obter uma pista, vale a pena notarmos uma particularidade dos estudos sobre os Estados Unidos, que gera um aparente impasse. Afinal, como será possível que para o mesmo país, olhando para as mesmas variáveis e usando os mesmos bancos de dados, Betts e outros pesquisadores possam achar um efeito que é exatamente o contrário daquele estipulado por Card, Krueger e seus seguidores?

TABELA I.12

TIR E TAXA DE BENEFÍCIO LÍQUIDO PARA GASTOS POR ALUNOS X UM ANO EXTRA DE EDUCAÇÃO (ESTADOS UNIDOS)

TAXA DE DESCONTO (%)	QUALIDADE	QUANTIDADE - ANO EXTRA	
	GASTO POR ALUNO	12ª SÉRIE*	ANO DE UNIVERSIDADE
0	1,06	4,91	2,60
1	0,53	3,70	1,88
2	0,15	2,78	1,35
3	-0,12	2,12	0,94
4	-0,32	1,59	0,62
5	-0,47	1,19	0,38
6	-0,58	0,87	0,18
TIR (%)	2,55	10,95	7,25

* Última série do ensino secundário americano.

FONTE: Julian Betts. "Is There a Link Between School Input and Earnings? Fresh Scrutiny of an Old Literature". In: Gary Burtless (Org.). *Does Money Matter? The Effect of School Resources on Student Achievement and Adult Success.* [Washington, D.C.]:Brookings Institution Press, p. 162, 1996, tabela 6-9.

A resposta parece depender de três determinantes. Uma, que não nos importa muito, é o lócus em que o estudo é feito. Quando a unidade de observação é um estado, é mais comum que se achem efeitos positivos da educação; quando se observam os dados da educação por escola ou distrito escolar, a importância das variáveis tende a cair.[32] Não se sabe exatamente por que isso acontece, mas a diferença entre os dois sugere que há características específicas do estado que inflam os salários e que são ligadas, ao mesmo tempo, a variáveis sobre a educação. Por exemplo, provavelmente o investimento por aluno de um estado como São Paulo seja mais alto que o de Sergipe, e um paulistano provavelmente ganhe bem mais do que um aracajuano porque no mercado de trabalho de São Paulo há mais competitividade, porque o custo de vida em São Paulo é maior do que o de Aracaju etc. Se olharmos apenas para o investimento em educação e os salários, vai parecer que o maior investimento das escolas de São Paulo resulta em um maior salário, quando na verdade o salário maior se deve a outros fatores.

A segunda determinante do problema é que estudos que não encontram relação entre as variáveis do ensino e o salário tendem a se basear em amostras mais recentes. Isso pode ser problemático porque o objeto de sua análise são profissionais com menos tempo no mercado de trabalho e, às vezes, medidos logo depois de sua saída da escola ou universidade. Como há um aumento não desprezível de salário depois dos primeiros anos de treinamento genérico (lembra-se de Becker?), estudos com gente jovem tendem a subestimar o efeito da educação porque o salário por elas recebido é baixo em relação à média do mercado como um todo.

A terceira variável é algo mais curioso: estudos feitos com dados do começo do século mostram maior importância dos recursos destinados à educação do que aqueles feitos nos últimos anos.

Betts (1996) resume os efeitos da agregação e o período histórico estudado sobre os rendimentos salariais no gráfico 1.12, a seguir. Nele, o painel de cima mostra resultados em que a unidade de estudo foi a escola, no do meio, o distrito, e, no painel de baixo, aquele em que os dados foram colhidos por estado. O eixo horizontal se refere ao período estudado.

O que nos interessa em particular é o fato de estudos de épocas mais distantes apresentarem resultados consistentemente positivos sobre o investimento na qualidade da educação. Uma das hipóteses para explicar esse fenômeno é de que "os tempos mudaram", como sugerem Hedges e Greenwald (1996). Algumas das explicações propostas pelos autores são de que a quantidade de divórcio e de mães na força de trabalho aumentou, fazendo com que os pais dediquem menos tempo à educação dos filhos do que antigamente; a proporção de alunos de origens mais humildes e com pais menos educados — especialmente de minorias étnicas — nas escolas aumentou dramaticamente, diminuindo o resultado dos testes estandardizados como o SAT por razões que nada teriam a ver com a qualidade da educação.

GRÁFICO I.12
CLASSIFICAÇÃO DE ESTUDOS SOBRE VARIÁVEIS DA QUALIDADE DE EDUCAÇÃO E ANOS EM QUE OS ALUNOS FORAM EDUCADOS (PRIMÁRIO E SECUNDÁRIO, ESTADOS UNIDOS)

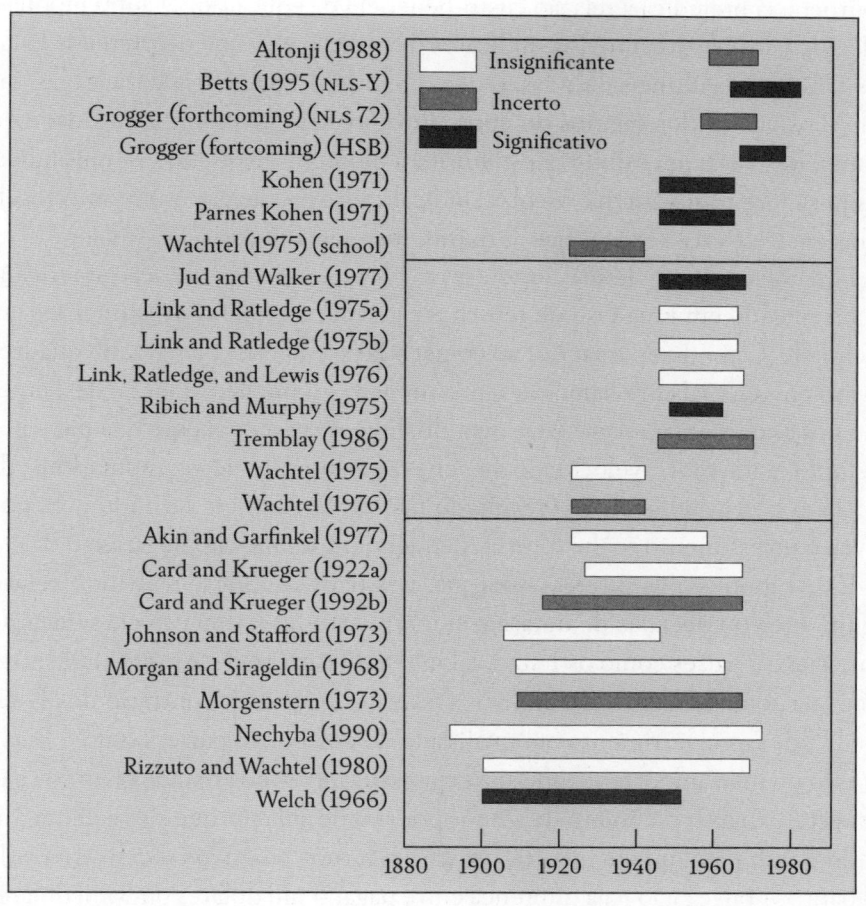

FONTE: Betts (96), gráfico 6-1, p. 149.

Betts (1996) aventa outras hipóteses, sobre as quais vale a pena nos debruçarmos. Talvez os tempos tenham mudado — não tanto no que diz respeito aos costumes da sociedade, mas sim à própria educação. Uma das hipóteses dele é de que, com a popularização da educação, uma grande massa de burocratas tenha sido criada onde antes era comum a escola em que só havia um professor que cuidava de tudo. Esse aumento do número de burocratas, como já vimos, tem efeito negativo sobre o desempenho dos alunos. Betts cita outro estudo que demonstra que o tamanho do distrito escolar que o aluno frequenta tem impacto negativo sobre seu desempenho em testes, apoiando a ideia de que a burocracia prejudica a relação custo-benefício da educação.[33] Outra hipótese é de que o fortalecimento dos sindicatos de professores, que ocorreu nos Estados Unidos nas últimas décadas, tenha diminuído a eficiência das escolas, inflando os custos dos salários do corpo docente sem melhorar a qualidade do ensino. Betts cita um estudo que confirma a hipótese: analisando 14 mil alunos, pesquisadores notaram que escolas sindicalizadas produzem os mesmos resultados em testes acadêmicos que as outras, mas com um custo 15% maior.[34]

Finalmente, outra de suas hipóteses é a de que talvez a educação americana tenha entrado em uma fase de retornos decrescentes para investimentos em qualidade. Quer dizer: quando, no começo do século, se colocava um quadro-negro em uma sala previamente sem o utensílio, o impacto sobre o desempenho dos alunos era enorme. Mas quando, hoje, se gasta uma fortuna para, por exemplo, aumentar a velocidade de conexão à Internet dos computadores da escola, o custo é enorme e o resultado não tão dramático, fazendo com que talvez o investimento tenha retorno pequeno ou até mesmo negativo.

Essa hipótese nos interessa porque, nos países subdesenvolvidos, temos alguns anos ou décadas de defasagem no quesito investimento em educação em relação a países como os Estados Unidos. Assim, pode ser que ainda estejamos na zona de recursos marginais crescentes e que, ao contrário dos Estados Unidos, o investimento em qualidade do ensino em países como o Brasil seja tão ou mais importante que sua expansão. Talvez nos Estados Unidos não surta efeito baixar o número de alunos por sala de aula porque eles estão reduzindo de 25 para quinze, mas talvez haja retornos positivos se baixarmos de 45 para 35. Talvez não haja diferença entre pagar 4 mil dólares ou 5 mil dólares por mês a um professor, mas quando a diferença é entre 500 reais e 1 mil reais é possível que a coisa mude de figura. Será que, também nesse aspecto, há diferenças substanciais entre países industrializados e subdesenvolvidos?

Ao que tudo indica, infelizmente não. Parece que nas coisas ruins somos muito parecidos aos países desenvolvidos.

Uma pesquisa de Eric Hanushek e Javier Luque (2002) que estudou os resultados de um teste internacional de matemática e ciências (TIMSS) em alunos de nove e treze anos de idade testou justamente a ideia de que haveria retornos decrescentes ao investimento em qualidade educacional nos países ricos mas não naqueles subdesenvolvidos. Seus achados minam a hipótese original: não há evidência de que a eficácia de políticas como a diminuição de alunos por sala de aula afeta países pobres e ricos de maneira diferente. O efeito é insignificante tanto no Primeiro quanto no Terceiro Mundo.

Estudo de Hanushek (1995) para o Banco Mundial mostra que os efeitos das variáveis comumente associadas com a qualidade do ensino sobre o desempenho de alunos são igualmente problemáticos para países subdesenvolvidos, como mostra a seguinte tabela.

TABELA I.13
SUMÁRIO DOS COEFICIENTES DE VARIÁVEIS EDUCACIONAIS DE 96 ESTUDOS
SOBRE PAÍSES SUBDESENVOLVIDOS

VARIÁVEL	NÚMERO DE ESTUDOS	ESTATISTICAMENTE SIGNIFICATIVOS		ESTATISTICAMENTE INSIGNIFICANTES	% INSIGNIFICANTES
		POSITIVO	NEGATIVO		
Relação aluno/professor	30	8	8	14	47%
Educação do professor	63	35	2	26	41%
Experiência do professor	46	16	2	28	61%
Salário do professor	13	4	2	7	54%
Gasto por aluno	12	6	0	6	50%
Instalações	34	22	3	9	26%

FONTE: Eric Hanushek. "Interpreting Recent Research on Schooling in Developing Countries". Rochester University, Wallis Institute of Political Economy. Working Paper n. 3, p. 5b. Mimeografado. 1995, tabela 1.

Resenhando 96 estudos, os resultados não foram encorajadores: de trinta trabalhos medindo o efeito do tamanho das salas de aula, dezesseis apresentaram resultado estatisticamente significativo: oito positivos, oito negativos. Experiência de professores? Sessenta e um por cento de relação insignificante (35% de positivo e estatisticamente significativo). Para gastos por aluno, há pouca evidência (doze estudos) e o resultado é dividido: metade de resultados significativos, metade do contrário. A mesma dinâmica se dá quando o assunto é salário de professores: não há evidências para corroborar a ideia de que professores mais bem pagos formarão alunos melhores. Mas também há boas notícias.

A educação dos professores, de efeito ambíguo no Primeiro Mundo, é aparentemente relevante nos países em desenvolvimento: a maioria dos estudos (35 em 63) mostra um efeito positivo. E, finalmente, uma grata surpresa: investimentos em instalações físicas parecem ter um efeito significativo em países subdesenvolvidos: 23 de 34 (67,6%) dos estudos referendam a ideia de que melhores prédios e a existência de bibliotecas melhoram o desempenho dos alunos.

Outras resenhas de estudos de países subdesenvolvidos confirmam as descobertas acima.

Fuller e Clarke (1994) colheram estudos sobre países em desenvolvimento a partir de 1987. Seus resultados: gasto por aluno tem efeito incerto (três de seis estudos com resultado positivo), assim como escolaridade do professor e sua experiência; alunos por classe é irrelevante, tanto no ensino primário (dois terços dos casos) quanto no secundário (90%). As variáveis significativas foram: qualidade das instalações escolares (em 75% dos estudos), existência de biblioteca (89%), tempo de aula (75% no secundário e 88% no primário) e frequência de passar lição de casa (82%).

Mais relevante para o caso brasileiro, Vélez et al. (1993) estudaram o impacto de 76 características sobre o ensino de escolas primárias na América Latina nos vinte anos anteriores ao estudo. Dessas, notaram que 36 não têm efeito estatisticamente significativo. Entre elas, relação aluno/professor (só nove em vinte estudos apontavam a relação esperada). Outros critérios que têm relação com o professor apresentam resultados inesperados: só 31 em 68 estudos (45%) apontam efeito positivo e significativo para seus anos de escolaridade e 25 em 62 (40%) para anos de experiência profissional. Os resultados mais chocantes estão nas áreas de satisfação com o trabalho (efeito significativo só em quatro de 43 estudos) e dos salários de professores: de cinco estudos sobre o tema, nenhum mostra efeito positivo, três apontam efeito insignificante e dois sugerem efeito negativo (!) sobre o desempenho escolar. No lado positivo, o acesso a livros didáticos e materiais de leitura provou-se eficaz em treze de dezessete estudos. Sobre os alunos, viu-se que o repetente e o aluno que reside mais distante da escola têm seu desempenho afetado negativamente em 100% dos casos. Confirmando a literatura internacional, filhos de pais ricos e com muitos livros em casa têm desempenho melhor.

Outros estudos apontam resultados distintos dos mencionados acima. Em especial, Kremer (1995) analisa os mesmos estudos resenhados por Hanushek e critica seus métodos e conclusões. Segundo Kremer, não há informações que chegam para caracterizar a insignificância das variáveis de qualidade educacional. Estudos posteriores enfocando casos de países particulares também acham correlações positivas para algumas das variáveis, mas quase todos têm problemas de falta de informação e de extrema sensibilidade à variação nas especificações de seus modelos.[35]

Que fazer diante de tantas teses e antíteses, propostas e críticas? Parece-me que a melhor conclusão é de que ainda não temos condições de chegar a conclusões definitivas. Como bem diz Hanushek (1995), "o processo educacional é muito complicado e nós realmente não o entendemos muito bem. Não conseguimos descrever o que faz um bom ou mau professor ou uma boa ou má escola".[36]

Outros estudos sobre a educação começam a adicionar outras variáveis que não simples relações mecânicas como relação professor/aluno ou investimento por aluno. Vários buscam escapar dos métodos anódinos baseados na coleta de estatísticas para penetrar no universo onde a educação acontece, a sala de aula, e tentar desconstruir o comportamento de professores e alunos para encontrar pistas mais úteis sobre o professor eficiente. Glewwe e seus colegas fizeram exatamente isso para tentar entender o que dá certo na educação primária da Jamaica. Eles notaram, por exemplo, que a assiduidade dos alunos e a frequência de deveres de casa têm efeito positivo. Colaboram para o bom desempenho escolar também a intensidade da utilização de livros didáticos e a frequência com que os alunos têm seus conhecimentos testados. Uma prática comum nos trópicos — usar tempo de aula para que os alunos façam tarefas escritas (redações, questionários, exercícios) — provou ter efeito fortemente negativo sobre o desempenho das crianças (Glewwe et al., 1995).

Economistas começam a incorporar fatores pedagógicos e suas minúcias em suas pesquisas. Essa é apenas mais uma área da economia da educação em que há muito mais perguntas que respostas. Como, aliás, em quase tudo nas ciências sociais. Para os acadêmicos, a tarefa é continuar pesquisando as políticas que dão certo.

Aqueles que desenham e implementam essas políticas têm de se equilibrar na corda bamba que separa dois crimes: assim como não se podem eximir da ação pela falta de informação completa, também não podem brandir a ausência de informação para justificar uma ação desprovida de qualquer suporte empírico ou que vai contra as evidências disponíveis, por mais claudicantes que estas sejam e por mais sensatas que suas teorias possam parecer no papel. Assim como não se pode cair na inação à espera de respostas categóricas e irrefutáveis, também não se pode partir para a irresponsabilidade e leviandade de imaginar que vale tudo enquanto o enigma não tiver sido completamente solucionado. Ainda há muito chão a ser percorrido no campo da pesquisa, mas aquele já trilhado não pode ser ignorado.

Segunda parte

Educação e crescimento econômico no Brasil

A situação da educação e do desenvolvimento econômico no Brasil

O DESENVOLVIMENTO ECONÔMICO NO BRASIL

Não é preciso alertar o brasileiro para a situação de subdesenvolvimento de nosso país — basta citar alguns indicadores para ver como vamos mal das pernas. Segundo o Índice de Desenvolvimento Humano (IDH) de 2004 da ONU, o Brasil é o 63º colocado no quesito renda per capita, de 177 países estudados. Com uma renda de 7770 dólares (ajustada a diferenças de poder aquisitivo), o país fica no grupo intermediário de desenvolvimento, atrás dos membros da OCDE e de outros países em desenvolvimento, como África do Sul (53º, 10 070 dólares), Chile (54º, 9820 dólares) e México (58º, 8970 dólares). Fica à frente da maioria dos países africanos, muitas das ex--repúblicas socialistas e de países como Turquia (76º, 6390 dólares), China (99º, 4580 dólares) e Indonésia (113º, 3230 dólares) (UNDP, 2004).

Como esses dados são referentes a 2002, é provável que hoje, depois de continuada erosão do poder aquisitivo do trabalhador brasileiro, o país se encontre em situação pior. Segundo o IBGE, o rendimento médio real das pessoas ocupadas caiu de 1182 reais em dezembro de 2001 para 841 reais em junho de 2003 — uma queda de 28% (IBGE, Ipeadata).

Apesar de a renda média não estar lá essas coisas, esse número esconde a grande chaga da desigualdade. Segundo o IDH de 2004, os 10% mais pobres do Brasil respondiam por apenas 0,5% da renda, enquanto os 10% mais ricos eram responsáveis por 47% dela (UNDP, 2004). Essa camada do topo tem 85 vezes mais renda do que seus compatriotas da base da pirâmide social. Nessa comparação, só perdíamos para três países: Namíbia, Lesoto e Serra Leoa.[1]

Utilizando uma medida mais rigorosa de desigualdade de renda, o índice de Gini, caímos algumas posições nesse vergonhoso ranking, ocupando a posição de oitavo país mais desigual do mundo, atrás apenas de países africanos. Isso se traduz em um contingente de um terço da população vivendo abaixo da linha de pobreza e 14,6% abaixo da linha de indigência (Ipea, dados referentes a 2001).

O Brasil tem crescido pouco. O país, que foi o campeão mundial de crescimento econômico no período 1900-1973, com uma taxa média de 4,9% ao ano, cai para a 93[a] posição nos últimos vinte anos, quando a média despenca para 2,4% ao ano (IEDI, 2003).

É gritante, portanto, a necessidade de o Brasil aumentar sua renda e distribuí-la de forma mais equânime. Nossas descobertas sobre o papel da educação no crescimento econômico internacional geram fortes expectativas sobre a importância do ensino no desenvolvimento brasileiro. Comecemos, então, a discutir a educação brasileira.

A EDUCAÇÃO NO BRASIL

Estamos acostumados com as manchetes negativas no que diz respeito à educação, mas o estudo detalhado de nosso predicado consegue ainda assim surpreender: estamos pior do que se poderia imaginar. A situação da educação no Brasil é alarmante. Estamos observando inertes a consolidação de nosso estado de subdesenvolvimento por mais uma ou duas gerações. É desesperador. Para destrinchar esse quadro, vale a pena separar a educação em seus dois vértices: quantidade e qualidade. Comecemos pelo que temos de melhor.

Quantidade da educação no Brasil

O sistema de educação brasileiro tem dimensões superlativas, como o país. Antes de começar qualquer coisa, portanto, vamos dar uma olhada geral nos números da educação. (Nota terminológica: usamos no decorrer do texto

"Fundamental" e "Primário" para o ensino de 1ª a 8ª séries, "Médio" e "Secundário" da 9ª a 11ª séries e "Superior", "Terciário" ou "Universitário" para os cursos de graduação.)

TABELA II.1
GRANDES NÚMEROS DA EDUCAÇÃO BRASILEIRA (2003)

NÍVEL DE ENSINO	ALUNOS MATRICULADOS	DEPENDÊNCIA ADMINISTRATIVA							
		FEDERAL	(%)	ESTADUAL	(%)	MUNICIPAL	(%)	PRIVADA	(%)
Fundamental	34438749	25997	0,1	13272739	38,5	17863888	51,9	3276125	9,5
Médio	9072942	74344	0,8	7667713	84,5	203368	2,2	1127517	12,4
Superior*	3479913	531634	15,3	415569	11,9	104462	3,0	2428258	69,8

* Ano de referência: 2002.
FONTE: Inep, 2002a e 2003a.

Os números absolutos, porém, dizem pouco. Quando se fala de quantidade de educação, o número que interessa é a taxa de escolarização (ou matrícula). Ela vem em dois tipos. A **taxa de escolarização bruta** é o número de crianças de um determinado ciclo escolar dividido pela parcela da população brasileira de faixa etária correspondente àquele ciclo. Por exemplo, se há 35 milhões de alunos no ensino fundamental (de 1ª a 8ª séries) e 27 milhões de crianças brasileiras de sete a catorze anos, então a taxa de escolarização bruta é de 129% $\left(\dfrac{35}{27} = 1,29 \right)$.

A razão pode ser superior a 100% porque se contam repetentes e alunos que entraram atrasados ou retornaram aos bancos escolares depois da idade ideal. A taxa de escolarização bruta dá uma ideia do volume geral de alunos em determinado nível e de seu represamento, isto é, a quantidade de alunos que estão em um nível que já deveriam ter superado.

O outro número que interessa é a **taxa de escolarização líquida**. Ela é a razão entre o número de pessoas com a idade apropriada de cada ciclo e a parcela da população brasileira de faixa etária correspondente àquele ciclo. O denominador é o mesmo da taxa de escolarização bruta, o numerador é menor. Por exemplo, se temos 25,5 milhões de crianças entre sete e catorze anos de idade no ensino fundamental para uma população total de 27 milhões dessa faixa etária, a taxa de escolarização líquida do ensino fundamental brasileiro é de $94\% \left(\dfrac{25,5}{27} = 0,94 \right)$. Esse número nos dá uma ideia mais precisa da eficiência do sistema educacional, na medida em que atesta a porcentagem de crianças da idade certa no nível certo.

A tabela II.2, abaixo, apresenta essas taxas para o Brasil.[2, 3]

TABELA II.2

TAXAS DE ESCOLARIZAÇÃO NO BRASIL, 2002 (EM %)

NÍVEL DE ENSINO	TAXA DE ESCOLARIZAÇÃO	
	BRUTA	LÍQUIDA
Primário	127,0	94,0
Secundário	88,6	40,6
Terciário*	15,1	9,9

FONTE: Cálculos do autor sobre a PNAD 2002.
* Dados do ensino superior incluem apenas cursos de graduação.

Para se ter uma ideia melhor do valor dessas estatísticas, vamos comparar nosso rendimento ao de outros países. Mas quais países? Gostaríamos de ter uma educação de Primeiro Mundo, mas comparar-nos a esses países seria um pouco injusto, já que eles têm processos históricos e situações materiais completamente distintos dos nossos. Inglaterra, França e Estados Unidos, por exemplo, já haviam conseguido na virada do século passado aquilo que nós estamos alcançando só agora: a universalização completa do ensino fundamental (Mingat, 1999). Por outro lado, comparar-nos a países pobres ou latino--americanos faz bem para o ego nacional mas não necessariamente para o futuro. Para resolver esse impasse, vamos usar uma escolha já feita por gente do ramo.

A Unesco desenvolve um projeto de comparação da educação de dezoito países emergentes de níveis variados de renda, entre eles o Brasil, chamado de World Education Indicators (WEI). Os outros países participantes são: Argentina, Chile, China, Egito, Índia, Indonésia, Jamaica, Jordânia, Malásia, Paraguai, Peru, Filipinas, Rússia, Tailândia, Tunísia, Uruguai e Zimbábue.

Adotamos aqui esse grupo como referencial para comparação com a educação brasileira, para tentar limitar a subjetividade inerente a uma escolha do autor. Se compararmos o Brasil ao restante do grupo, veremos que o país está no topo da lista de renda per capita. Utilizando-nos do IDH 2003 como parâmetro, observamos que apenas quatro dos 17 outros países têm renda per capita maior que a brasileira (Argentina, Chile, Malásia e Uruguai). Em média, os países do WEI estão 23 posições atrás do Brasil no ranking de renda per capita, e dezenove posições em desenvolvimento humano.[4] É de esperar, portanto, que a educação do Brasil se saia bem melhor do que a da média desse grupo. Resolvemos, então, adicionar um referencial do chamado Primeiro Mundo nas comparações que seguem, para termos uma baliza também de um grupo de países de renda maior que a brasileira. Para essa função incluímos abaixo os países da OCDE, uma organização de 30 países de alto desenvolvimento.[5]

Valendo-nos dos dados do World Development Indicators, um abrangente banco de dados de estatísticas internacionais, e usando taxas de escolarização líquida como referencial, obtemos o seguinte resultado, exposto nos três gráficos a seguir.

GRÁFICO II.1

TAXAS DE ESCOLARIZAÇÃO LÍQUIDA - ENSINO PRIMÁRIO (2000)

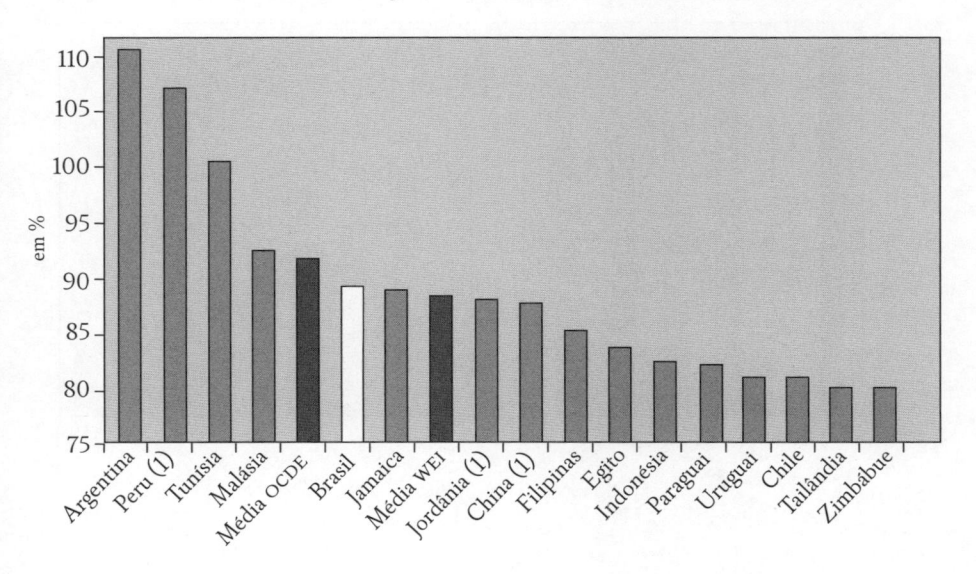

Analisando os resultados por nível de ensino, chegamos às seguintes conclusões: em termos de quantidade, nosso ensino primário vai aparentemente muito bem, já bastante perto dos 100% de escolarização líquida e igualmente próximo da média da OCDE. Nosso ensino secundário parece ir bem, mas na verdade as aparências enganam. O leitor há de notar que a taxa de escolarização líquida atribuída ao Brasil pelo WDI, de 71,3% (veja gráfico a seguir), é mais que o dobro daquela verificada pelo inep para o ano de 2000, de 33,3%. Isso se deve a uma diferença de metodologia: o WDI inclui a 7ª e 8ª séries em sua definição de ensino secundário. Ainda que esse método garanta a homogeneidade na comparação com outros países, ele infla fantasticamente os números brasileiros. Primeiro, porque inclui séries que no Brasil são compulsórias, enquanto em vários outros países o ensino secundário não é obrigatório, o que faz com que seus números caiam significativamente. Segundo, e mais importante, porque esse número dá a impressão de que 71% dos jovens estão na série em que deveriam estar. No Brasil, porém, há uma massa desproporcionalmente alta de repetentes, mas o cálculo do WDI inclui o aluno de dezessete anos que está na 7ª série no cálculo de escolarização líquida.

GRÁFICO II.2

TAXAS DE ESCOLARIZAÇÃO LÍQUIDA - ENSINO SECUNDÁRIO (2000)

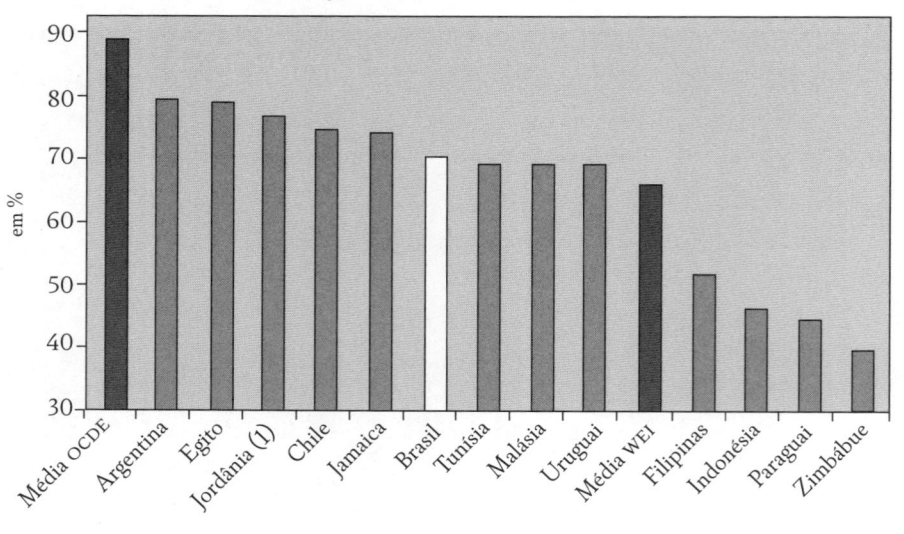

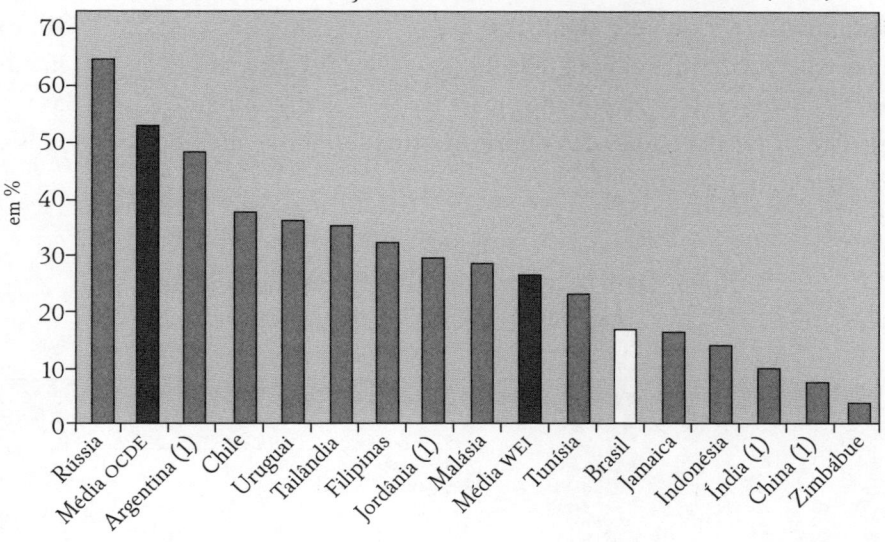

GRÁFICO II.3

TAXAS DE ESCOLARIZAÇÃO BRUTA - ENSINO TERCIÁRIO (2000)

Mesmo com esse critério mais generoso, nossos 71,3% ficam quase na média dos outros países em desenvolvimento (65,5%), apesar de nossa vantagem de renda. Ficamos ainda muito distantes da média dos países da OCDE (88%). Usando o critério nacional, nossos 33,3% de escolarização líquida em 2000 são verdadeiramente assustadores (Inep).

O pior, contudo, ainda está por vir. Nossa escolarização universitária é pífia. Os 16,5% de escolarização bruta medidos pelo WDI nos colocam substancialmente abaixo mesmo da média dos países em desenvolvimento (26,7%), e a anos-luz de distância dos membros da OCDE, onde mais da metade (51,6%) da coorte etária apropriada frequenta os bancos do ensino superior.

Esse dado é verdadeiramente catastrófico. À medida que os processos produtivos vão ficando cada vez mais complexos e aumenta a demanda pela qualificação universitária, o país engatinha e se deixa ultrapassar em termos de qualificação. Enquanto outros países duplicavam ou triplicavam sua escolarização universitária nos últimos vinte anos, o Brasil se arrastava. Com isso, ao invés de fecharmos o "gap" de capital humano, o aumentamos ainda mais, com consequências previsíveis. Veja o gráfico seguinte, com países selecionados da OCDE e da América Latina. Atente para nosso baixíssimo crescimento e o que ele significou em termos comparativos. Em 1980, os países da OCDE tinham uma taxa de escolarização superior 2,2 vezes maior que a brasileira. Dezessete anos mais tarde, o hiato aumentou para 3,6 vezes. Até os outros países da América Latina saíram-se melhor do que nós e nos deixaram para trás.

GRÁFICO II.4
CRESCIMENTO DE TAXA DE ESCOLARIZAÇÃO DO
ENSINO SUPERIOR - 1980-1997

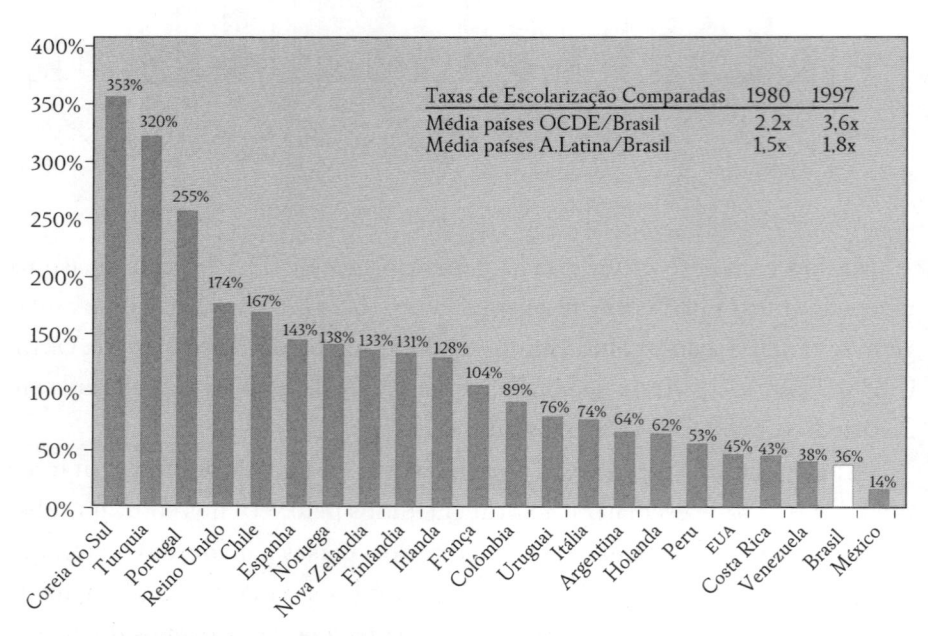

Taxas de Escolarização Comparadas	1980	1997
Média países OCDE/Brasil	2,2x	3,6x
Média países A.Latina/Brasil	1,5x	1,8x

FONTE: World Bank, 2002 e cálculos do autor.

Esse descolamento da preparação do brasileiro perante outros países terá consequências funestas para a competitividade do país. Como se não bastasse a já pouca preparação da força produtiva do Brasil, o continuado elitismo de nosso ensino superior em comparação com sua popularização em outros países significa que, se já estamos em posição desvantajosa hoje, ficaremos pior ainda no futuro próximo. Uma pequena comparação de "estoques" de trabalhadores com qualificação superior e seus fluxos serve para ilustrar o problema, conforme revela o gráfico II.5.

GRÁFICO II.5

TAXAS DE ESCOLARIZAÇÃO, PRESENTE E FUTURO (2000)

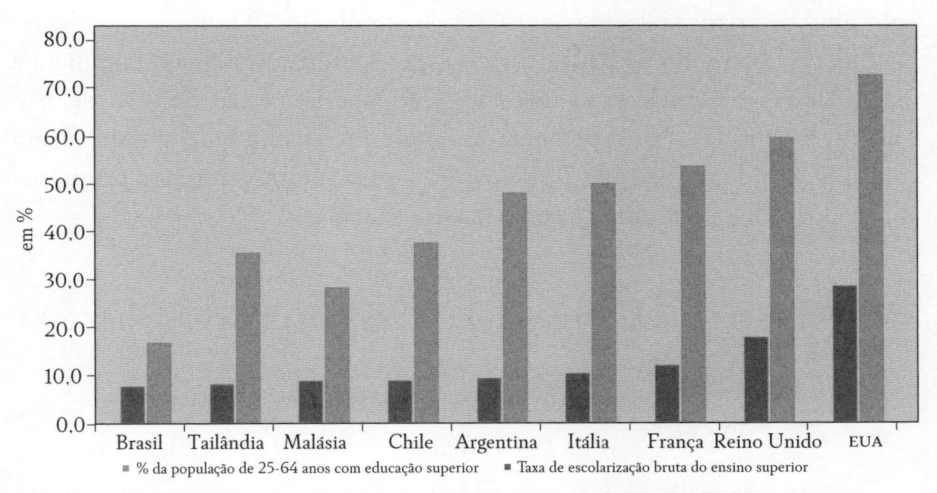

FONTE: World Development Indicators, World Education Indicators e OCDE, *Education at a Glance 2002.*

O gráfico mostra que hoje nossa população não está significativamente menos preparada que a de outros países, inclusive os mais desenvolvidos, pois também nesses países a popularização do ensino superior é fenômeno recente. Mas, quando olhamos para as taxas de escolarização atual, estamos várias ordens de grandeza atrás de países desenvolvidos e até de nossos companheiros de subdesenvolvimento. Como conseguiremos competir com esses países num futuro próximo?

Quem são nossos alunos?

Vale a pena descascar uma camada a mais nos dados sobre nossa escolarização e tentar entender quem são nossos alunos. Começa-se assim a ver o grande problema da educação brasileira.

151

Nosso maior sucesso em termos de quantidade da educação é, sem dúvida alguma, o alto índice de escolarização líquida do ensino fundamental, que beira os 100%. Esse é um triunfo inconteste da gestão Paulo Renato de Souza no MEC. Mas esse número esconde uma distorção.

Quando falamos de escolarização líquida do ensino fundamental, estamos dividindo o total de crianças de sete a catorze anos no ensino fundamental pelo total de crianças dessa faixa etária da população. O número resultante, de uma taxa beirando os 100%, faz crer que a eficiência é quase completa e que todas as crianças dessa idade estão onde deveriam estar. Na verdade, não é assim. As altas taxas de repetência dos alunos no ensino fundamental fazem com que grande parte deles fique para trás. Há muita gente nos primeiros anos e pouca nas séries finais, como mostra a tabela:

TABELA II.3

TAXAS DE ESCOLARIZAÇÃO LÍQUIDA NO ENSINO FUNDAMENTAL (EM %)

ANO	TAXA DE ESCOLARIZAÇÃO LÍQUIDA	
	DE 1ª A 4ª SÉRIE	DE 5ª A 8ª SÉRIE
1981	74	31
1985	83	34
1990	86	40
1995	92	50
1999	97	62

FONTE: dos Santos, 2002, tabela 4, p. 7.

O alto índice de repetência acaba gerando uma população heterogênea na escola, com idade acima do ideal para sua série. É o que se chama de distorção idade-série, que mede a porcentagem de alunos com pelo menos um ano de idade a mais do que o ideal em cada série. Esse número vem caindo marcadamente no ensino fundamental nos últimos anos, de 66% em 1994 para 46,7% em 1998 para 39,1% em 2001 (Castro, 1999; Inep, 2001). Mas, como mostra a tabela a seguir, ainda é muito grande, especialmente nas séries finais, onde quase metade dos alunos é mais velha do que deveria.

TABELA II.4
TAXA DE DISTORÇÃO IDADE-SÉRIE DO ENSINO FUNDAMENTAL 2001

TOTAL	SÉRIE							
	1ª	2ª	3ª	4ª	5ª	6ª	7ª	8ª
39,1	25,3	31,9	38,0	39,4	50,0	45,0	45,5	45,7

FONTE: Inep

Essa distorção, tal como uma bola de neve, compromete especialmente o ensino secundário. Quando pensamos em ensino secundário, a imagem que vem à mente é a de adolescentes vindos do ensino primário e estudando em tempo integral em turno diurno. A realidade brasileira é outra.

O ensino secundário brasileiro é formado por uma mistura de uma parcela pequena de gente com a idade certa que estuda no turno diurno e uma grande parcela de alunos com idade avançada que trabalham durante o dia e só estudam à noite, tendo voltado aos bancos escolares depois de longa ausência por força do mercado de trabalho.

Assim, dos 9 milhões de alunos do ensino médio, 4,26 milhões (47%) cursam o período noturno (Inep, EdudataBrasil). E, segundo a Pesquisa Nacional por Amostra de Domicílios (PNAD) de 2002, 52% dos alunos do segundo grau têm dezoito anos ou mais e 13% têm mais de 25 anos de idade (IBGE).

Não é de surpreender, portanto, que a população que atinge o ensino superior seja igualmente heterogênea. Quase 60% — 57,6%, para ser mais exato — dos alunos do ensino universitário cursam faculdades à noite. Na rede privada, essa fração vai a dois terços (Inep, 2002a). A distorção de idade é igualmente visível: 43,9% de nossos universitários têm mais de 25 anos de idade (PNAD, 2002).[6]

Ainda que estejamos próximos de cumprir a diretriz constitucional de garantir a todos o ensino fundamental (art. 208/I), falta muito para oferecê-lo às crianças na idade certa. Quase metade daquelas que chegam ao segundo ciclo (de 5ª à 8ª série) está fora de idade; temos quase 2,5 milhões de crianças a mais na 1ª série do que na 8ª (Inep, 2002). No ensino médio só conseguimos matricular pouco mais de um terço da faixa etária apropriada; o resto é gente com grande defasagem série-idade e que, via de regra, estuda à noite, depois de uma jornada de trabalho. E no ensino superior matriculamos um número vergonhosamente baixo de pessoas, e quase metade delas já passou da idade ideal para o curso. Atrás da exuberância dos números polpudos esconde-se uma realidade desalentadora: não conseguimos dar a nossas crianças a oportunidade de aprender na idade certa, atrasando ou comprometendo irremediavelmente seu progresso.

Se a situação parece algo melancólica no que tange à quantidade do nosso ensino, alegre-se, caro leitor: quando falamos de qualidade, a coisa é muito pior.

Qualidade da educação no Brasil

A educação brasileira já é ruim há algum tempo. Em nosso primeiro censo escolar, de 1932, a taxa de repetência da primeira série, por exemplo, era de 60%. Quase meio século depois, o censo de 1980 apontava queda baixíssima, para 50% (Parente e Luck, 2004). Esse dado, porém, ficou obscurecido pela ideia de que o cerne do problema era quantitativo: falta de acesso à escola e alta evasão. Recentemente, esses dois enganos foram demolidos.

Durante a década de 1980, estudos cuidadosos mostraram que o sumiço de alunos não se devia à evasão, mas sim à repetência.

O aluno é mal alfabetizado. Sai da 1ª série sem saber ler ou entender problemas básicos. Vai progredindo aos trancos e barrancos, mas chega uma hora em que as deficiências de conhecimento, aliadas à cultura da repetência que grassa entre muitos de nossos professores (a ideia, totalmente equivocada, de que fazer o aluno repetir de ano é bom, para consolidar, no ano repetido, o conhecimento que ficou faltando na primeira tentativa), o fazem ser reprovado. Muitos repetem várias vezes. Vão sendo retidos em séries muito abaixo das que deveriam estar; perdem muito tempo absorvendo muito pouco. Chega uma hora em que a corda arrebenta e o aluno abandona a escola.

Nos anos 1990, fez-se forçosa a constatação de que o problema não era de falta de vagas, já que vagas há para a quase totalidade da população escolar do ensino fundamental. Ficou aparente, então, que o Brasil tinha problemas de quantidade por falta de qualidade do ensino, e não vice-versa. Não é que faltem vagas nas séries mais adiantadas: falta é gente com preparo acadêmico para chegar lá.

É nessa época que surge um marco importantíssimo na educação brasileira: o esforço de medição da qualidade através de testes padronizados.

Em 1988, por exemplo, pesquisadores contratados pelo MEC e pelo Banco

Mundial aplicam um questionário desenvolvido pela Fundação Carlos Chagas a uma grande amostra de alunos da 3ª série do ensino de segundo grau. Medindo seu conhecimento de Matemática e Português, o resultado foi um prenúncio do que viria. No teste de Matemática, os alunos tiveram uma média de 14,3 pontos de 45 possíveis (aproveitamento de 32%). Em Português, como era de esperar, a coisa foi um pouco melhor, mas não muito: 17,4 pontos de 35 possíveis — 49,6% de aproveitamento (Lockheed e Bruns, 1990).[7]

No mesmo ano, começa a ser desenvolvido pelo MEC o Saeb (Sistema Nacional de Avaliação da Educação Básica), verdadeiro divisor de águas da mensuração do ensino brasileiro. O teste é aplicado a cada dois anos (1990, 1993, 1995, 1997, 1999, 2001 e 2003), e mede as competências dos alunos de 4ª e 8ª séries do ensino fundamental e 3ª série do ensino médio em Português, Matemática e outras disciplinas. Suas dimensões são gigantescas: a edição de 2001, por exemplo, avaliou 287 mil alunos de quase 7 mil escolas de todo o país, das redes municipal, estadual e privada. O teste é considerado de excelente qualidade por especialistas em avaliação educacional e seus resultados têm impacto significativo na maneira como as secretarias de Educação pensam seus cursos (Crespo et al., 2000). É uma lástima que o mesmo não se possa dizer a respeito do desempenho dos alunos que o prestam a cada ano.

O SAEB é um teste com escala de 0 a 500 pontos. O desempenho mínimo esperado de cada série é exibido na seguinte tabela:

TABELA II.5

NÍVEL ESPERADO DE DESEMPENHO NO SAEB, POR SÉRIE

PONTUAÇÃO	SÉRIE
De 0 a 100	Insignificante
101-175	Fim da 2ª série fundamental
176-200	Fim da 4ª série fundamental
201-325	Fim da 8ª série fundamental
326-400	Fim da 3ª série do ensino médio

FONTE: Soares, 2003.

O desempenho real, porém, fica muito abaixo da expectativa.

TABELA II.5A
DESEMPENHO NO SAEB, MÉDIA NACIONAL 1995-2003

SÉRIE	MATEMÁTICA					PORTUGUÊS				
	1995	1997	1999	2001	2003	1995	1997	1999	2001	2003
4ª	191	191	181	176	177	188	186	171	165	169
8ª	253	250	246	243	245	256	250	233	235	232
11ª	282	289	280	277	279	290	284	267	262	267

FONTE: Inep.

Os dados são estarrecedores. Não só os resultados em termos absolutos são pífios — o aluno de 4ª série tem o desempenho mínimo esperado de alguém da 2ª, o da 8ª está próximo do esperado para a 4ª série e os formandos do ensino médio não dominam o conteúdo da 8ª série —, como vêm constantemente piorando, a cada edição, em todas as séries, em ambas as disciplinas! Só na edição de 2003 houve uma pequena melhora, mas mesmo assim ainda estamos abaixo dos resultados de 1995! Dois analistas resumiram o quadro apresentado pelo Saeb observando que o concluinte médio da 8ª série domina os conteúdos esperados da 4ª, e os concluintes desta mal sabem decodificar o que leem. Ambos são incapazes de compreender uma notícia de jornal. Assim, a esmagadora maioria dos alunos de 8ª série não tem condições acadêmicas de aproveitar o ensino médio (Oliveira e Schwartzman, 2002, p. 25).[8]

Outra maneira de medir a qualidade de nossa educação é comparando-nos a outros países. Aí sim há razão para o pânico.

Um estudo da IEA (International Association for the Evaluation of Educational Achievement) de 1990 nos colocava em penúltimo lugar entre os países pesquisados, à frente apenas de Moçambique (Moura Castro, 1994).

Testes mais recentes confirmam nossa incrustação na rabeira do ranking internacional de qualidade educacional. Em especial vale a pena discutir os resultados de um teste chamado Pisa 2000, que mede a proficiência nas áreas de Leitura, Matemática e Ciências em 32 países (os membros da OCDE, menos Eslováquia e Turquia, além de Brasil, Letônia, Liechtenstein e Rússia) de alunos de quinze a dezesseis anos de idade.[9] Coordenado pela OCDE e Unesco, é um exame focado no chamado "letramento" nas áreas que analisa, preocupado em medir a "capacidade dos jovens de usar seus conhecimentos e competências para enfrentar os desafios do cotidiano, ao invés de meramente observar sua capacidade de dominar um determinado currículo escolar" (OCDE, 2001, p. 2).

Na primeira versão do teste, aplicada em 2000, o Brasil ficou em último lugar em Matemática, com um resultado de 334 contra a média da OCDE de 500. Na parte de Ciências fomos um pouco melhor: 375 contra 500, mas permanecemos no último lugar. O melhor rendimento foi na área de linguagem, em que obtivemos um escore de 396, ainda assim mantendo a lanterninha (OCDE, 2001a).

Os defensores da escola brasileira dirão, rapidamente, que não é justa a comparação do Brasil com os países de Primeiro Mundo que compõem a OCDE. Pode até ser verdade, mas a pobreza não nos redime. Os mesmos resultados foram calculados levando em conta as diferenças de status socioeconômico dos países participantes. O resultado absoluto do Brasil obviamente melhora, mas a posição relativa é a mesma. O escore no campo de linguagem vai de 396 a 434, mas permanecemos na última posição (OCDE, 2001a).[10]

Outra descoberta importante que devemos ao Pisa é quanto à distribuição da qualidade de nosso ensino. Corre no país, afinal, a ideia de que o ensino público é uma porcaria e que há uma ilha de excelência no ensino privado, comparável ao que de melhor há no planeta. Não é, porém, o que atestam os resultados. Medindo apenas o desempenho dos alunos oriundos dos 25% superiores na escala socioeconômica, também assim ficamos devendo aos países mais desenvolvidos.

Apenas 5% de nossos alunos de elite atingiram o nível mais alto de desempenho do Pisa, comparados com o dobro de Coreia, Espanha, Rússia e Portugal e quatro vezes mais de França e Estados Unidos, como mostra o gráfico a seguir. Esse é um dado preocupante. Nossas escolas só são de elite quando se considera a riqueza de seus ocupantes; no quesito desempenho, elas ficam lá atrás no pelotão.

Em 2003, o Pisa expandiu-se para incorporar novos países em desenvolvimento e os dois membros da OCDE que faltavam. O resultado traz alegrias e tristezas. Pelo lado positivo, abandonamos a última posição. O lado negativo é que os países que superamos foram apenas Macedônia, Indonésia, Albânia e

Peru (na prova de leitura) e apenas esse último na prova de Matemática. Ficamos na rabeira mesmo entre os países em desenvolvimento, como atestam os gráficos a seguir.

GRÁFICO II.6

DESEMPENHO DOS ALUNOS DE ALTO STATUS SOCIOECONÔMICO
NA PROVA DE LEITURA (EM %)

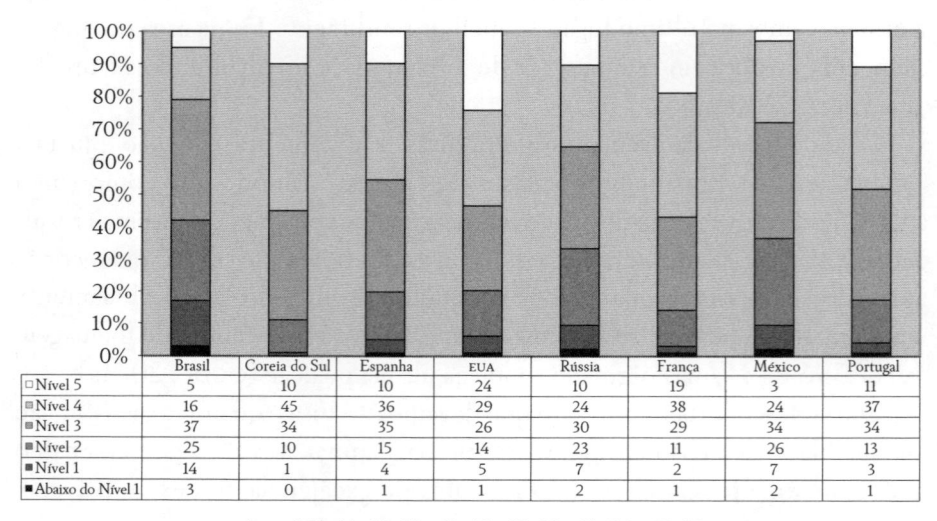

	Brasil	Coreia do Sul	Espanha	EUA	Rússia	França	México	Portugal
□ Nível 5	5	10	10	24	10	19	3	11
▥ Nível 4	16	45	36	29	24	38	24	37
▪ Nível 3	37	34	35	26	30	29	34	34
▪ Nível 2	25	10	15	14	23	11	26	13
▪ Nível 1	14	1	4	5	7	2	7	3
▪ Abaixo do Nível 1	3	0	1	1	2	1	2	1

▪ Abaixo do Nível 1 ▪ Nível 1 ▪ Nível 2 ▪ Nível 3 ▥ Nível 4 □ Nível 5

FONTE: Inep 2001b, tabela 12.

Piora ainda mais a situação quando notamos que ao péssimo desempenho do Brasil em educação corresponde um alto gasto no setor, como veremos mais adiante.

Onde está o problema? Na raiz: a alfabetização. O ensino brasileiro falha redondamente na tarefa de fazer com que as crianças saibam ler e escrever e, mais importante, entender o que leem.

Estudo da Fundação Carlos Chagas e do Instituto Ayrton Senna, realizado com alunos do ensino fundamental, desvela a situação de penúria. Entre os achados, descobrimos que:

DESEMPENHO EM LEITURA, PISA (2003)

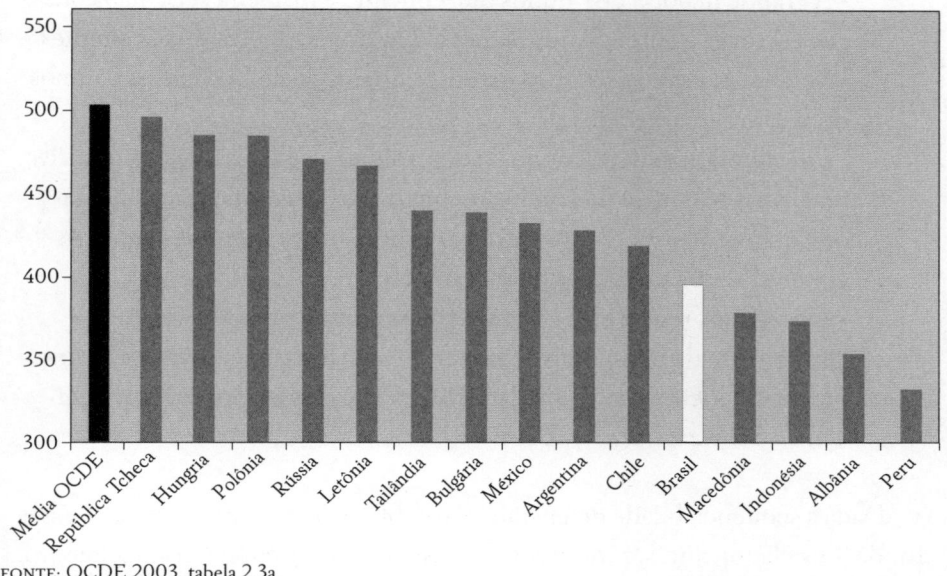

FONTE: OCDE 2003, tabela 2.3a.

DESEMPENHO EM MATEMÁTICA, PISA (2003)

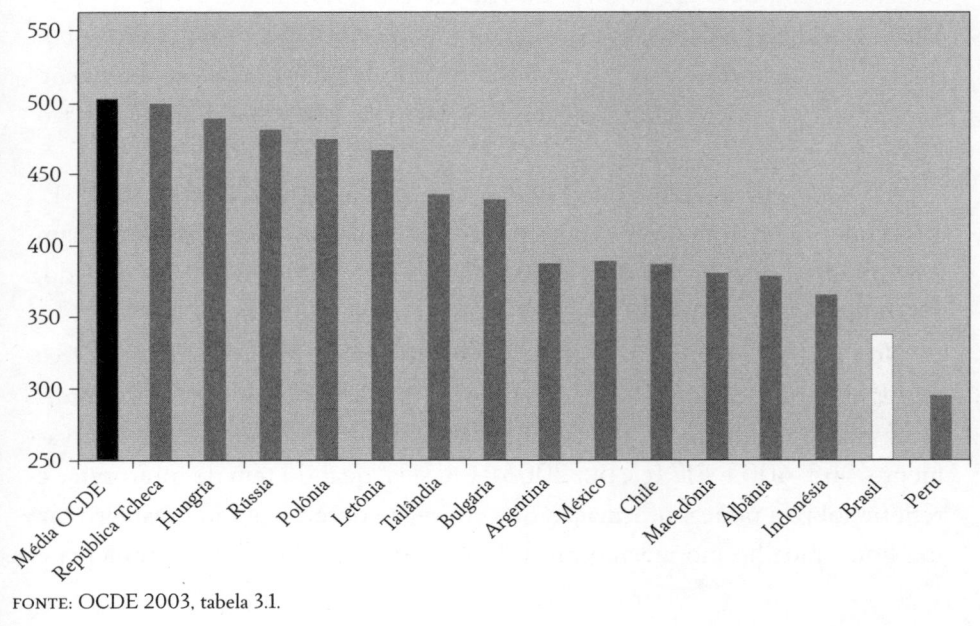

FONTE: OCDE 2003, tabela 3.1.

• A grande maioria dos alunos que concluiu a primeira série não consegue escrever e entende muito mal o que lê, mesmo em textos simples.
• Se fossem usados critérios externos objetivos, só 20% desses alunos deveriam ser aprovados para a 2ª série.
• Questionários idênticos aplicados a alunos e professores da 4ª série revelam que o nível de conhecimento do aluno é muito próximo daquele do professor, de forma que o professor não domina sequer os conteúdos dos primeiros quatro anos.
• Dos alunos repetentes — como vimos anteriormente, um grande contingente da população estudantil —, entre 20% e 40% são analfabetos, independentemente da série em que estão matriculados (Oliveira e Schwartzman, 2002, p.29).

Dada a sequencialidade do ensino, não é difícil de imaginar que sobre essas fundações claudicantes é impossível construir o edifício do conhecimento. Como atestam tanto os resultados do Saeb quanto o perfil etário do aluno, as falhas iniciais vão erodindo sua capacidade de aprendizagem, levando à repetência. Vários estudos demonstram que a defasagem idade-série do aluno é um dos fatores que mais negativamente repercutem no seu aprendizado (p.e. Batista e Hanushek, 1996; Inep, 2001b; Herran e Rodriguez, 2000; Castro, 1999; Lockheed e Bruns, 1990). Quanto mais velho, menor o desempenho; quanto menor o desempenho, maior a probabilidade de nova repetência e aumento ainda maior da defasagem. Esse ciclo vicioso desemboca na evasão escolar.

As escolas brasileiras estão falhando em sua missão mais primordial. E, ainda que, como discutiremos mais tarde, essas escolas e seus artífices tenham o hábito insalubre de transferir a culpa de sua incompetência para o alunado, até os testes internacionais se encarregam de revelar essa falácia.

No Pisa, por exemplo, o teste de letramento em leitura é dividido em três partes: identificação de informação, interpretação e reflexão. Parece inacreditável, mas o resultado do alunado brasileiro nos três quesitos é, respectivamente, 365, 400 e 417 (OCDE, 2003). Ou seja, quando tem de interpretar e refletir sobre a pouca informação que consegue obter, o aluno brasileiro faz um bom trabalho, no mesmo nível de Argentina e Chile.[11] Seu problema é realmente a falha na leitura, que compromete o desempenho em todas as disciplinas. Como escreveu Cláudio de Moura Castro,

> Não estamos concentrando os esforços onde deveríamos fazê-lo. Estamos perdendo tempo com detalhes e deixando de focalizar um dos mais importantes elementos de todo o processo educativo que é o uso correto da linguagem (...) Se fosse necessário gerar um slogan para todas as escolas de todos os níveis, esse seria: 'Só há uma prioridade na escola brasileira: ensinar a ler e entender o que está escrito'.[12]

EDUCAÇÃO E CRESCIMENTO ECONÔMICO NO BRASIL

A discussão anterior sobre o ensino no país pode ser resumida a dois fatores: o Brasil tem poucos jovens nas escolas — especialmente nos ensinos médio e universitário — e o principal responsável por essa minguaria é a falta de qualidade em todos os níveis, mas mais urgentemente nos primeiros anos do ensino fundamental, que são desastrosos.

É evidente que essa situação é ruim para o desenvolvimento humano de milhões de brasileiros, condenados aos grilhões da ignorância. Mas, além da questão humana, urge inquirirmos sobre o efeito da educação nas condições materiais do país, mais especificamente sobre seu crescimento econômico. Será que a educação o afeta? De que maneira? Que devemos fazer para maximizar nossas chances de um desenvolvimento econômico sustentado? Essas são as questões a serem destrinchadas adiante.

Educação e economia: a perspectiva microeconômica

Demonstramos, na primeira parte, haver estreita relação entre o nível educacional de uma pessoa e sua renda: via de regra, quanto mais instruída, maior a sua renda. Notamos que os princípios da economia também se aplicam ao "mercado" da educação, regido por movimentos de oferta e demanda. Quando aumenta a demanda, aumenta o valor da educação, medido através do ganho salarial resultante de um ano a mais de instrução. Essa relação permite tratar a educação como um investimento, medindo suas taxas de retorno — o que não significa dizer, vale a pena lembrar, que o objetivo único ou primordial da educação seja o ganho monetário, nem que está aqui se querendo reduzir o valor da educação a uma comparação com investimentos em outros ativos menos nobres. O cálculo de taxas de retorno é apenas um instrumento heurístico útil, que nos dá o ferramental para entender os movimentos presentes, passados e futuros da educação.

Essa discussão da primeira parte, aliada ao conhecimento da economia brasileira e os movimentos da educação discutidos na última seção, nos permite traçar várias hipóteses sobre o retorno à educação.

Sabemos que houve uma grande expansão de oferta no ensino fundamental, especialmente nos anos 1990 e começo da década de 2000. A demanda por esse nível não deve ter aumentado no período, já que a economia ficou mais sofisticada e passou a exigir qualificações ainda melhores do que aquelas supridas pelo ensino primário. Com uma demanda estável e uma oferta crescente, é de se imaginar que o retorno ao ensino primário tenha caído.

A situação do secundário é um pouco menos clara. A expansão do ensino primário fez crescer significativamente as fileiras do secundário, que foi ainda mais inchado por um movimento de volta à escola de trabalhadores desejosos de maior qualificação para o mercado de trabalho. A demanda por esse nível de ensino certamente aumentou nas últimas décadas com a maior sofisticação e abertura da nossa economia. Assim, por um lado temos a expansão da oferta, que leva à compressão dos retornos, aliada a um simultâneo aumento da demanda pelo ensino médio, que tem efeito oposto. É difícil prever de antemão qual dos efeitos predominará.

O mesmo já não se pode dizer da educação universitária: enquanto o mundo se voltava quase que obsessivamente para a crescente necessidade do conhecimento, investindo maciçamente na popularização do ensino universitário; quando os processos produtivos passavam a depender cada vez mais do domínio de alta tecnologia e da capacidade da tessitura de raciocínios cada vez mais complexos, a universidade brasileira moveu-se a passos de tartaruga. Como vimos antes, a expansão de nosso sistema universitário foi pífia se comparada à de outros países. Sabendo que o Brasil está inserido na mesma dinâmica desses países, é de esperar que a demanda por ensino universitário no Brasil também tenha crescido. A conta é simples: grande aumento da demanda + crescimento tímido da oferta = retorno alto e crescente.

No geral, é de esperar que a educação como um todo continue sendo um bom investimento no Brasil, dada a sua escassez. Isso, pelo menos, é o que deveríamos observar se os princípios gerais observados anteriormente se aplicassem ao Brasil.

E o que dizem os números? De uma maneira convincente, confirmam as hipóteses levantadas acima; em matéria de economia da educação, os pássaros que aqui gorjeiam também gorjeiam como os de lá.

Em estudo cobrindo o período 1976-89, a taxa média de retorno privado da educação no Brasil fica em torno de 14% (Paes de Barros e Ramos, 1996). Significativamente mais alta, como confirmam os autores, do que a média internacional, de cerca de 10%, como verificamos na primeira parte. Outro estudo mais recente, baseado na PNAD de 1997, estimou a taxa de retorno em 11,3% (Vegas, 2000). Ainda outro estudo, com especificações um pouco diversas, mostra que o retorno é alto e positivo, mas vem caindo ao longo do tempo: de 12,3% em 1976 para 8% em 1996 (Ferreira e Paes de Barros, 2000). O que, enfim, era de esperar, já que a escolaridade da população de dez ou mais anos de idade subiu de 3,2 para 5,3 anos no período (ibid). Mais um estudo confirma a mesma tendência, ao estimar que o retorno da educação tenha caído de 13,9% em 1982 para 12,8% em 1998 (Blom et al., 2001). Ainda outro estudo, baseado na PNAD de 1988, colocava a taxa de retorno médio em 15,4% (Gonzaga e Soares, 1999). Paes de Barros et al. (2001) estipulam um retorno de 10% a cada ano adicional de educação. Ainda que esses estudos analisem anos e amostras diferentes, usando metodologias distintas, os resultados são bastante homogêneos e podem ser assim resumidos:

- Há, sim, um retorno positivo para a educação no Brasil;
- Esse efeito é estatisticamente significativo em todos os estudos;
- O nível de educação é um instrumento poderoso na determinação da renda de uma pessoa, explicando (em conjunção com variáveis que medem a experiência do trabalhador) cerca de 50% da variação salarial;
- A taxa média de retorno, que batia na casa dos 15% no fim dos anos 1970 e início dos 1980, está agora mais próxima dos 10%-11%, devido ao aumento da escolaridade média da população.

É bom notar também que a estreiteza da relação entre a escolaridade e o trabalho é uma via de mão dupla: a escola ajuda não só a determinar as perspectivas de sucesso no mercado de trabalho como também o desempenho neste impacta a trajetória escolar dos alunos. Um trabalho analisando dados de jovens de onze a 25 anos nas regiões Sudeste e Nordeste determinou que um aumento de 215 reais do salário que os estudantes poderiam esperar receber diminuía em um ano a sua taxa de escolaridade (Paes de Barros et al., 2001). A comparação entre as duas regiões, aliás, oferece mais uma comprovação interessante da estreita relação entre estudo e mercado de trabalho: no Sudeste, o valor necessário do aumento salarial para diminuir a escolaridade em um ano era de 1,5 mil reais; no Nordeste, duzentos reais. Como dizem os autores, "no Nordeste as pessoas estão muito mais dispostas a trocar os estudos por emprego que no Sudeste".[13] Antes que se afie a retórica preconceituosa, vale notar que essa disparidade se explica por diferenças conjunturais, e não de índole pessoal: como já vimos, ambientes de maior tecnologia geram maior demanda por educação, que se torna mais valiosa.

Além das diferenças regionais, precisamos fazer outro tipo de diferenciação. Quando falamos anteriormente de taxas de retorno médio, ignoramos as diferenças de retorno por níveis de educação, que contam uma história bem mais rica. Os gráficos a seguir descrevem a evolução das taxas de retorno nos diferentes ciclos educacionais entre 1982 e 1998.

Esses gráficos pintam um quadro muito parecido com aquele que havíamos hipotetizado no início da seção. A explosão do ensino primário causou uma queda paralela no seu valor, de cerca de 30%, caindo de 11% para 8%. O retorno para o ensino secundário permaneceu estável, na casa dos 16%, já que ao aumento da oferta se contrapôs a expansão da demanda por trabalhadores mais qualificados. Tornou-se mais valioso, porém, em termos relativos: com a quase universalização do ensino primário, o secundário virou o nível onde se dá a luta pela diferenciação. O retorno do secundário descolou-se do ensino primário.

Para o retorno médio não ter caído muito no período (13,9% a 12,8%) em um quadro de forte queda do retorno da maioria, é preciso que uma minoria tenha obtido ganhos substanciais. Como imaginávamos, os felizardos da história são os universitários. O retorno ao investimento em educação superior já era bastante alto no início do período, em 1982, batendo na casa dos 16%,

GRÁFICO II.9
RETORNO À EDUCAÇÃO POR NÍVEIS DE ESCOLARIDADE

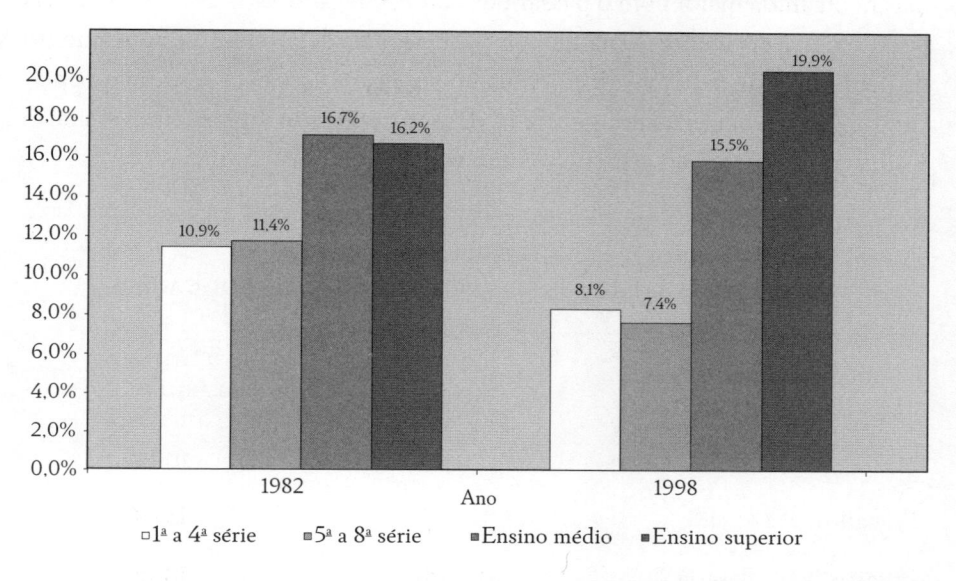

FONTE: Andreas Blom, Lauritz Holm-Nielsen, Dorte Verner. "Education, Earnings and Inequality in Brazil 1982-1998". World Bank, Working Paper, n. 2686, figura 6, 2001.

GRÁFICO II.10 - EVOLUÇÃO TEMPORAL DOS
RETORNOS À EDUCAÇÃO (1982=100)

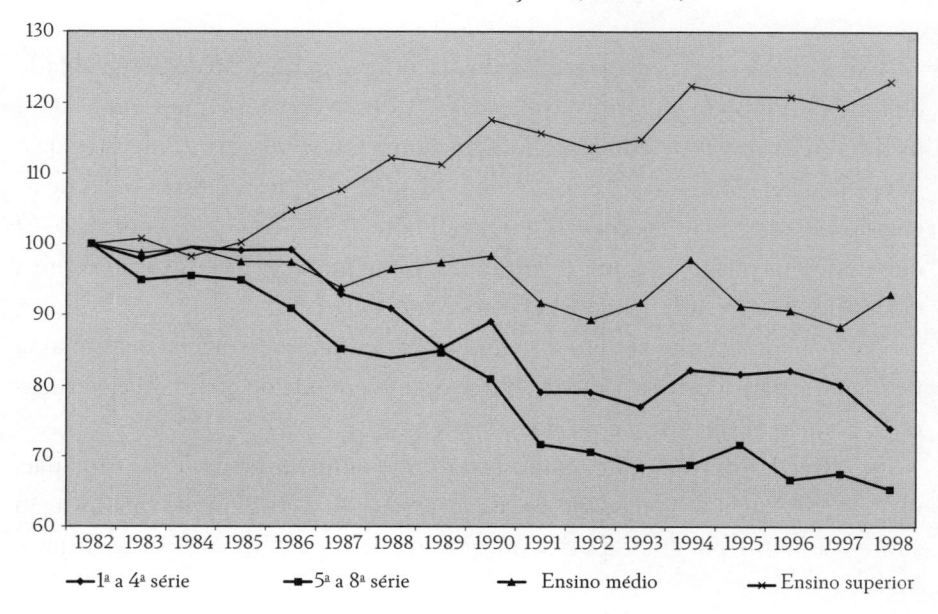

FONTE: Ibid., Figura 7.

mas ficou ainda maior com o passar do tempo, chegando aos 20% em 1998. A persistirem a crescente demanda por profissionais de ponta e o estancamento da proporção de matriculados no ensino superior, essa taxa continuará crescendo. As diferenças salariais entre os detentores de um diploma universitário e seus concidadãos são gritantes, como vemos na tabela seguinte:

TABELA II.6

DIFERENÇAS SALARIAIS SEGUNDO O NÍVEL DE EDUCAÇÃO

GRAU DE EDUCAÇÃO COMPLETADO	SALÁRIO MÉDIO EM 1998 (R$, POR HORA)	RELATIVO AO SALÁRIO DOS SEM DIPLOMA
Nenhum	1,94	100%
Primário – 1ª à 4ª série	2,56	132%
Primário – 5ª à 8ª série	3,60	186%
Secundário	6,31	325%
Terciário	15,80	814%

FONTE: Ibid., tabela 3.

Esses dados oferecem o ensejo para discutirmos a questão da desigualdade de renda. O tópico, incontornável, pode ser debatido agora que vemos como os diferentes níveis de educação influenciam a renda no país. A ideia, crida e defendida pela maioria dos educadores, de que a educação reduz nossas desigualdades, não encontra respaldo na realidade. Aliás, bem pelo contrário. O que podemos observar é que à pergunta sobre o impacto da educação sobre a desigualdade de renda a resposta teria de ser "depende".

A escola pode tanto ser um instrumento de equiparação social quanto uma ferramenta para a manutenção do status quo. Depende de como ela é estruturada, a quem ela atende e com que objetivos.

No Brasil, um país onde, como veremos, a educação é um dos principais responsáveis pela desigualdade de renda, assiste-se a uma grande mistificação sobre o assunto, em grande parte porque aqueles que se dizem esquerdistas e igualitaristas no discurso acabam defendendo, na prática, um modelo elitista e exclusivista que mantém e protege as desigualdades reinantes.

O lema do pessoal de supostas boas intenções no Brasil é que, em se abrindo as portas das escolas a toda a população, a desigualdade é diminuída, na medida em que teríamos igualdade de oportunidades. Mas estão aí os dados para desmentir essa teoria.

Vários estudos revelam, há algum tempo, o papel privilegiado do nosso sistema educacional na manutenção dos índices vergonhosos de desigualdade de renda. Francisco Ferreira (2000) mostra que o nível educacional do chefe da família é, de longe, o fator de maior importância na explicação da desigualdade de renda. Ele explica em torno de 40% da desigualdade brasileira, enquanto outros fatores — idade, gênero, raça, região onde mora etc. — chegam a no máximo 10% cada. Paes de Barros e Ramos (1996) ampliam esse percentual atribuível à educação para 50%.

Paes de Barros e Mendonça (1995) haviam chegado a resultados parecidos. Em seu estudo, os autores mostram que o desaparecimento das desigualdades educacionais acabaria com 35% a 50% da desigualdade de renda. Outros fatores comumente descritos como vilões — informalidade do emprego, gênero, raça, região onde mora, segmento em que trabalha — ficaram muito atrás como explicadores da desigualdade, a maioria não chegando a 10%. A educação tem esse impacto sobre a desigualdade de renda por uma conjunção infeliz de dois fatores: somos um dos países de maior desigualdade educacional do mundo e também um daqueles em que o nível de educação tem maior impacto sobre os salários. "Esses dois fatores em conjunto", dizem os autores, "levam a que a contribuição da desigualdade educacional para a desigualdade salarial no Brasil seja, também, uma das mais elevadas no mundo."[14] Outra anomalia aumenta nosso drama: enquanto em outros países a sensibilidade da renda à educação diminui à medida que o sistema educacional se expande, no Brasil ocorreu o oposto (ibid). Isso fica patente quando comparamos dois países que passaram por processos semelhantes e tiveram resultados distintos.

Estudando Brasil e Coreia do Sul, uma analista mostrou que a expansão da educação teve efeitos opostos nos dois países: enquanto na Coreia ela gerou uma redução de 22% na desigualdade de renda, no Brasil o crescimento da matrícula está relacionado ao seu aumento, em 4% (Birdsall, 1996). Outro estudo, que compara o apartheid social brasileiro àquele praticado pela África do Sul, estimou o impacto da educação sobre a desigualdade em 42% para o Brasil e 49% para o país africano. Ou seja, nossa educação é quase tão responsável pela desigualdade de renda quanto aquela praticada em um sistema educacional institucionalmente racista e discriminatório (Lam, 1999).[15] Um artigo acadêmico aponta a desigualdade da educação *dos pais* das pessoas estudadas como o fator mais importante na determinação da desigualdade de renda no Brasil. Mais até do que raça e região de origem da pessoa ou a própria ocupação de seus pais. Seus autores estipulam que se a escolaridade de nossos pais fosse igual, nossa desigualdade de renda seria até 10% menor (Bourguignon et al., 2003).[16]

Como o leitor já deve ter notado a essa altura, o que gera desigualdade de renda não é o nível absoluto de educação, mas o relativo. Ou seja, o fato de que quem tem mais educação ganha mais — muito mais. Se temos uma situação em que, por exemplo, a taxa de escolarização de um nível de ensino (o primário, digamos) passa de 80% para 100%, a renda média desses alunos em relação a alunos de outros níveis *cai* (mantendo-se as outras variáveis constantes), já que aumenta o número de pessoas com diploma do primário e, consequentemente, cai o valor do mesmo. Essa é a história do ensino fundamental brasileiro na última década: sua popularização *aumentou* o fosso de renda que separa o concluinte do ensino fundamental daquele do ensino médio e, especialmente, do superior. Para o país, no agregado, a situação é positiva, porque a menor renda de uns é mais do que compensada pelo aumento de renda daqueles antes excluídos da escola e pelas externalidades que o processo escolar cria. Mas, para o aluno individual, tende a ser pior. Como reza a sabedoria popular — e bem sabem nossos bacharéis —, em terra de cego quem tem um olho é rei. E em terra de caolhos quem tem um olho é apenas mais um. Ferreira (2000) resume esse quadro com propriedade: "É, de fato, na distribuição da educação e na determinação dos seus retornos econômicos que reside a causa-chave da desigualdade [de renda] brasileira".[17]

O importante, assim, não é apenas criar vagas para garantir o acesso à escola; o acesso por si só não vai resolver a desigualdade e pode inclusive piorá-la. É preciso trabalhar para diminuir as diferenças de taxas de retorno dos diferentes níveis de educação. Os gráficos a seguir, traçando a relação desigualdade de renda e desigualdade de ensino versus diferenças de taxas de retorno, demonstram isso claramente: a desigualdade de renda parece estar mais associada às diferenças de retorno da educação do que às de desigualdade de escolaridade.

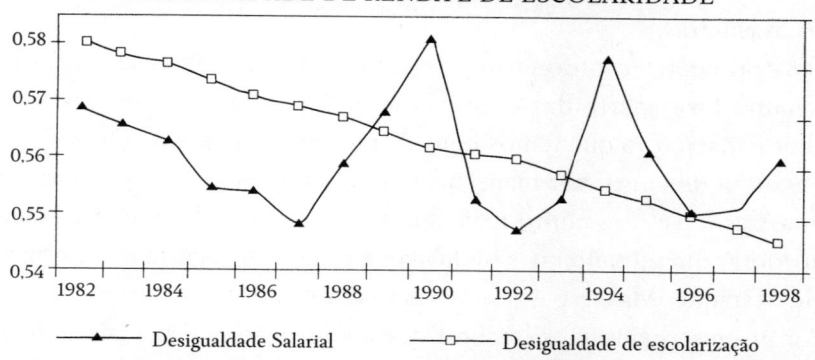

GRÁFICO II.11

DESIGUALDADE DE RENDA E DE ESCOLARIDADE

▲ Desigualdade Salarial   □ Desigualdade de escolarização

FONTE: Andreas Blom, Lauritz Holm-Nielsen, Dorte Verner. "Education, Earnings and Inequality in Brazil 1982-1998". World Bank, Working Paper, n. 2686, figura 10, 2001.

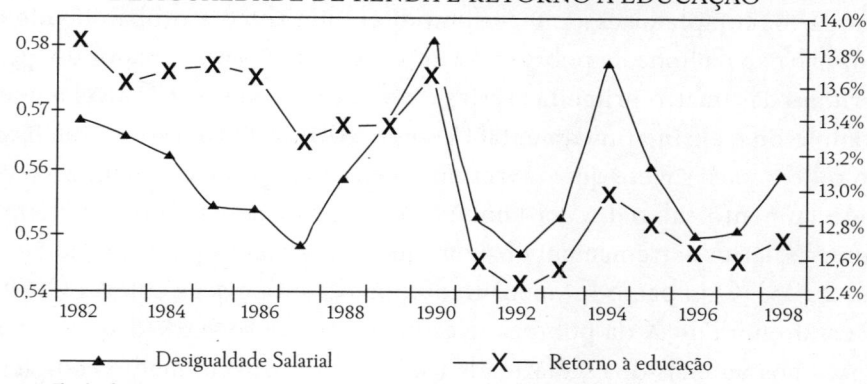

GRÁFICO II.12

DESIGUALDADE DE RENDA E RETORNO À EDUCAÇÃO

▲ Desigualdade Salarial   X Retorno à educação

FONTE: Ibid., figura 11.

E como se diminuem os retornos à educação? Presumindo-se uma demanda constante por educandos, a resposta é clara: aumentando-se a oferta. E aumentar a oferta não significa aumentar o número de vagas, mas sim o número de concluintes de cada nível de ensino. O que mais importa, como vimos, não é aumentar a oferta dos níveis mais baixos, que já estão perto de 100%, mas daqueles ainda restritos: o ensino secundário e, especialmente, o superior. E como se faz essa popularização? Aumentando a

169

qualidade dos níveis mais baixos da educação, o que gerará um fluxo cada vez maior de gente capacitada para entrar, em grande escala, nas universidades brasileiras.

Essa popularização do ensino superior é inevitável, pois o Brasil não conseguirá fazer parte da economia mundial, competitivamente, com o nível de capacitação que temos hoje. A questão é o papel do governo nesse processo: pode continuar mantendo um modelo elitista — e nesse caso a popularização se fará muito mais lenta e dependerá da iniciativa privada — ou adotar um modelo mais inclusivo, em que conseguirá manter um papel de destaque. Mas isso é assunto para mais tarde.

Por último, precisamos lembrar que a educação — especialmente a secundária — não é importante apenas para a diminuição das desigualdades. Ela tem uma ligação direta com outra preocupação social urgente do país: a diminuição da pobreza. Estudo sobre o Nordeste mostra que todos os níveis de ensino estão fortemente relacionados a uma diminuição da probabilidade de ser pobre. E o impacto mais significativo se dá no ensino secundário: completar esse nível diminui em um terço a probabilidade de estar abaixo da linha de pobreza. O impacto é quatro vezes maior do que o término das quatro primeiras séries e o dobro do efeito atribuível a quem completou o ensino fundamental (Verner, 2004). Outro estudo, analisando todo o país, sugere que o término do ensino secundário, além do esperado aumento salarial, gera também uma "proteção" a seus concluintes contra salários extremamente baixos, que os levariam à pobreza (Soares et al., 2003). O impacto foi mensurado por Ferreira e seus colegas (1999). Fazendo um raio X da pobreza, eles notaram que só 0,3% daqueles com doze anos ou mais de escolaridade (ou seja, com ensino médio completo) eram pobres, contra 36% daqueles com até um ano de escola. O simples fato de ter cursado (e não completado) o secundário já significava um salário quatro vezes superior ao das pessoas com escolaridade de um ano ou menos. De todos os fatores analisados pelos pesquisadores, a educação do chefe da família era o que tinha a relação mais forte com a diminuição da probabilidade de ser pobre — e o único estatisticamente significativo.

Todas as evidências aqui reunidas sobre a relação entre educação e renda são apenas para referendar o que qualquer economista sabe, mas é praticamente tabu em um país onde a educação é vista como campo de embates políticos e ideológicos e se descolou do mundo real: os alunos e suas famílias, mesmo as mais carentes, utilizam um mecanismo sofisticado — ainda que certamente não traduzido em fórmulas e teoremas — na determinação de sua quantidade de estudo (quantos anos cada um ficará na escola). Esse processo tem uma relação carnal com as perspectivas do mercado de trabalho, levando em consideração o valor das competências aprendidas e o custo de oportunidade do tempo. A educação continua a ser, em geral, um ótimo investimento para o aluno, o que o leva à escola. Mas esse investimento só compensa se dele se extraem conhecimentos e se o processo segue um cronograma razoável. A escola que não ensina quase nada ou que prende o aluno até a idade adulta para fazê-lo gera mais custos do que benefícios (tempo é dinheiro).

O fato de essa dimensão material ser frequentemente ignorada e substituída por discussões sobre a pedagogia do oprimido, a escola da libertação e/ou o construtivismo pós-piagetiano não abole sua existência, assim como nosso desejo de voar não revoga a lei da gravidade.

Quando se fala em uma política para jovens do país, seus formuladores frequentemente pensam em tratar os problemas de classe média que acometem seus filhos: drogas, violência, questões sobre sexualidade e fomento a políticas de cultura e lazer. Mas não é isso que mais preocupa o jovem brasileiro. Quando perguntado, ele diz que os assuntos que mais o interessam são educação e emprego, e que a educação é o primeiro tópico que ele gostaria de ver discutido pela sociedade brasileira. E quando são indagados para que a escola é importante, a resposta mais comum dos jovens é: para o futuro profissional (Projeto Juventude, 2003).

Talvez para desespero dos filósofos da educação, pesquisas internacionais demonstram que o foco no mercado de trabalho é ainda mais premente no Brasil do que em países supostamente materialistas. Perguntados no exame Pisa com que frequência estudavam para obter um bom emprego, 44,8% dos estudantes brasileiros responderam "quase sempre", contra 28,3% da média da OCDE e 18,9% dos pupilos norte-americanos (OCDE 2003, tabela 4.3). E mais: a performance acadêmica desse grupo é significativamente melhor do que a daqueles que declararam "quase nunca" estudar para obter um bom emprego — 421 a 340, no placar do Pisa (ibid).

Repetimos aqui o percurso traçado na primeira parte, chegando à mesma hipótese: se educação aumenta a renda do indivíduo, educação para todo o país deve aumentar sua renda (PIB) também. Já vimos ser esse o caso na comparação internacional no capítulo anterior. Será esse também o caso brasileiro? A resposta é "sim", mas precisamos fazer um aparte metodológico.

Só é possível estabelecer uma relação robusta entre dois ou mais fatores quando temos uma amostra suficientemente grande. Por isso é que os estudos macroeconômicos citados no primeiro capítulo são compostos de dezenas de países, observados durante décadas. Não podemos fazer exercício semelhante com um país apenas, já que uma amostra de um não revela nada. Podemos até estabelecer que um país aumentou sua escolarização e depois teve grande crescimento do PIB, mas como saber se o crescimento se deveu à educação ou a outro fator? (Inovações tecnológicas, aumento de investimento, melhora da infraestrutura, melhores condições de comércio exterior e tantas e tantas outras variáveis.)

Uma possibilidade de repensar esse problema é dividir o país em estados, medir a educação e o crescimento econômico de vários estados ao longo de um período de tempo e chegar então à média nacional computando-se os resultados dos vários estados. Um estudo fez exatamente isso.

Analisando o crescimento do PIB e dos fatores de produção (dentre eles o capital humano) de 27 estados brasileiros entre 1970 e 1980, Lau e seus colegas chegaram à surpreendente conclusão de que um aumento de um ano na escolaridade da força de trabalho gerou um crescimento econômico de 20,8% por ano (Lau et al., 1996).[18] Esse número, porém, é tão distante das estimativas internacionais — que giram em torno de 8% a 10% — que deve ser visto com muita cautela. Ele reforça as limitações causadas por uma metodologia problemática. Os próprios autores advertem para o exagero do número, e imaginam que ele tenha sido causado porque a década de 1970 foi justamente o período em que o Brasil teve enorme crescimento econômico e rompeu um patamar de educação mínima. A simultaneidade dos dois eventos pode então iludir quanto a uma relação causal que na verdade não existiu ou que seria atípica.

Há outro estudo que tenta quantificar o efeito da educação sobre o crescimento econômico no Brasil, com uma metodologia diferente: em vez de utilizar dados passados e verificar relações causais, os autores usam uma série de observações internacionais para tentar quantificar os efeitos da educação tanto sobre a renda individual como sobre outros fatores externos (índices de fertilidade, por exemplo) que teriam impacto sobre a economia. O próximo passo seria projetar esses dados à realidade brasileira e fazer previsões sobre o futuro. Dessa forma, o resultado encontrado é de que um aumento de um ano na escolaridade esperada da população geraria um aumento de PIB per capita da ordem de 0,35% ao ano no período de 2000 a 2025 (Barros e Mendonça, 1997).[19]

A discrepância entre estimativas de 0,35% para 20,8% (uma ordem de magnitude de 60) só serve para confirmar a dificuldade de se estipular um parâmetro quando só se tem um país para fazer comparações.[20] O mais prudente, portanto, é voltarmos aos dados internacionais sobre o impacto da escolaridade sobre o crescimento econômico e presumirmos que não há nada de peculiar em relação ao Brasil que faça com que resultados observados no mundo todo não se repliquem aqui. Ainda mais quando temos a forte evidência microeconômica de que no Brasil, como em todos os outros países, a educação também tem um retorno positivo, robusto e próximo da média internacional de 10% ao ano.

Dos estudos que medem esse impacto, já extensamente discutidos na primeira parte deste livro, escolho os dois que me parecem os melhores dos mais recentes. Krueger e Lindahl (2001) estimam que o aumento de escolarização de um ano resulte num crescimento econômico de 7,5% a 8,5%, quando medido em um intervalo de dez anos. Topel (1999), em estudo com 111 países por um período de trinta anos, estima que a fronteira máxima do impacto da educação sobre o crescimento econômico esteja na casa dos 13%, e o impacto médio do aumento de um ano de escolaridade sobre a produtividade do trabalhador seria de 8,5%, novamente quando medida em intervalos de dez anos.

Basta apenas citarmos novamente uma estatística para notarmos a enormidade desse efeito: quando o Brasil foi campeão mundial de crescimento econômico, de 1900 a 1973, expandiu-se a uma taxa de 4,9%. O crescimento da escolaridade em um ano leva a um desenvolvimento que é quase o dobro desse número.

CONCLUSÃO

Podemos resumir nossa discussão acima em poucas palavras. O desempenho da economia do Brasil gerou uma massa de pobreza e índices vergonhosos de desigualdade de renda. O país precisa retomar o caminho do desenvolvimento sustentado — e, desta vez, redistributivo — urgentemente. A educação tem um papel fundamental nesse processo, ajudando tanto no aumento da renda absoluta (de indivíduos e do país como um todo) quanto na diminuição das desigualdades (dependendo, crucialmente, de uma mudança no modelo da educação). A educação brasileira não vem cumprindo nenhuma dessas funções, porque é muito ruim, o que acaba limitando-a a pouca gente. A reforma da educação no Brasil é uma tarefa inadiável e de enorme importância.

Decifrando os problemas da educação brasileira

A lição da seção precedente é de que temos de melhorar urgentemente o perfil de nossa educação se quisermos ainda sonhar com um futuro digno para os brasileiros. Mas, antes de apontar soluções, precisamos entender quais são os problemas, as raízes de nosso fracasso. Tornemo-nos a essa questão nas páginas que seguem.

DESBANCANDO MITO$

Qualquer conversa sobre as dificuldades da educação começa e termina com duas constatações que têm de aparentemente óbvio tanto quanto o que têm de falso: que se investe pouco na educação brasileira e que o principal resultado desse pouco gasto é a baixa remuneração de professores, que, desvalorizados, não têm motivação para ensinar. O corolário desse raciocínio é que a solução do problema é gastar mais para melhorar o salário de professores. Ah, se fosse assim tão fácil...

O investimento em educação no Brasil

Alguns analistas do financiamento da educação fazem análises algo capciosas, comparando os gastos brasileiros com os de outros países em termos absolutos, como se fosse possível ao Brasil gastar, dólar por dólar, o mesmo que gastam países com renda per capita cinco vezes maior. A única comparação plausível é a relativa: quanto cada país gasta de acordo com o que tem — a soma de suas riquezas (o PIB) —, como mostra o gráfico abaixo.

GRÁFICO II.13
GASTOS PÚBLICOS COM EDUCAÇÃO (EM % DO PIB, 1999)

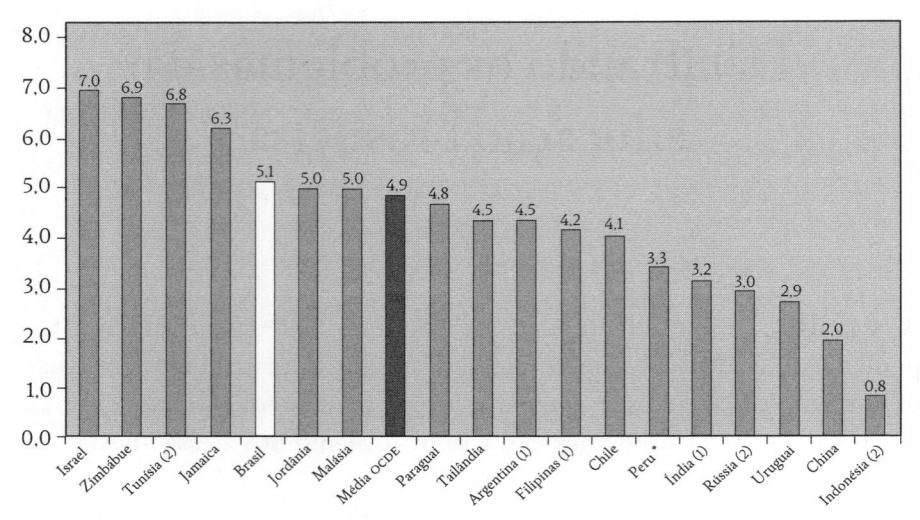

(1) Ano de referência: 1998   (2) Ano de referência: 2000
* Exclui educação pós-secundária não universitária.
FONTE: OCDE Education at a Glance 2002, tabela B2.1a.

O resultado é algo surpreendente. Olhando-se para os gastos públicos dos dezoito países em desenvolvimento que compõem o WEI e mais os trinta países da OCDE, o Brasil é um dos que mais gastam dentre os países em desenvolvimento — e gasta mais do que a média dos países mais desenvolvidos do mundo![1]

Como vimos na seção anterior, a liderança nos gastos não se traduz em posição igual na tabela de performance em testes educacionais. É balela, portanto, a ideia de que o país tem de gastar mais. Colocar mais recursos no sistema educacional sem mudá-lo seria premiar a ineficiência.

A remuneração de professores

A constatação de que o Brasil não investe pouco em educação remete à suspeita de que nossos professores não sejam mal pagos.

176

Impossível!, dirá o leitor. Qualquer brasileiro normal deve se lembrar das enormes e infindáveis greves de professores que pipocam ano sim, o outro também; vai se recordar da conclusão unânime de que professor ganha pouco e que é preciso "resgatar a dignidade do magistério". Essa cantilena leva como que a um bloqueio sobre a discussão dos salários de professores: há consenso de que os salários são baixos; o único debate cabível é de como aumentá-los. Mas, como diziam os céticos, *ubi dubium, ibi libertas*: onde há dúvida, aí está a liberdade. Libertemo-nos.

Comecemos por definir o que é "ganhar pouco". "Pouco" é um advérbio de intensidade, que indica um caráter relacional: tanto "pouco" quanto "muito" só existem quando comparados a algo. Ocorrem-me três pontos de referência possíveis para o nosso caso. O professor pode ganhar pouco em relação ao que ele acha ser justo, a um patamar mínimo de subsistência ou, finalmente, ao que ganha em outras profissões gente de igual qualificação. Pois, vejamos.

Se você perguntar a um professor se aquilo que ele ganha é justo, a resposta provavelmente será "não". Faça a mesma pergunta a jornalistas, bancários, farmacêuticos, advogados, médicos, operários, garis, balconistas e qualquer outra categoria profissional e a resposta, indubitavelmente, será a mesma. Quase todo mundo acha que ganha menos do que merece. Esse prisma, portanto, não tem grande valia.

Será que um professor ganha pouco para garantir sua subsistência? Pense o leitor quantos professores você conhece que moram em uma favela ou em abrigos públicos e teremos a forte suspeita de que ou essa perspectiva deve ser descartada, ou os miseráveis do Brasil, na verdade, não existem. Confirmaremos essa suspeita (a primeira!) logo adiante.

Finalmente, resta a ideia de que os professores não ganham tanto quanto merecem por suas qualificações e o trabalho exercido. É o equivalente a dizer que há, digamos, uma discriminação implícita contra a classe dos professores, assim como há discriminação salarial contra as mulheres.

Antes de revelarmos dados, convém um breve exercício de lógica. Se essa discriminação existe, por que é que os professores continuam na profissão? Se eles são igualmente preparados para exercer a carreira de, digamos, bancários, e seriam mais bem pagos nesse ofício, por que não mudam? A primeira resposta seria de que já não podem trocar, que estão velhos e não têm treinamento para exercer profissão que não a de professor. O.k. Mas como justificar a popularidade dos cursos universitários de educação que, com mais de 750 mil matriculados em 2002, compunham a área de estudos mais popular do país?[2] É impossível que eles não tivessem ouvido, desde pelo menos a adolescência, que o professor é mal remunerado. O fato de que mais e mais pessoas procuram a carreira do magistério a cada ano torna difícil a aceitação da ideia de que os professores permanecem na carreira por desinformação.

A segunda hipótese é que ser professor é uma vocação, e que os professores não se importam com os salários mais baixos desde que tenham o privilégio de poder participar do processo de desenvolvimento de crianças. Se essa fosse a resposta, porém, nosso problema estaria resolvido: ele simplesmente não existiria. Se os professores aceitam o menor salário em troca de um benefício não material, tanto eles não devem reclamar por salários melhores quanto nós pensarmos que a solução do problema da educação passa por maiores salários ao corpo docente.

Essas duas respostas sugerem a possibilidade de que, na verdade, inexiste o problema de má remuneração do professor, ou a profissão teria minguado.

A reclamação da má remuneração dos professores, porém, não é fenômeno exclusivamente brasileiro. Especialmente na América Latina, costumamos ver os mesmos tipos de reclamações e protestos da categoria. Alguns, aliás, bem piores do que o caso brasileiro: na Bolívia, por exemplo, o governo tentou instituir um programa de avaliação de professores em 1997. O resultado foi uma crise tão grave que gerou a instalação de estado de sítio por vários meses (Moura Castro e Wolff, 2001).

Convém talvez analisarmos a questão tendo em vista a experiência de outros países, portanto. Um estudo recente fez justamente isso. Seu autor analisou a remuneração de professores em doze países latino-americanos (Brasil entre eles) e chegou à seguinte conclusão: quando se compara o salário *mensal* de professores com aquele de um grupo de profissionais com as mesmas qualificações (especialmente nível de instrução), nota-se que realmente os professores ganham menos. Mas há um detalhe: os professores trabalham menos horas por semana e tiram mais férias. Segundo a anedota relatada pelo autor, as três maiores razões para se escolher o magistério seriam dezembro, janeiro e fevereiro, os meses de férias. Quando se leva em consideração a jornada menor, a diferença salarial desaparece (Liang, 1999).

No caso brasileiro, os professores recebem 35% a menos do que seus pares quando se olha apenas para salários mensais. A jornada laboral dos professores é menor, porém: uma média de 28,7 horas semanais de trabalho versus 40,9 para o grupo de comparação.

Quando se leva em conta essa diferença e se compara remuneração por hora trabalhada, a diferença ainda é de 7%. Levando-se em consideração o tempo de férias, porém, e presumindo-se que professores trabalham 3/4 do que trabalham seus pares em outras áreas, a diferença se inverte: os professores brasileiros recebem 11% *a mais* do que o grupo comparável.[3]

Precisaríamos, porém, de uma análise mais detalhada da situação brasileira. Essa análise existe, mas, por razões que devem ficar claras nas próximas linhas, permanece velada.

Emiliana Vegas conduziu um estudo baseado na PNAD de 1997, comparando os salários de professores com aqueles de um grupo de pessoas com as mesmas condições acadêmicas e — o que é importante e muitas vezes ausente da discussão — instituindo variáveis para controlar os efeitos de outros fatores sobre o salário (como gênero, idade, região do país em que mora, domicílio urbano versus rural, sindicalização etc.). Os resultados corroboraram aqueles citados acima, adicionando uma camada de sofisticação. Vegas dividiu o país em três áreas: Sul (composta dos estados das regiões Sul e Sudeste), Nordeste e Centro-Norte (Norte e Centro-Oeste).

Quando analisado o salário semanal recebido por professores, verifica-se que há uma diferença de 24% a 29%, desfavorecendo os professores, em todas as regiões (Vegas, 2000, tabela 9). A coisa muda de figura, porém, quando se leva em consideração a menor jornada de trabalho de professores. Os resultados de ganhos por hora trabalhada apontam uma vantagem salarial de 4,2% para professores do Sul, uma desvantagem de 7,6% para os professores do Centro-Norte e uma relação estatisticamente insignificante de -4,1% para os professores do Nordeste (Vegas, 2000, tabela 5).[4] Se fizermos uma média ponderada crua e notarmos que as populações das três zonas correspondem a 57,5%, 14,2% e 28,3% da população total, respectivamente (IBGE), obteríamos uma média nacional de + 0,2%.[5] Ou seja, os professores ganham por hora trabalhada, em média, um pouco mais do que seus pares de mesma qualificação, experiência, gênero etc.

Vegas não conduziu uma análise de remuneração levando em conta o tempo de férias, o que elevaria em muito ainda o salário dos professores. Como no estudo de Liang a remuneração por hora dos professores ainda era um pouco menor (7%) do que seus pares sem levar em conta a diferença de tempo de férias (número que ficou próximo de zero em Vegas), é de imaginar que essa diferença, com os números de Vegas, seria ainda maior do que os +11% apontados por Liang. Cai por terra, portanto, a ideia de que os professores brasileiros são, em geral, mal pagos. O que há são déficits em algumas áreas — especialmente o Centro-Norte.

Outros pesquisadores, brasileiros, já haviam chegado à mesma conclusão do estudo conduzido por Vegas. Em relatório de 1997, João Oliveira mostrava — em dados sem cálculos de significância estatística, porém — que em quase metade dos estados da federação (especialmente os do Sul e Sudeste) a maioria dos professores recebia, por hora, mais do que pessoas com a mesma formação acadêmica. Levando em conta diferenças nas regras de aposentadoria (mas não de férias), seu estudo mostrou que, ao longo da carreira, professores com diploma secundário obtinham remuneração 13% maior que não professores. A relação só se invertia para aqueles com diploma universitário, que recebiam 21% a menos que seus contemporâneos de faculdade — um número a ser tomado com cautela, já que entre os universitários há megassalários de banqueiros, empresários, médicos e advogados que elevam as médias para cima (Oliveira, 1997).

Além de contarem com remuneração financeira igual ou superior a profissionais com a mesma qualificação, os professores têm outra vantagem. Como a maioria pertence à rede pública, eles obtêm outras benesses importantes: maior estabilidade no emprego, melhor pensão e menos anos necessários para a aposentadoria (Liang, 1999; Vegas, 2000). Tomando em conta essas diferenças de aposentadoria, Vegas calcula que, ao longo de suas vidas, professores da rede pública na regiões Sul-Sudeste têm rendimentos de 4% a 6% maiores do que seus colegas da rede privada.[6]

Não é por acaso, portanto, que o magistério continua sendo uma das opções de carreira mais populares do país, sendo exercida por volta de 2 milhões de pessoas (Inep, 2002).[7] Se houvesse discriminação contra a profissão, seria de esperar que suas fileiras encolhessem de ano a ano, mas não é o que acontece. Pelo contrário, houve um aumento de 20% de funções docentes de 1996 a 2002.[8] O que parece existir é uma decisão consciente dos profissionais da educação de enveredarem por esse caminho, trocando um contracheque mensal gordo por outros benefícios da profissão (férias, estabilidade, jornada menor, aposentadoria etc.). Como veremos mais tarde, essa decisão tem a ver com o perfil de quem escolhe a profissão, e esse perfil tem repercussões importantes quando o tema é financiamento da educação.

AS INEFICIÊNCIAS DOS GASTOS EM EDUCAÇÃO NO BRASIL

A seção anterior nos mostra que o problema da educação no Brasil não decorre da falta de verbas. A conclusão inevitável é de que se não se gasta pouco, então é preciso gastar muito mal para obter os índices educacionais que possuímos. E se gasta mal por duas razões: investe-se nos níveis errados, com as prioridades erradas.

Bons e maus gastos em educação

Grande parte do problema do debate sobre a educação é que só costumamos ouvir um lado das partes interessadas. Há os representantes da burocracia estatal e dos professores. Raramente ouvimos porta-vozes de quem interessa, que é o alunado. (E, quando ouvimos, é só para defender meia-entrada em cinemas, o que é tão ruim ou pior do que não ouvir nada.) Professores e burocratas têm interesse em aumentar seus próprios recursos, e, portanto, a discussão gira sempre em torno de mais verbas para a educação e maiores salários aos professores. Se ouvíssemos o lado dos alunos, talvez nos perguntássemos o que é que adianta para melhorar o seu desempenho.

A primeira parte deste livro deu algumas indicações sobre o que funciona ou não para melhorar a performance estudantil ao redor do mundo. Os achados discutidos são radicalmente discordantes do consenso propalado pelos supostos especialistas da área: a maioria dos estudos focados no desempenho dos pupilos mostra que fatores como salário, instrução e experiência de professor, relação aluno/professor e gasto por aluno não têm relação com o desempenho escolar. O que dirão estudos específicos do Brasil?

Basicamente o mesmo. Vejamos:

• **Educação do professor: não tem relação com a performance de alunos.** Barros et al. (2001) mostraram que a educação do professor aumenta a escolaridade dos alunos de 5ª à 8ª série mas tem efeito negativo sobre alunos do ensino secundário. Soares (2003b) aponta que, na rede pública, o fato de o professor ter licenciatura na matéria que ensina só é relevante na metade dos casos estudados. Outros estudos apontaram efeito insignificante: Hanushek et al. (1996), Lockheed e Bruns (1990)[9] e Herran e Rodriguez (2000). O único estudo que aponta relação positiva e estatisticamente significativa entre a escolaridade do professor e o desempenho dos alunos indica um impacto minúsculo: o aumento de um nível de educação do professor (ou seja, concluir o ensino médio em vez do fundamental, ou o superior em vez do médio) resulta em aumento de apenas 2,9 pontos no desempenho do aluno no Saeb. E esse estudo mede apenas o desempenho da 8ª série na disciplina de Matemática (Ferreira et al., 2002).

• **Relação professor/aluno: classe menor não melhora o desempenho dos alunos.** Ao contrário do aparente consenso, os fatos não corroboram a ideia de que os alunos aprendem mais em classes menores. Os seguintes estudos sobre o Brasil referendam esse resultado: Hanushek et al. (1996), Lockheed e Bruns (1990)[10] e Herran e Rodriguez (2000). Não encontrei nenhum estudo demonstrando relação inversa. Trabalho de Cláudio de Moura Castro e Laurence Wolff reporta que a maioria dos estudos internacionais mostra não haver impacto da relação professor/aluno sobre o desempenho escolar quando a sala de aula tem entre vinte e quarenta alunos (Moura Castro e Wolff, 2000, p. 30).

• **Salário do professor: não se compra uma boa educação.** A experiência brasileira confirma os estudos internacionais: não há relação robusta entre o salário de professores e o desempenho de seus alunos. Hanushek et al. (1996), Lockheed e Bruns (1990), Herran e Rodriguez (2000) confirmam esse achado. O único estudo que aponta relação positiva entre salários e performance de alunos, baseado no Saeb 2001, encontra essa relação em apenas quatro de seis casos estudados (Soares 2003b). Ainda assim, o impacto é minúsculo: um aumento médio de 360 reais no salário dos professores gerou uma melhora máxima de 1,7 ponto (de 500 possíveis) no Saeb.[11, 12]

O resultado sobre o salário de professores é de especial interesse, já que a ênfase dada ao tema na mídia e em debates públicos sobre a educação é enorme.

Um preceito básico da economia é que o rendimento profissional é intimamente ligado ao salário. O que os estudos mencionados acima — e mais as dezenas de estudos analisados na primeira parte deste livro — dizem é que isso não é verdade no caso dos professores. Uma exceção tão gritante a um princípio básico da economia exige uma explicação. Há duas.

A primeira, algo subjetiva, é de que a recompensa que move professores não é o dinheiro. Na ausência de evidência empírica sólida a respeito, peço ao leitor que aguente umas poucas linhas de especulação.

Evidências anedóticas — conversas com professores e leituras de textos sobre educação por eles produzidos — me fazem crer que o professor em geral e o professor brasileiro em especial são movidos por um projeto ideológico, quase missionário. Seu objetivo ao ensinar não é de transmitir competências ou preparar o aluno para o mercado de trabalho. Pelo contrário. Esse ensino prático é anátema. A própria discussão das consequências econômicas da educação é vista como um reducionismo. O que importa é a libertação do aluno, sua formação como um cidadão crítico e engajado na sociedade à sua volta. Esse engajamento não é neutro: tem claro pendor reformista (e, nos meus tempos de escola, pré-queda do Muro de Berlim, diria até revolucionário). Seu objetivo é usar a educação como ferramenta de conscientização dos futuros destruidores do sistema capitalista/neoliberal, que deverão criar uma sociedade mais justa e fraterna. Assim, não é de surpreender que o exercício da atividade de professor, quando ela tem esse objetivo, seja balizado por critérios outros que o financeiro. Como declarou uma professora de escola de periferia, "O magistério é uma missão, por isso ganhar mais não vai adiantar".[13] Trabalhar para ganhar mais, afinal, seria entregar-se à lógica capitalista, lógica essa que precisamente deve ser combatida. Se é esse o perfil ideológico do professor, oferecer dinheiro para que dê aulas melhores seria tão eficaz quanto prometer um cargo de CEO a Che Guevara por uma revolução na Sierra Maestra. Não funciona. Aqui temos de recorrer brevemente à psicologia para dar alguma sustentação à hipótese.

Em um estudo, um psicólogo pediu a alunos universitários que escrevessem redações defendendo o comportamento da polícia, logo depois de um confronto entre policiais e estudantes daquela universidade em que os policiais utilizaram força excessiva. O psicólogo pagou aleatoriamente 50 centavos, 1 dólar, 5 dólares ou 10 dólares a cada redator. Depois de escrito o texto, o psicólogo entrevistou os alunos para medir seu verdadeiro posicionamento em relação à polícia. Os resultados foram claros: quanto menos dinheiro o aluno havia recebido, mais favorável era em relação à polícia. Por quê? Porque aqueles que receberam uma quantia razoável de dinheiro viam a tarefa como um dever profissional e, portanto, não se incomodavam em receber um pagamento de acordo com seu esforço. Dito de outra forma: não se importaram em mentir, já que haviam sido pagos para isso. Já aqueles que receberam muito pouco não tinham uma justificativa externa para explicar sua posição. Assim, precisavam achar uma justificativa interna para terem defendido uma opinião praticamente de graça. A justificativa interna veio na mudança de atitude em relação à polícia: eles passaram a acreditar mais naquilo que haviam escrito (Cohen, 1962, in Aronson et al., 1994).

A explicação dos psicólogos para esse resultado inesperado remete à teoria da dissonância cognitiva. Que, resumidamente, diz que quando uma pessoa mantém duas cognições (pensamentos, sentimentos, crenças) inconsistentes, ela sofrerá uma tensão que a levará a alterar essas cognições para torná-las consistentes. No caso de cognições resultantes de ações (por exemplo, uma pessoa honesta que sonega impostos), como a ação não pode ser mudada, a pessoa passará a adotar cognições diferentes das originais para preservar sua autoimagem (por exemplo, "Os governantes roubam tudo, então é melhor não pagar", "Já pago demais, estão me sacrificando" etc.). No estudo acima, o grupo de pessoas malpagas sofreu com uma dissonância: estavam apoiando uma ideia na qual não acreditavam, e o faziam sem receber quase nada. Não era, assim, uma relação profissional. Se não era uma relação profissional, tinha de ser pessoal: a única razão pela qual alguém defende uma ideia sem ser pago para isso é quando acredita nela. Então, *voilà*, esse grupo passou a ser bem mais amistoso em relação à polícia.

Especulo que parte desse processo acometa os professores. Aliás, há alguma evidência empírica: um estudo mostra que professores da rede pública declaram-se mais satisfeitos com seu trabalho do que aqueles da rede privada, apesar de ganharem menos e trabalharem em piores condições (Oliveira e Schwartzman, 2002). Outro estudo mostra que, em quatro de seis casos analisados, a satisfação do professor com seu salário não surte efeito sobre a performance de seus alunos no Saeb.[14] Nos dois casos restantes, em que a satisfação teve impacto sobre a performance do aluno, o resultado surpreende: em um caso, a maior satisfação melhorou a performance, mas no outro piorou (Soares, 2003b).

Como os professores acham que ganham pouco — o fato de que efetivamente não ganham não altera muito seu comportamento, regido, como sabe qualquer aluno de psicologia, mais pela percepção do fato do que pelos fatos em si —, só podem estar fazendo o que fazem por um sentimento de missão, algo que transcende os rendimentos monetários. Assim, oferecer dinheiro a esse grupo provavelmente não teria efeito sobre o seu desempenho — exatamente o que mostram os estudos.

A questão óbvia que fica então é: se o dinheiro não motiva os profissionais da educação, então o que os motiva? Não sei, e acho que ninguém ainda conseguiu resolver a questão de maneira satisfatória. Mas, continuando no campo das especulações, minha vivência pessoal em um meio de alta eficiência acadêmica me leva a crer que o principal é a aprovação e reciprocidade dos alunos e o reconhecimento dos colegas de profissão.

A segunda razão pela qual o dinheiro parece interessar menos aos professores do que a outras profissões está no perfil da categoria.

Os dados de Vegas mostram que as mulheres têm uma chance de doze a catorze vezes maior de exercerem o magistério do que homens; que casados têm chance duas vezes maior de serem professores do que solteiros; e que, exceto no Nordeste, professores tendem a ter mais idade do que outros profissionais.[15] Ou seja, o perfil médio do(a) professor(a) brasileiro é: mulher, não jovem e casada. Mais de dois terços (68%) têm casa própria e 74% têm filhos (CNTE, 2003). Mais importante, os professores são responsáveis por uma fatia menor de sua renda familiar do que em outras profissões: 40% contra 50%, respectivamente (Vegas, 2000, tabela 1). Esse perfil não é uma peculiaridade brasileira. Estudo detalhado sobre o magistério argentino, por exemplo, mostra situação bastante semelhante (De Santis et al., 2002).

A semelhança não é coincidência. Por muito tempo, a profissão de professora era um dos poucos destinos permitidos às senhoras "de respeito". Juntamente com a emancipação da mulher, tanto o magistério deixou de ser sua opção preferencial quanto a própria ideia de uma profissão quase que exclusivamente feminina tornou-se obsoleta. Restam, contudo, resquícios de antanho, e o perfil do magistério traçado acima nos permite afirmar que o ofício de professor ainda cumpre um papel subjacente nas finanças domésticas de seus praticantes, servindo como complemento de renda e não fonte principal desta. Assim, os rendimentos da profissão não são tão importantes no orçamento familiar quanto o salário trazido pelo membro não professor do casal, o que ajuda a explicar o descolamento dos salários de professores de sua performance.

Falamos até aqui sobre fatores que não levam à melhoria do desempenho dos alunos. O que sempre ajuda para determinar o que não fazer e onde não gastar. Mas precisamos saber mais: onde e como gastar.

Estudos econométricos ainda nos dizem relativamente pouco sobre o tema. Analistas da questão apontam para o fato de não haver uma teoria que esquadrinhe e explique suficientemente bem como cada variável leva a melhoria da performance. O que se tem na maioria dos estudos é uma caixa-preta em que se colocam fatores da educação de um lado (salário de professores, tamanho da sala de aula etc.) e se colhem resultados de outro, sem se saber exatamente como um leva ao outro (Vignoles et al., 2000). Ainda é necessário muita pesquisa dentro da sala de aula, observando-se comportamento de professores e alunos, para a formação de uma teoria robusta sobre o que importa na educação. Feitas essas ressalvas, há alguns resultados que pipocam em vários estudos e que vale a pena mencionar. Dentre eles, nota-se que têm efeito positivo sobre o aprendizado os seguintes:

• **Escolaridade dos pais.** Apontado como o fator mais importante por vários estudos. Dentre eles, Barros et al. (2001) mostram que, no caso brasileiro, o aumento de um ano de escolaridade dos pais aumenta a escolaridade dos filhos em até 0,33 anos. A escolaridade da mãe é 30% mais importante do que a do pai. E a escolaridade dos pais tem impacto três vezes maior sobre a escolarização dos filhos do que a escolaridade dos professores. Ao contrário do que se pensa, a escolarização dos pais é muito mais importante do que sua renda na determinação da escolaridade dos filhos — nove vezes mais importante para pais com uma renda mensal de 400 reais, por exemplo.

• **Infraestrutura/manutenção das escolas.** É grande o ganho que se pode obter com melhorias simples, como instalação de banheiros, compra de carteiras, cadeiras e lousas e criação de bibliotecas, por exemplo. Hanushek et al. (1996), em estudo sobre a área rural do Nordeste, mostram que melhores condições de infraestrutura aumentam o escore de testes padronizados em até 13%. Para cada dólar investido em melhorias de infraestrutura, ainda segundo esse estudo, resulta uma economia 2,39 vezes maior que o investido em maior eficiência da educação. Barros et al. (2001) também apontam a importância da infraestrutura, especialmente no primário. Herrán e Rodriguez (2000) também verificam impacto positivo das instalações físicas sobre o desempenho de alunos no Saeb. Soares (2003a) igualmente aponta efeito positivo da manutenção e limpeza da escola sobre a performance no Saeb. Isso pode parecer óbvio, mas é preciso ser lembrado a todo momento porque ainda há carências vergonhosas na qualidade das instalações físicas das escolas brasileiras, como mostramos abaixo.

TABELA II.7

% DE ESCOLAS COM DEFICIÊNCIAS DE INFRAESTRUTURA BÁSICA (2002)

ESCOLAS DO ENSINO FUNDAMENTAL	ESCOLAS SEM...				
	BIBLIOTECA	ÁGUA	ENERGIA ELÉTRICA	ESGOTO	SANITÁRIO
Número absoluto	125 573	3 775	42 448	22 275	23 098
% do total	73%	2%	25%	13%	13%

FONTE: Inep, Edudata Brasil, 2003.

• **Outros fatores**. Entre as outras variáveis que apresentam importância no desempenho escolar no Brasil estão: o conhecimento do professor sobre sua área de ensino (Hanushek et al., 1996), disponibilidade de livros didáticos e outros materiais de apoio (ibid) – cada dólar investido nessa categoria gera economias quatro vezes maiores –, frequência da feitura de deveres de casa (Soares 2003b), assiduidade dos alunos (Ferreira et al., 2002), horas de aula da matéria ensinada (Lockheed e Bruns, 1990) — ainda que a duração do turno escolar, por si só, não tenha efeito significativo sobre o rendimento (Herran e Rodriguez, 2000) — e status socioeconômico dos alunos (Herran e Rodriguez, 2000; Lockheed e Bruns, 1990).

Ineficiência alocativa: muito para poucos

A outra grande ineficiência da educação brasileira é na alocação por níveis: muito dinheiro vai para os poucos do ensino universitário. Os universitários de instituições públicas representam menos de 2% das matrículas da educação do Brasil, mas recebem 29% dos gastos públicos destinados à educação.[16] Universitários esses que, por sua vez, precisam menos da ajuda governamental do que seus compatriotas do ensino básico, pois têm renda mais elevada e cursam um nível de altíssimo retorno no mercado profissional. Os gráficos a seguir ilustram a situação.

Essas estatísticas são chocantes. Indicam que o governo brasileiro gasta frequentemente menos em ensino primário e secundário do que outros grandes países em desenvolvimento (os membros do WEI) e os países desenvolvidos (membros da OCDE) e escandalosamente mais do que ambos os grupos em seu ensino universitário, tanto em termos absolutos (gasto por aluno) quanto em termos relativos (porcentagem do PIB per capita).[17]

Esse favorecimento desproporcional ao ensino universitário não seria tão vergonhoso se tivéssemos universidades de qualidade para uma parte significativa da população. Ainda que não haja testes internacionais de qualidade universitária para medirmos nossa distância em relação a outros países, basta a escassez de universitários para explicitar-se nossa deficiência. Como confirma o gráfico a seguir, somos a exceção ao padrão: investimos muito em educação universitária, mas educamos pouca gente.

GASTOS POR ALUNO, POR NÍVEIS DE EDUCAÇÃO EM US$ PPP (1999)

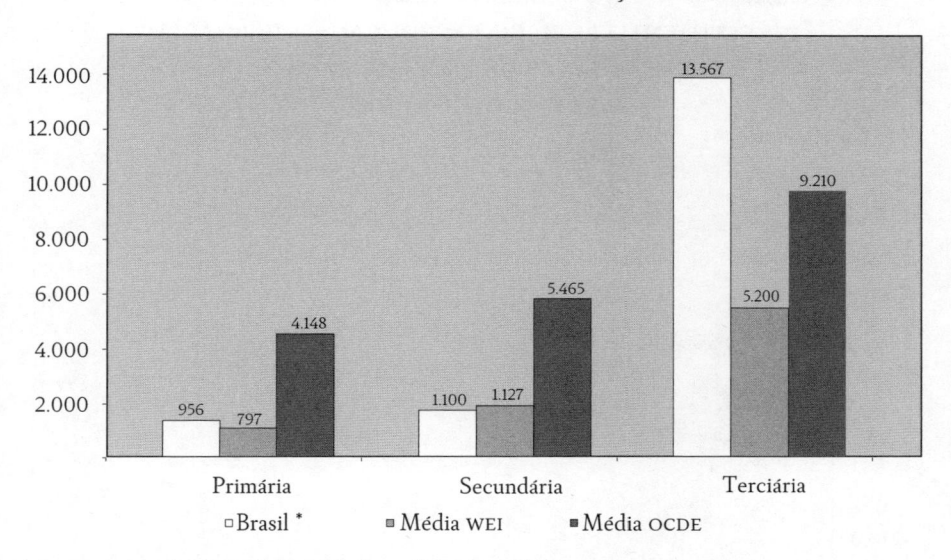

* Somente instituições públicas. Dados referentes a 1998
FONTE: OCDE/WEI, tabela 9.

GRÁFICO II.15

GASTO POR ALUNO, POR NÍVEL DE EDUCAÇÃO,
VS. PIB PER CAPITA (1999)

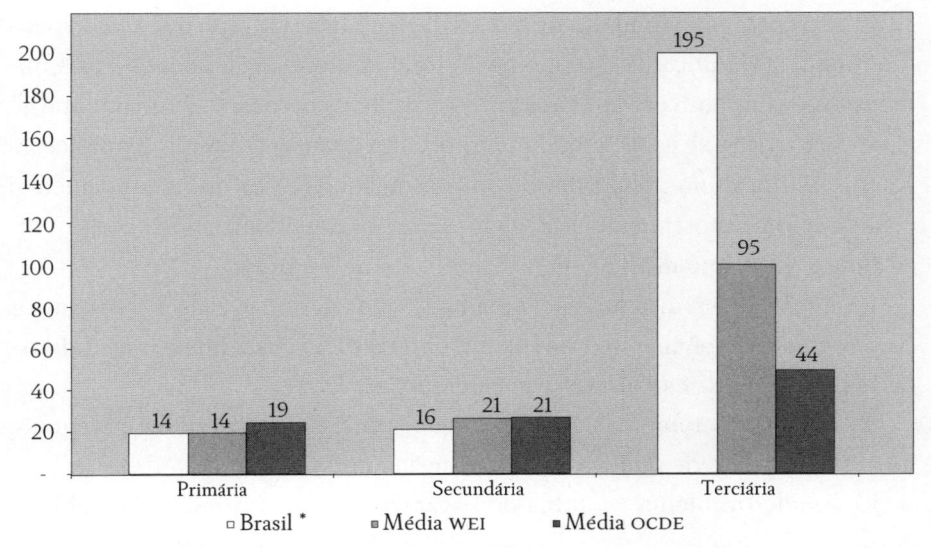

* Somente instituições públicas. Dados referentes a 1998
FONTE: OCDE/WEI, tabela 10. PIB per capita (US$ PPP) = 100.

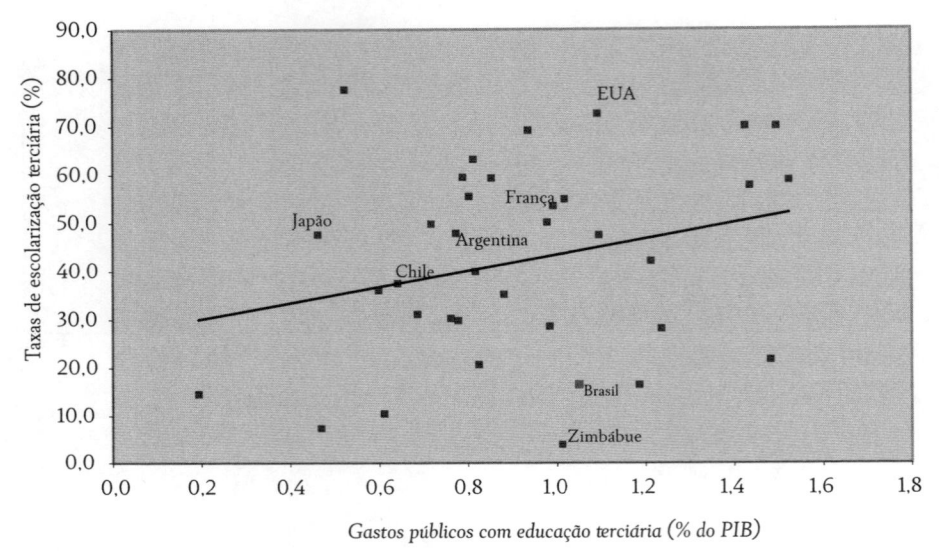

GRÁFICO II.16
INVESTIMENTO PÚBLICO EM EDUCAÇÃO TERCIÁRIA
E SUAS TAXAS DE ESCOLARIZAÇÃO,
WEI E OCDE, 1998-2000

Gastos públicos com educação terciária (% do PIB)

Fontes: *Gastos Públicos: OCDE/WEI, tabela 11; Taxas de escolarização: WDI.*

O alto custo por aluno das universidades públicas faz com que seu dispêndio total seja significativo mesmo que o total de alunos seja pequeno (3,5 milhões do ensino universitário versus 34,5 milhões do ensino fundamental).[18] Esse custo torna-se especialmente importante quando notamos quanto custa ao erário cada aluno universitário comparado àqueles dos níveis fundamental e médio. Como mostra a tabela a seguir, seria possível financiar de doze a quinze alunos do ensino médio com o custo de um universitário.

Essa relação é muito mais acentuada do que em outros países. Nos outros países em desenvolvimento do WEI, um universitário custa quatro secundaristas, e nos países da OCDE a relação é de um para 1,7.[19]

Se quisermos remediar essa distorção, precisamos entender por que o universitário da rede pública brasileira custa tanto.

O grande problema é a folha de pagamentos. As universidades públicas

TABELA II.8

BRASIL: CUSTOS ABSOLUTOS E PROPORCIONAIS POR
NÍVEL DE EDUCAÇÃO (1999), DUAS FONTES

FONTE	MOEDA	GASTO MÉDIO POR ALUNO			RELAÇÃO DE CUSTOS		
		FUNDAMENTAL	MÉDIO	SUPERIOR	SUPERIOR/ FUNDAMENTAL	SUPERIOR/ MÉDIO	MÉDIO/ FUNDAMENTAL
INEP	R$	691	643	9756	14,1x	15,2x	0,9x
OCED*	US$ PPP	956	1100	13567	14,2x	12,3x	1,2x

* Dados referentes a 1998.

FONTE: Inep e OCDE/WEI, tabela 9.

gastam quase que a totalidade de seus recursos no pagamento de seus profissionais, sobrando pouco para investimento. Veja a comparação abaixo.

TABELA II.9

PERFIL DE GASTOS DA EDUCAÇÃO TERCIÁRIA BRASILEIRA
E DE OUTROS PAÍSES (1998-99)

PAÍSES	DIRECIONAMENTO DOS GASTOS NO ENSINO UNIVERSITÁRIO			
	DESPESAS CORRENTES	DESPESAS DE CAPITAL	DESPESAS CORRENTES GASTAS EM PESSOAL	OUTRAS DESPESAS CORRENTES
Brasil	97,6%	2,4%	86,3%	13,7%
Média WEI	85,6%	14,4%	75,8%	24,2%
Média OCDE	87,0%	13,0%	69,4%	30,6%

FONTE: Inep e OCDE/WEI, tabela 18.

Esse dado é curioso: o custo do estudante universitário no Brasil é muito alto, a esmagadora maioria desse custo deve-se à folha de pagamento e, ainda assim, os professores universitários não ganham muito. Como disse Eunice Durham, do Núcleo de Pesquisas sobre o Ensino Superior da Universidade de São Paulo (Nupes-USP): "O sistema de financiamento é tão irracional que conseguimos um resultado inteiramente paradoxal: o governo gasta muito e os professores ganham pouco" (Durham 2002, p. 3). Ora, se o gasto total é muito e o recebimento por cabeça não é grande, a solução do paradoxo só pode ser uma: tem cabeça demais.

O inchaço de mão de obra se faz visível quando comparamos a relação professor/aluno do sistema universitário brasileiro com aqueles de outros países. O Brasil — e a rede pública em especial — se dá ao luxo de ter taxas menores do que as dos países mais ricos do mundo.

GRÁFICO II.17

RELAÇÃO ALUNO/PROFESSOR NO ENSINO UNIVERSITÁRIO (2000-01)

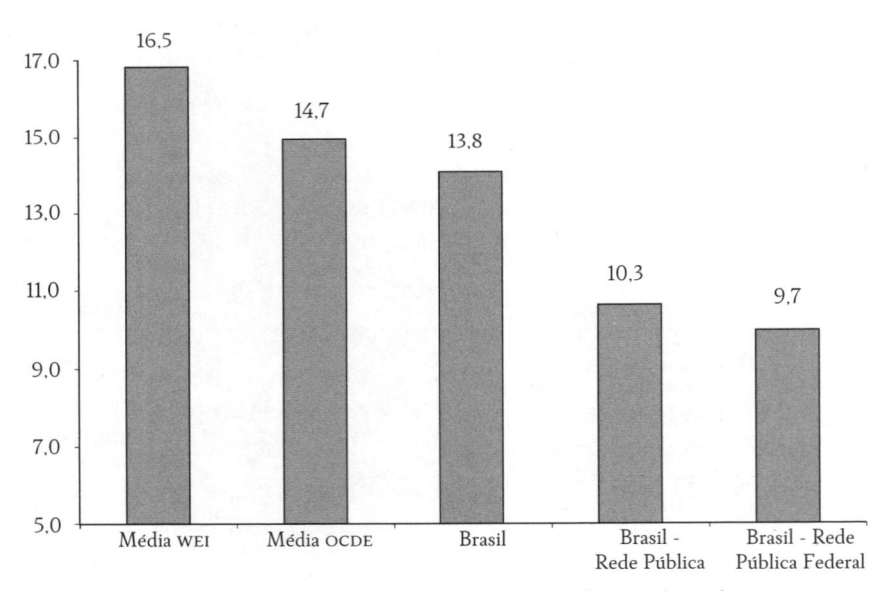

FONTE: WEI e OCDE: OCDE/WEI, tabela 31. Brasil: cálculos do autor baseados em Inep 2001a.

O alto custo da rede pública se deve não só ao fato de que há, proporcionalmente, professor demais para aluno de menos, mas também ao regime de trabalho desses professores. Na rede pública, 76% das funções docentes são de tempo integral (nas escolas federais, 84%), enquanto nas privadas apenas 16% têm dedicação total.[20] A preponderância de funcionários de tempo integral visa cumprir com a norma, desafortunadamente inscrita em nossa Constituição (art. 207), da "indissociabilidade entre ensino e pesquisa". Apesar das boas intenções de nossos constituintes, capacidade de pesquisa — assim como pleno emprego, educação de qualidade e juros baixos — não se conquista por decreto.

Hoje, no Brasil, uma parcela pequena dos professores dessas instituições universitárias produz pesquisa. Dez universidades de ponta do país, localizadas em São Paulo, Rio de Janeiro, Minas Gerais e Rio Grande do Sul, concentram quase toda a produção científica do país — e custam o mesmo por aluno que suas colegas menos eficientes (Moura Castro, 2002). No resto das universidades, a norma é o professor que recebe pela pesquisa inexistente.

O desperdício parece ser ainda maior quando se trata de outros profissionais que não os professores. Na rede pública do ensino superior, há 9,7 alunos por funcionário técnico-administrativo. Basta notar que na rede privada são 21 alunos por funcionário para se perceber o tamanho da ineficiência.[21]

Além do inchaço de professores e funcionários, os próprios alunos também contribuem para a elevação dos custos das universidades públicas. A gratuidade das instituições públicas incentiva o aluno a levar o tempo que quiser para concluir o curso. Os resultados se fazem sentir: presumindo que aqueles que abandonam a universidade cursam dois anos antes de sair, as universidades federais levam em média 6,1 anos para produzir um concluinte, contra 4,4 anos de universidades privadas não religiosas (Paul e Wolff, 1996).

Tudo isso aumenta os desperdícios da rede pública, o que acaba pesando no erário. Desconheço levantamentos globais sobre custos por cabeça do ensino privado. Mas os estudos existentes estimam que um aluno de universidade pública brasileira custe de quatro a 9,5 vezes aquilo que custa seu similar nas universidades privadas (World Bank 2002a; Paul e Wolff 1996, respectivamente). Também nisso estamos pior do que o resto do mundo: na média internacional, essa relação é de 2,3 para um (Mingat, 1999).

Mas já vejo o defensor da universidade pública insurgindo-se contra mais esse vilipêndio dirigido à *alma mater* e reclamando que não há como se comparar a qualidade das universidades privadas com aquela das públicas. Optando por continuar com a obsessão do pensamento livre, temos de dizer que não só é possível compará-las, como indispensável. Faço minhas as palavras sacrílegas de Antônio Carlos Xavier: "Se ao conceito de qualidade não se incorporar a noção de custo, de preço, se cairá na armadilha de identificar qualidade com o que é caro, 'luxuoso' [...] e não ao que é adequado ao uso do cliente. A educação de qualidade não é a que pode ser obtida a qualquer custo e a qualquer preço, e sim aquela ajustada às necessidades dos usuários, ao menor custo".[22]

Há duas formas de se fazer essa medição de qualidade. A primeira é comparando-se os resultados do Provão. Estudo comparando algumas universidades públicas e privadas, realizado por um professor da Universidade Federal de Santa Catarina no começo da década de 1990, revelou que o custo por aluno das universidades públicas era 9,5 vezes o das privadas (Vahl, 1991, citado em Paul e Wolff, 1996). Se presumirmos que a estrutura de custos se manteve a mesma até os dias que correm, podemos comparar esses custos com o desempenho das universidades no Provão. Feito o cálculo, e atribuindo-se uma escala com peso cinco a uma nota "A" e um à nota "E", o resultado que se obtém é que a média das universidades públicas foi de 4,17, contra 3,36 das privadas.[23] Ou seja: na amostra estudada, há um desempenho só 67% melhor das públicas, mas um custo 950% maior! [24]

Expandindo a análise, temos o seguinte quadro para a totalidade das instituições de ensino superior no Brasil:

TABELA II.10

DESEMPENHO NO PROVÃO, POR CATEGORIA ADMINISTRATIVA (1997)

CATEGORIA ADMINISTRATIVA	CONCEITO OBTIDO					MÉDIA PONDERADA	DIFERENÇA EM RELAÇÃO À PRIVADA
	A	B	C	D	E		
Federal	28%	27%	28%	5%	11%	3,53	29%
Estadual e Municipal	18%	22%	37%	13%	9%	3,24	19%
Privada	5%	14%	43%	25%	13%	2,73	

FONTE: dos Santos, 2002, tabela 7 e cálculos do autor.

O que transparece dessa tabela é novamente um desempenho acadêmico só ligeiramente superior (de 19% a 29%) das universidades públicas, contra um gasto pelo menos 400% maior, segundo estimativa supracitada.

A ideia de que a universidade pública é um centro de excelência anos-luz à frente das universidades privadas é um mito substanciado por uma minoria de escolas excepcionais (USP, Unicamp, UFRJ, UFRGS, UFMG etc.) que os desavisados tomam como representativas do ensino público superior. Na média, porém, a universidade pública não é muito melhor do que as privadas, mas custa tanto quanto as de ponta.

Finalmente, a outra maneira de se comparar qualidades e custos é através dos salários recebidos no mercado de trabalho por egressos de ambas as categorias. Um estudo com 2140 bacharéis do Ceará durante a década de 1980 distinguiu diferenças da origem acadêmica e tabulou salários. O resultado: os *alunos da universidade federal tinham renda 6,5% maior do que aqueles da rede estadual, mas não havia diferença nenhuma em relação aos alunos da rede privada* (Paul e Wolff, 1996).

Durma-se com esse barulho.

OS PROBLEMAS DE QUALIDADE E O SEU CONTEXTO

Quem dera os problemas da educação brasileira fossem todos solucionáveis com dinheiro. Não são. Remediadas todas as ineficiências de gastos apontadas acima, restaria ainda a fonte do problema maior: a má qualidade do ensino, especialmente em seus primeiros anos.

Os estudos e estimativas mencionados até agora quantificam variáveis tangíveis e seu impacto sobre resultados mensuráveis. É uma visão de fora para dentro, que não chega ao núcleo da questão: a sala de aula. É lá, na relação do professor com o aluno, que se dá o processo de aprendizagem. E ainda estamos — não só no Brasil, mas no mundo — distantes de entender por completo o que faz um bom professor e uma boa aula, e ainda mais longe de conseguirmos quantificar variáveis subjetivas como motivação, interesse, adequação e didática e entender o que as influencia. Precisamos afunilar o foco e tratar de entender o que se passa nas salas de aula, quem são e o que pensam os atores da educação brasileira.

Essa tarefa é possível graças a um primoroso livro de João Batista Araújo e Oliveira e Simon Schwartzman (2002), *A escola vista por dentro*, volume indispensável para quem deseja conhecer os meandros de nossa educação. O livro recolhe depoimentos de pais de alunos, diretores e professores do ensino fundamental de 48 escolas das redes municipal, estadual e privada e analisa informações de outras seiscentas escolas, cobrindo um universo de 51 municípios em 23 estados.

Para entender o fracasso educacional de nossas crianças, os autores buscam entender o que pensam pais e professores. Os resultados são estarrecedores.

Comecemos pela visão dos professores. Sua falta de autocrítica beira o patológico. Apesar dos desastres evidenciados pelo Saeb e testes internacionais, quando instados a fazer uma autoavaliação, os professores da rede estadual (E) e municipal (M) se deram nota de 9,13 e 8,78 no quesito domínio dos conteúdos das disciplinas que ensinam. Mais de 85% dos professores alfabetizadores se declaram preparados para alfabetizar, ainda que o treinamento tenha sido pouco: menos de 10% diz ter aprendido a função no curso de magistério ou pedagogia. Mais de 80% diz ter aprendido "na prática" ou "com a experiência". Essa preparação é desmentida pelos fatos: teste sobre conceitos de alfabetização aplicado pelos autores revelou que só três de nove itens apresentados tiveram resposta correta superior a 60%. A média de desempenho foi de 52 (E) e 50 (M). Um contingente expressivo de professores alfabetizadores acha que a criança pode ser alfabetizada até a 4ª série ou que a idade não é importante (!). Alguns professores buscam contrabalançar o despreparo com o voluntarismo. "Sempre achei que na hora que você quer que o aluno aprenda, ele aprende."[25] Apesar das boas notas dadas a si mesmos e da proclamação do preparo para alfabetizar, os professores alfabetizadores estimam que quase um terço de seus alunos não estará alfabetizado até o final do ano letivo. Quando perguntados sobre por que os alunos não se alfabetizam ao final da primeira série, eis o que eles respondem: 16% diz que 1ª série não é para alfabetizar (!), 16% diz que é falta de prontidão do aluno e 9,7% (M) e 14,2% (E) diz que é falta de interesse do aluno (!). Só 3,5% (M) e 0,9% (E) dos professores dizem que a culpa pelo fracasso é da escola, que não sabe alfabetizar. Os autores traçaram o seguinte perfil dos professores alfabetizadores:

1. Pessoas com sérias deficiências de formação acadêmica básica;
2. Detêm formação prática, não sistemática; e
3. Não dominam os conceitos básicos de sua profissão.

"Ninguém gosta da primeira série", diz uma professora de escola pública em trabalho sobre o fracasso escolar. "A primeira série não é atraente [...] porque exige, segundo a opinião geral, mais dedicação e competência pedagógica da professora", relata a autora sobre as professoras estudadas.[26]

A dinâmica dos professores de outros níveis não é muito diferente. Por exemplo, só 60% dos professores acham o dever de casa parte integrante da aula, mas, mesmo dentre esses, 30% a 40% não o utilizam. Quase 60% dos professores da rede pública culpam a família do aluno por ele não fazer a lição de casa.

Só 14% dos professores dizem que o livro didático tem papel central no ensino, apesar da importância desse instrumento, verificada nos mais variados estudos sobre o tema. Quase um terço do tempo da aula é gasto com os alunos fazendo atividades, prática que poupa esforços dos professores, mas é repetidamente identificada como contraproducente pelas pesquisas educacionais. A infrequência dos alunos também é debitada a causas outras que não a escola: problemas econômicos, falta de transporte e desinteresse de alunos e pais, nessa ordem.

Como é típico de todo aquele que desempenha mal suas obrigações, os professores são contrários à avaliação das competências dos alunos através de notas e conceitos: menos de 10% dos entrevistados gostam dessa fórmula. Entre 52% e 59% preferem uma avaliação mais subjetiva, baseada em comentários gerais do professor. Apesar dessa oposição conceitual às notas, os mestres não se furtam de avaliar seu próprio desempenho. E, claro, atribuem-se notas de louvor: de 0 a 10, eles se dão 8,28 (M) e 8,09 (E).

A autoapreciação chega ao ponto da delusão. Por exemplo, quase metade (48%) dos professores de escolas *que não possuem biblioteca* afirma que todos os alunos levaram livros para ler em casa. Ao listarem o tempo gasto com todas as atividades relacionadas ao trabalho, nota-se também que o dia do professor tem mais de 24 horas.

Há algo que obviamente não bate. Os professores se acham competentes, bem preparados e esforçados, mas os alunos aprendem menos do que deveriam. Como equacionar esse dilema? Simples: a culpa é do aluno!

Nada menos que 77% dos professores da rede pública culpam o desinteresse do aluno por sua repetência (na particular, 67%). Menos de 6% atribuem a repetência à má qualidade do ensino. É natural, portanto, que as medidas elencadas por professores para melhorar a aprendizagem beneficiem principalmente os professores: aumentar a permanência do aluno na rede escolar (caudatária de um preconceito amplamente difundido, segundo o qual é necessário retirar o aluno do convívio com a família, especialmente quando ela é pobre, pois o convívio com esses bárbaros dificulta o processo pedagógico-civilizatório; "não ajudam, são analfabetos, trabalham fora o dia todo, o pai chega tarde e bêbado em casa" [27]); aumentar o salário do professor (claro!), segundo 40,7% (M) a 47,9% (E) e, em terceiro lugar, diminuir o tamanho das classes. Aproveitar o tempo de aula vem em um distante sexto lugar, e aumentar as horas de aula ficou em último, com 3% a 5% das preferências.

Essa mania de culpar os alunos por um fracasso da instituição escolar e seus profissionais não é exclusiva da educação, mas um sintoma do elitismo que permeia toda a vida brasileira, especialmente a pública, onde é lugar-comum se dizer que o povo não sabe votar, que tem o governo que merece ou que o governo é bom, o povo é que não presta. É comum professores culpando as precárias condições de vida do alunado por seu insucesso. Esse subterfúgio é inaceitável. Afinal, o papel da educação é justamente o de resgatar o aluno da ignorância e desesperança que o circundam. É a ignorância que justifica a educação: se as crianças já nascessem sabendo a tabuada, não precisaríamos de escola. Se todos os povos em todas as épocas apontassem a ignorância ou o "meio" de suas crianças como razão para se desistir da educação, nunca teríamos saído das cavernas.

Outra razão apontada para o nosso triste estado é o desinteresse de nossas crianças. Ora... deve ser algo na água que bebemos, porque em todo o mundo os adultos costumam ter dor de cabeça justamente pelo excesso de curiosidade das crianças e sua vontade instintiva de aprender, mas as brasileiras são desinteressadas. Talvez o desinteresse seja consequência da baixa qualidade do nosso ensino, e não causa. Eu me lembro até hoje do número de Avogadro, das leis de Newton e dos valores do seno, cosseno e tangente, mas nunca ninguém me ensinou na escola por que o sabão limpa, o que faz a Terra ser redonda ou como decidir se vale mais a pena comprar algo à vista ou em prestações. Mas não se pode pedir do sistema educacional que se preocupe com a praticidade do que ensina, porque a incompetência se esconde atrás de uma epistemologia abstrusa para desdenhar a preocupação com o mundo real como o sintoma de um reducionismo materialista, parte do grande projeto neoliberal para alienação das massas. Segundo os seguidores desse credo, é o "sistema" que produz a marginalização da criança. Mudanças pontuais — exigir melhorias de um professor ou uma escola, por exemplo — são claramente inúteis: só o câmbio sistêmico é que trará a solução. Como diz o ditado, nada mais reacionário e imobilista do que condicionar qualquer mudança à mudança total.

Numa das obras consideradas seminais para a compreensão do ensino brasileiro, Patto leva duzentas páginas para chegar a seu tema-título, *A produção do fracasso escolar*, tecendo um panorama histórico que remonta à Revolução Francesa (2000). Mal sabe o analfabeto da favela Heliópolis que sua ignorância é coisa já predeterminada há mais de duzentos anos, e por ninguém menos que Robespierre! Quando a autora finalmente chega a seus pesquisados, é para dizer que repetem de ano porque os professores são racistas e classistas, oprimidos por uma superestrutura que faz com que se tornem opressores de seus alunos. Seus preconceitos de classe e cor informariam uma visão condescendente; o aluno pobre e negro não terá condições de acompanhar a progressão dos estudos, então o melhor que há a se fazer é retê-lo, até que desista.

O diagnóstico poderia até estar correto, mas mesmo assim seria inútil. Afinal, se a culpa do fracasso do aluno é do preconceito da sociedade, o corolário desse pensamento é que o sistema educacional só vai funcionar quando o preconceito for sugado por algum buraco negro ou quando, por alguma obra da Providência, formos todos brancos e bem de vida.

Na verdade, tenho chegado à conclusão de que esse preconceito é mais consequência do que causa do insucesso de nossas crianças. A causa, como se viu nas páginas anteriores, é que o professor brasileiro médio simplesmente não sabe como ensinar e desconhece o conteúdo. Mas uma admissão como essa seria um golpe fatal à autoestima de qualquer profissional. Então, culpa-se a criança e/ou sua família — os elos mais fracos — ou o "sistema" — o inimigo etéreo. Como escreveu magistralmente Simon Schwartzman, ele próprio um professor de universidade pública, "Eles [os professores] não sabem muito sobre como ensinar, ou o que ensinar, e, muito frequentemente, não acham que isso seja muito importante. Na percepção deles, a sociedade é injusta, as pessoas são exploradas, governos não se importam com a educação ou com professores, e não há muito que possa ser feito antes que aconteça uma revolução ou transformação social verdadeira e profunda".[28]

É compreensível que os professores assim pensem e ajam. Eu e todo mundo também gostaríamos de atribuir nossos fracassos aos outros. O que, à primeira vista, fica difícil de entender é como é que a sociedade aceita essa incompetência.

O primeiro responsável pela atuação dos professores é o diretor da escola. Mas, especialmente nas escolas públicas do país, a maioria dos diretores é nomeada sem que se leve em conta a aferição de suas competências (Oliveira e Schwartzman, 2002). Seus postos são resultado de nomeações políticas. Para eles, o quesito desempenho é, portanto, secundário, na melhor das hipóteses. Para essas pessoas, um enfrentamento com professores traria muitos riscos e poucas possibilidades de recompensa. Sua inação nesse contexto é, assim, lógica.[29]

A burocracia do ensino, refratária que é a mudanças, também não entra na batalha, por um cálculo político racional. Qualquer ameaça ao status quo está fadada a encontrar calorosa oposição dos professores, uma categoria numerosa e altamente organizada através de seus sindicatos.[30] Como os perdedores da reforma são um grupo pequeno e organizado e com grandes perdas potenciais (professores e funcionários) e os beneficiários são uma massa desarticulada que teria ganhos difusos (alunos e suas famílias), qualquer manual de ciência política prevê que as reformas dificilmente sairiam do chão.

O único grupo que na verdade poderia e deveria se contrapor à estrutura vigente é o de pais dos alunos. Mas esses desconhecem a dimensão do problema. Os que conhecem colocam seus filhos em escolas particulares.

Entrevistados por Oliveira e Schwartzman, a maioria dos pais revelou estar satisfeita com as escolas dos filhos. Para se entender esse número, é preciso se conhecer quem está dando a opinião.

Mais de 60% dos pais de crianças da escola pública completaram no máximo alguns anos do ensino fundamental. Entre as crianças multirrepetentes que frequentaram o PAB, Programa Acelera Brasil, de aceleração do aprendizado, 73% têm pais que não passaram da 4ª série primária (Oliveira, 2002). Apesar dos pais expressarem sua preocupação com a assiduidade dos filhos e sua vontade de participar do processo escolar, sua própria baixa escolarização não lhes dá o ferramental necessário para medir a qualidade da educação que seus filhos vêm recebendo. O que as pesquisas na área parecem captar é que, para o pai semiletrado, ter seu filho na escola já é uma vitória. O pai presume que a escola oferece a educação com a qualidade necessária. E acaba tornando--se mais um aliado da ineficiência escolar ao também atribuir à criança, e não à escola, o fracasso de seu filho. Na rede estadual, 54% culpam o filho pela repetência e 20%, a escola. Na municipal, a proporção é de 63% e 8%, respectivamente (!).

Os pais que compreendem a educação e poderiam reclamar por sua melhora são também os que têm dinheiro suficiente para colocar seus filhos em escolas privadas. Como escreveu Cláudio de Moura Castro, "A elite é o único setor social brasileiro que efetivamente briga por educação. [...] Dadas a grande expansão do ensino [público] de primeiro e segundo graus e a consequente queda da [sua] qualidade, as elites optam pelo ensino privado [...] e concentram suas reivindicações no ensino superior. Com isto, o resto da sociedade perde o seu maior aliado na luta por um ensino de primeiro e segundo graus de boa qualidade".[31]

Esse estado de coisas gera um impasse aparentemente incontornável. A educação brasileira começa muito ruim, com dificuldades para alfabetizar. Os alunos saem das primeiras séries com grandes deficiências e vão, mal e mal, progredindo. Começam a repetir de série; uma, duas, várias vezes. Abandonam o estudo. Uma minoria dos que começam o primário o termina, e uma minoria dessa minoria chega à universidade. Essa minoria também é a que detém poder político e econômico, e assim condiciona o sistema a lhe financiar os estudos à custa dos sem voz e sem recursos da educação básica.

Para romper o ciclo, precisaríamos de excelentes professores e ótima estrutura no primário. Não temos uma coisa nem outra, parte por falta de dinheiro, parte por falta de treinamento adequado, parte por uma ideologização do ensino que priva os alunos de competências básicas. Como os professores e burocratas buscam eximir-se da responsabilidade e da ação, precisaríamos de forte pressão da sociedade. Essa pressão não existe porque a maioria não tem condições de avaliar bem o ensino nem de se fazer ouvir; os que têm ambos colocam seus filhos em escolas privadas — financiadas com isenção de impostos — e se livram do problema. O sistema está naquilo que os economistas chamam de *low level equilibrium* (literalmente e com trocadilho, um equilíbrio baixo nível): uma situação que tende a se manter estável, mesmo sendo ruim. Os defensores do status quo defendem a autorregulação, dizendo que a educação é ruim porque o país é ruim, e que as coisas vão melhorar com o tempo. Como a educação é justamente a grande — talvez única — ferramenta para mudar o país, não é preciso muito esforço para se notar que esse raciocínio não tem pé nem cabeça. Como o tempo necessário para o acontecimento de mudanças orgânicas em educação é medido não em meses ou semestres, mas em gerações, fica claro que a estratégia de não ter estratégia é um convite ao desastre.

É preciso uma intervenção de fora. E já.

Proposta de reforma do ensino brasileiro

DEFININDO UM NORTE: DOIS DE CADA TRÊS JOVENS DE QUINZE A DEZESSETE ANOS NO ENSINO MÉDIO ATÉ 2014

Você sabe qual é a meta da educação brasileira? Se você não for especialista na área ou funcionário do Ministério da Educação, garanto que a resposta é "não". Não porque essas metas não existam. Pelo contrário: há metas, até demais. Para ser exato, no momento em que escrevo estas linhas, o MEC tem 31, algumas realizáveis até 2015.[1] Esse cipoal de objetivos seria algo preocupante em um país onde tudo vai bem, mas para um país que está nas últimas colocações em termos de educação é um verdadeiro desastre.

O Brasil não sabe, mas está em guerra. Guerra contra a ignorância que está, lenta e inexoravelmente, garantindo a continuação de nosso subdesenvolvimento. Para vencer essa guerra, primeiro precisamos entrar nela. E o Brasil, hoje, passa ao largo de seus dramas na educação. A quarta meta da lista do MEC, por exemplo, é acabar com a prostituição infantil. Objetivo muito nobre, mas de difícil enquadramento na pasta de Educação. A meta número 6 é "toda criança alfabetizada até os dez anos de idade", cumprível até 2006. É muito tempo para muito pouco: não podemos admitir que nenhuma criança saia da 1ª série sem saber ler e escrever. A meta de número 10 é "o Brasil ocupando posições de destaque no Programa Internacional de Avaliação de Estudantes" (o PISA das seções acima) até 2015. Mas, ora, em posição de destaque já estamos: entre os últimos! O que essa meta vaga quer dizer eu não sei, mas sei que não podemos aguardar mais de dez anos para sair dessa pindaíba.

Quando escrevo estas linhas, há uma celeuma em torno da discussão sobre a modificação (leia-se cancelamento) do Provão, um enorme progresso da gestão anterior.

Enquanto isso, nossas crianças não sabem ler, escrever ou fazer contas básicas. Assim não dá.

O que se nota no estudo de países onde a educação deu e dá certo é que houve justamente uma decisão do governo e da sociedade de transformar a educação em prioridade número um. Como escreve Cláudio de Moura Castro, a Coreia do Sul, por exemplo, não estava melhor do que o Brasil na década de 1960, mas hoje atingiu uma educação melhor do que a maioria dos países da OCDE.[2] O que houve foi um "compromisso férreo entre famílias, a sociedade e o governo acerca da prioridade a ser dada à educação" (Moura Castro, 2001, p. 79). Sem esse tipo de compromisso, não sairemos de onde estamos. E para galvanizar a sociedade e a burocracia governamental é preciso definir metas e focar esforços, e cobrar o desempenho de cada profissional, pai e professor de acordo com a sua contribuição para a concretização dessa meta, desse objetivo. Minha proposta é que todo o país se volte para a obtenção de um resultado principal: taxa de escolarização líquida de dois terços (66,6%) no ensino médio, em dez anos. Ou seja, que dois de cada três jovens de quinze a dezessete anos estejam cursando o ensino médio até 2014.

É preciso frisar que o aumento diz respeito à taxa de escolarização líquida, focada em elevar a participação apenas daqueles com a idade certa para o ensino médio. Não se trata da estratégia inflacionária que vem predominando no ensino fundamental nos últimos anos, em que o objetivo é aumentar a oferta de vagas. Esse modelo já se esgotou, e não deve ser repetido no ensino médio. O aumento da taxa líquida não significa captar mais gente para encher mais bancos dos colégios, mas sim acertar o fluxo para manter as crianças que hoje já estão na escola e assegurar-nos de que elas cheguem ao ensino médio na idade certa. Num primeiro momento o número de alunos do ensino médio deve aumentar, mas, com a estabilização da taxa de matrícula e a consequente diminuição do número de adultos não escolarizados e do número de repetências durante o ensino médio, o volume total tende a cair.[3]

Há tanto razões globais, de desenvolvimento do país, como da própria educação para justificar a priorização do ensino médio. Vamos a elas.

O ensino médio: no meio do caminho, uma pedra — preciosa

Nossa meta de dois terços de escolarização líquida em dez anos é um fim em si mesmo, mas, talvez até mais importante, é um meio para se obter um objetivo intermediário e mais urgente: alfabetizar todas as nossas crianças ao final da primeira série. Isso precisa ser alcançado rapidamente, em cerca de cinco anos, e todas as nossas atenções imediatas deveriam estar orientadas para a consecução desse ideal. Para obter esse sucesso, precisamos trabalhar em três frentes: pedagógica, política e administrativa.

A área pedagógica fica para os especialistas. O êxito na alfabetização da maior parte dos países do mundo e mesmo os avanços verificados no Brasil indicam que o problema não é de ausência de uma pedagogia que torne possível a obtenção dessas competências básicas. A pedagogia existe. Ou estamos insistindo no enfoque pedagógico errado, ou não conseguimos aplicar o certo. Em ambos os casos, a dificuldade parece ser mais gerencial do que pedagógica. Por isso nosso foco está em outras áreas.

Na política, volto a martelar a tecla de que é indispensável que sociedade e governo entendam o enorme valor estratégico da educação e, capitaneados pelos ideais mais altos da República, formem um compromisso de resolver definitivamente a chaga do analfabetismo escolar. Segundo levantamento recente do Inep, 35% — mais de um terço! — dos analfabetos do país já passaram, em algum momento, pelos bancos escolares.[4] Que de lá tenham saído sem ler e escrever é um verdadeiro escândalo.

Finalmente, na área administrativa, sugerimos nas próximas páginas algumas propostas de reforma institucional que visam reorientar esforços e conduzir a uma gestão de resultados.

Cabe aqui a pergunta: se insistimos, ao longo do livro, que o principal e mais urgente problema da educação brasileira é a falta de qualidade do ensino fundamental, especialmente de suas primeiras séries, por que então traçar como meta final um parâmetro que envolve número de vagas do ensino médio?

Por várias razões. Fundamentalmente, porque é necessário um objetivo a ser alcançado no final do processo para que se possa enquadrar tudo aquilo que vem antes. Se disséssemos aqui que o objetivo final da educação brasileira deveria ser de fazer com que toda criança soubesse ler e escrever ao final da primeira série e dominasse a aritmética básica ao final do primeiro ciclo, correríamos dois riscos. O primeiro é o da subjetividade da mensuração: qualquer que fosse o critério empregado para medir o sucesso da alfabetização, fatalmente esse critério seria o foco — talvez o alvo único — dos esforços das autoridades competentes.[5] Se fosse determinado, por exemplo, que ser alfabetizado significa saber escrever o próprio nome, teríamos mais um exército de gente que sabe assinar o próprio nome e mais nada. Se fosse conseguir escrever uma carta, teríamos um contingente de missivistas. Se fosse ler um texto e extrair informações básicas, teríamos gente especializada em catar informações. E se definíssemos uma meta abrangente — a pessoa deve saber ler e escrever, obter informações, fazer análises, ilações, comparações etc. —, aí voltamos para uma meta tão ampla quanto inoperável. O segundo risco que se corre é que, mesmo que se chegasse a uma meta apropriada e operável de letramento, ela só não basta. Não adianta, afinal, termos um maravilhoso processo de alfabetização e depois deixarmos as outras séries às traças. E a natureza da *res publica* é de se mobilizar para alcançar objetivos — não de ir além deles. É indispensável, portanto, uma meta que dirija os esforços a serem feitos durante todo o processo escolar.

Outra razão pela qual uma meta que se utilize de taxas de escolarização é desejável é para evitar a subjetividade de critérios qualitativos. A mais objetiva das formas de se medir qualidade seria determinar um escore a ser alcançado em testes padronizados, como o Saeb. Uma medida assim abre espaços para todo tipo de pressão, reclamação e manipulação. A média a ser alcançada teria de ser mudada a cada ano e para cada série, e já se pode imaginar os estados e municípios de educação mais deficiente reclamando da maneira como o teste é redigido, como a amostragem dos alunos que o tomam é feita, como ele engessa a prática educacional e retira a liberdade de escolas e professores; pressionando pela adoção de metas menos ambiciosas para o ano seguinte etc. A utilização de taxas de matrícula é inapelável: contam-se os alunos, verificam-se suas idades e o tamanho da coorte e pronto. E cada estado e município teriam liberdade de chegar à meta como quisessem. Ao ser adotado um objetivo de escolarização para o nível médio, as autoridades podem antever quais taxas de escolarização serão necessárias durante cada ano anterior para que se direcione o fluxo escolar de forma a se alcançar a meta.

A sequencialidade da educação pode ser comparada ao fluxo de um canal. No caso, um canal cujas margens cada vez se estreitam mais, o que faz com que se perca progressivamente mais água à medida que ela segue seu curso. Se nós dissermos que na metade do percurso o leito tem de ser mais largo e tem de comportar um certo volume d'água, isso força que os engenheiros a construí-lo diminuam o estreitamento no trecho que precede o nosso alvo e alarguem a embocadura atual do trecho que o segue, para conseguir continuar carregando água.

É claro que a definição de uma meta não afeta, por si só, o andar da carruagem. Nenhum professor de primeira série vai virar um alfabetizador mais competente porque quer que haja 66% de escolarização secundária dali a dez anos, nem o aluno vai aprender mais. Há reformas específicas sobre as quais vamos conversar em breve. Mas o que essa meta permite é que se definam objetivos precisos para cada série anterior a ela.

Vamos ilustrar isso com números. Minhas estimativas para 2001 apontam que aproximadamente 42% dos jovens de quinze anos estavam onde deveriam estar: na 1ª série do ensino médio. O número cai para 28% no último ano desse ciclo.[6] A média para o ensino de ensino médio como um todo era de 34,7%.[7] Em se mantendo o mesmo ritmo de diminuição da taxa de matrícula ao longo do secundário, para obtermos uma taxa de 66% no ensino médio como um todo precisaríamos de taxas de 81% de matrícula líquida para o primeiro ano do secundário (64% no segundo e 54% no terceiro). O que significaria, segundo a mesma metodologia, aumentar a matrícula líquida da oitava série dos cerca de 49% de 2001 para algo em torno de 92%. Já não poderíamos repetir o exercício para a 7ª série, pois precisaríamos de uma taxa superior a 100%. Ou seja, com o atual ritmo de repetência e evasão no ensino primário, não conseguiríamos jamais chegar aos dois terços de matrícula líquida no ensino secundário.

O estabelecimento de uma meta para o ensino médio, portanto, desencadeia um movimento de geração de metas ano a ano, que organiza e disciplina os objetivos do ensino. Cada estado, município e escola poderão saber que taxas precisam alcançar em que ano. E saberão que para alcançar uma determinada taxa é preciso melhorar a alfabetização e a qualidade do ensino em geral. É um instrumento poderoso, inequívoco.

Os críticos da ideia já devem estar pensando: ora, é muito fácil garantir uma taxa de escolarização — basta passar todo mundo de ano. Ledo engano. Como vimos no primeiro capítulo, a decisão de se continuar ou não a educação, especialmente nos níveis de renda mais baixos, obedece a um cuidadoso cálculo de custos e benefícios. Seu principal custo é o de oportunidade: o salário potencial abandonado quando se opta pelos bancos escolares. À medida que a criança cresce, esse custo vai ficando mais alto, pois melhoram suas perspectivas no mercado de trabalho. Para manter uma criança ou jovem na escola, portanto, é necessário que a educação oferecida tenha qualidade suficiente para gerar um ganho que contrabalanceie a perda gerada pelos salários descartados. Caso as autoridades escolares optem por um sistema em que o aluno aprende nada ou pouco e mesmo assim é promovido, logo elas hão de notar que aqueles indevidamente empurrados pela progressão automática estarão abandonando as fileiras do alunado e sucumbindo ao canto da sereia — e talvez a outros cantos não tão sutis de seus familiares —, transferindo-se para o mercado de trabalho.

Além de disciplinar o ensino fundamental, o robustecimento do ensino médio também contribuiria para fortalecer o nível terciário. A pressão para a popularização do ensino universitário seria violenta. No ano de 2000, por exemplo, havia 2,1 milhões de matriculados na 3ª série do ensino secundário — metade desses com idade superior a dezessete anos. Desses, 85% (1,8 milhão) se formaram. No sistema atual, no máximo metade desses ingressaria no ensino superior (foram 944 mil inscritos em 2001).[8]

Para chegar à meta dos dois terços, precisaríamos de em torno de 54% de matrícula líquida no último ano, o que hoje daria 2 milhões de alunos. Se essa série continuasse congregando metade de gente de mais idade, seriam 4 milhões de alunos no total.[9] Se se formassem os mesmos 85%, teríamos 3,5 milhões de concluintes, dos quais, mantendo-se as proporções atuais, quase 1,8 milhão desejaria entrar na universidade. Estimando sua permanência nela em 4,5 anos, teríamos 8 milhões de alunos nos cursos de graduação, em vez dos 3 milhões que temos agora. Significaria um aumento da taxa de escolarização bruta de 13% para 35%!

O ensino médio sempre foi visto no Brasil como uma pedra no meio do caminho, uma ponte entre o ensino fundamental, das massas, e o universitário, das elites. Para que se rompa com essa visão e se democratize a educação brasileira, é preciso notar que o ensino médio pode ser uma pedra, mas é das preciosas. Seu ajeitamento requer uma melhoria dramática do ensino fundamental e enseja uma forte expansão do sistema universitário.

Os cálculos apresentados anteriormente, claro, são simplificações enormes — há de se levar em conta mudanças demográficas, o comportamento daqueles que já deixaram o ensino e uma série de considerações sobre taxas de repetência e defasagem série-idade. Contudo, parece-me válido como demonstrativo de ordens de grandeza.

Mas será essa meta factível? A experiência de vários países sugere que sim. Espanha, Portugal e Irlanda alcançaram taxa de escolarização total (perto de 100%) do ensino médio em menos de três décadas (Alvarez et al., 2003). Nos Estados Unidos, a taxa de matrícula do ensino médio explodiu de 18% para 71% entre 1910 e 1940 (Goldin e Katz, 2003). E a experiência dos Tigres Asiáticos, que discutiremos em breve, reforça essa crença.

Cálculos da situação brasileira confirmam essa hipótese. Usando os dados do IBGE sobre expectativas populacionais até 2014 e as estatísticas de taxas de transição série a série do Inep, construí um modelo que estipula como seria realizável a meta dos dois terços. O que ele mostra é que precisaríamos alcançar uma taxa de promoção perto dos 90% em 2008 nas primeiras seis séries do ensino fundamental e um pouco abaixo disso nas séries subsequentes. Ou seja, que nove entre dez alunos que começam uma série passem ao ano seguinte, sem repetir de ano ou abandonar a escola. Pode parecer muito, mas é possível: não é preciso mais do que um aumento de, no máximo, quatro pontos percentuais a cada ano até 2008, e depois de lá é só manter a coisa no mesmo patamar. Se presumirmos que, dos repetentes que chegam ao ensino médio, dois terços repetem um ano e outro terço repete dois, a meta é atingida em 2014.

Com uma forte ênfase na alfabetização e numeração nos primeiros anos de ensino, essa meta parece tranquilamente alcançável. Vale lembrar que a maioria dos países no nível de renda do Brasil alfabetiza suas crianças bem melhor que nós, e mesmo países mais pobres — como os asiáticos da década de 1960 — atingiram esse objetivo sem precisar de maiores salamaleques pedagógicos.

A expansão do ensino médio não tem apenas efeitos benéficos no processo educacional. Como veremos, pode ter um forte impacto sobre nossas perspectivas de crescimento.

A educação secundária como fator do desenvolvimento econômico

Além de sua importância para o disciplinamento do sistema escolar, a ênfase no ensino médio também faz sentido de um ponto de vista econômico. Tanto a teoria quanto a observação empírica da economia da educação sugerem que, pelo menos até um passado recente, a escolarização secundária da força de trabalho de um país era o motor de seu desenvolvimento humano (e, por tabela, econômico).

Conforme discutimos na primeira parte, supõe-se que a educação gere aumentos de produtividade por quatro mecanismos interligados:

1. O desenvolvimento de competências gerais (leitura, aritmética etc.), indispensáveis para o funcionamento em uma sociedade moderna, e sabedorias específicas (química, física etc.) importantes para determinados ramos da atividade econômica;

2. A capacidade de adotar e adaptar tecnologias, essencial para a implantação de métodos produtivos de outras regiões e países sem que seja necessário reinventar a roda a cada passo;

3. A maior habilidade em se lidar com situações de desequilíbrio, ou seja, notar uma falha ou oportunidade e mobilizar recursos e esforços para consertar uma e aproveitar a outra; e, finalmente,

4. Geração de pesquisas que levam à criação de novas tecnologias, que impedem a obsolescência do processo produtivo, e contrapõem-se aos retornos marginais declinantes dos investimentos em capital físico para manter as economias crescendo de maneira sustentada.

Vale a pena aqui uma pequena digressão para retornarmos a um conceito básico da economia, a curva da fronteira das possibilidades de produção (FPP). A FPP representa o total máximo de produção que pode ser obtida numa economia, dados os conhecimentos tecnológicos e as quantidades de fatores de produção disponíveis. Ela é normalmente representada por um gráfico expressando a possibilidade de produção de dois bens, digamos X e Y, conforme o gráfico a seguir.

A FRONTEIRA DAS POSSIBILIDADES DE PRODUÇÃO (FPP)

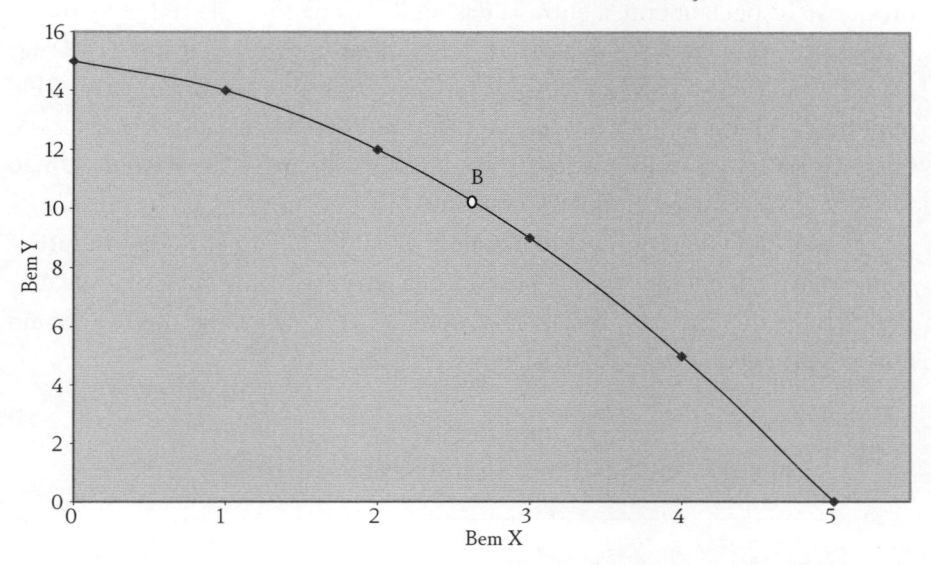

O que esse gráfico demonstra é que, se produzirmos quinze unidades do bem Y, não poderemos produzir nada do bem X. Se produzirmos quatro unidades de X, só produziremos cinco Y, e assim por diante. Chama-se de eficiente uma economia que está na linha (o ponto B, por exemplo), ou seja, na qual não é possível produzir mais de uma coisa sem produzir menos de outra.

No mundo real, porém, não há eficiência perfeita, e as economias se encontram em algum ponto no espaço debaixo da parábola, onde é possível produzir mais de um bem sem ter de produzir menos de outro.

O fenômeno observável do crescimento econômico é a mesma coisa onde quer que aconteça: um aumento do PIB do país, de preferência per capita (isto é, crescimento econômico maior do que o demográfico) e em termos reais (descontada a inflação). Mas ele pode advir de duas circunstâncias bastante diferentes.

Uma é a melhoria na eficiência do uso dos fatores de produção, que leva uma economia para mais perto da FPP, conforme ilustrado pelo movimento de A a A_1 no gráfico a seguir. O exemplo clássico desse tipo de crescimento foi a União Soviética, que cresceu durante décadas principalmente devotando cada vez mais recursos e homens-hora à produção, especialmente na indústria pesada. Alguns economistas querem crer que o crescimento recente dos Tigres Asiáticos também tenha sido o resultado de um aumento dos fatores de produção (especialmente a entrada das mulheres na força de trabalho, maior número de trabalhadores qualificados e grandes injeções de capital) (Krugman, 1994; Young, 1995). O problema desse tipo de crescimento é que ele tem limite: chega um ponto em que todos os recursos e fatores possíveis e imagináveis foram usados e exauridos (mortos inclusive, no caso da União Soviética), e aí essa receita perde sua eficácia e a economia para de crescer.

O outro tipo de crescimento é aquele oriundo do aumento de produtividade: avanços tecnológicos que permitem a uma economia fazer mais de *ambos* os bens que produz. Nesse caso, toda a curva da FPP se desloca, como ilustra a passagem de B a B₁ no seguinte gráfico.

GRÁFICO II.18A
A FRONTEIRA DAS POSSIBILIDADES DE PRODUÇÃO (FPP)

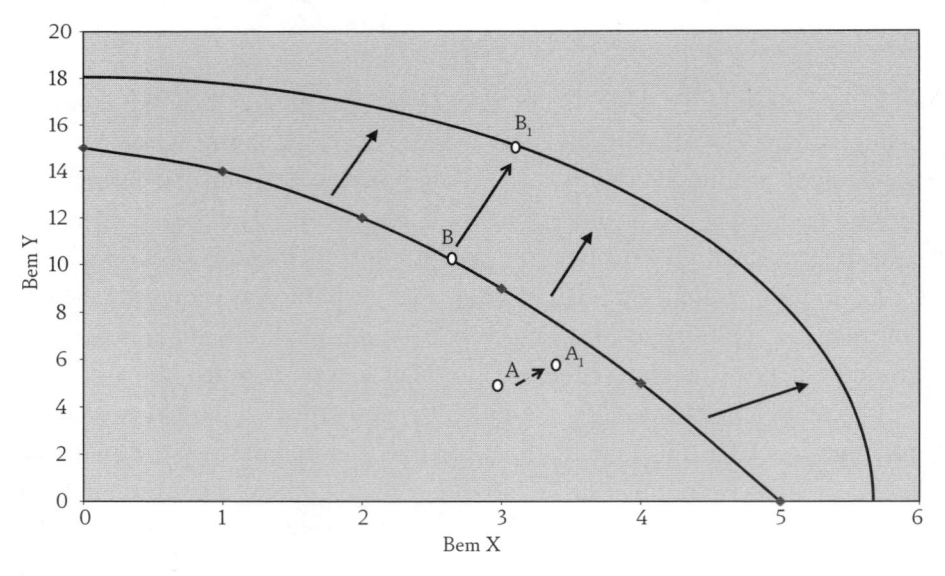

Esse é o crescimento virtuoso, porque sustentável. O crescimento baseado em melhoras de produtividade é potencialmente infinito, e é por causa dele que as economias do mundo vêm crescendo continuamente e não têm previsão de estagnação. Como já discutimos no primeiro capítulo, a educação tem papel preponderante na criação de novas tecnologias.

Os dois processos de desenvolvimento não são estanques nem excludentes. Nas economias fora dos manuais de escola, há áreas de avanços tecnológicos mesmo em países muito distantes da FPP (a Embrapa do Brasil é um caso típico) e crescimentos dos fatores de produção também em economias de grande desenvolvimento de produtividade (a incorporação da mulher à força de trabalho é o exemplo clássico).

Voltando à educação, então, poderíamos fazer uma simplificação e dizer que as três primeiras influências da educação sobre o crescimento econômico (competências, cópia e adaptabilidade) são desenvolvidas no ensino básico, enquanto a quarta (pesquisa) é do ensino superior. Enquanto as três primeiras aproximam uma economia da curva da fronteira da produtividade, a última expande a própria curva.

Um país que busca desenvolver-se e está distante da FPP, como é o caso do Brasil, precisa, portanto, popularizar seu ensino básico para chegar mais perto da curva. Nosso desenvolvimento se dará, no futuro próximo, primordialmente através da incorporação e adaptação de tecnologias criadas alhures. Para se adotar essas tecnologias, para saber lidar com o maquinário e a informática necessários mesmo a atividades simples de prestação de serviços, o ensino pré-universitário é indispensável. Não é que não possamos ou não devamos desenvolver tecnologia própria ou virar um novo centro de tecnologia de ponta. É que esse desenvolvimento tecnológico não se dá em saltos. Não se passa de exportador de soja para exportador de alta tecnologia por vontade. É preciso primeiro entender e manejar a tecnologia existente e depois investir maciçamente em pesquisa e desenvolvimento para que finalmente surja a inovação. Em algumas áreas, especialmente o agronegócio, o Brasil é um líder tecnológico e desenvolve conhecimento de ponta. Esses esforços devem continuar sendo encorajados e recebendo investimentos. Na maioria das outras áreas, porém, somos importadores de tecnologia. Para essas, precisamos primeiro de gente com educação suficiente para dominá-la e, num próximo passo, de cientistas e pesquisadores para melhorá-la.

O progresso por etapas, aliás, é inescapável: não podemos ter um grande contingente universitário se não houver uma leva ainda maior de concluintes do ensino básico a alimentá-lo. E entre o ensino fundamental, de primeiro grau, e o secundário há evidências crescentes de que esse último é o nível crítico para economias industrializadas.

Desde casos esporádicos — como a fábrica que passa a exigir diplomas do ensino médio — até estudos cuidadosos mostrando que nos Estados Unidos, por exemplo, já desde o início do século XX pagavam-se salários maiores aos formandos do ensino secundário por poderem ler e interpretar manuais e terem conhecimentos básicos de química, eletricidade e álgebra (Goldin e Katz, 1998), há evidências de que o ensino secundário é indispensável para um desenvolvimento econômico industrializado robusto e sustentado.

Hoje, a grande maioria dos países industrializados já equacionou, bem ou mal, a questão do ensino fundamental, de forma que a competitividade se transmite para os níveis subsequentes.

As análises empíricas confirmam as impressões casuais sobre a importância do ensino secundário. Estudos que analisam apenas o ensino secundário como variável para o crescimento econômico obtêm resultados significativos (Mankiw et al., 1992, Levine e Renelt, 1992).[10] E naquele que talvez seja o mais extenso estudo sobre o assunto, quando se separou o efeito do ensino primário daquele do secundário, o resultado foi que o primeiro não era estatisticamente significante, enquanto o segundo, sim (Barro, 1996, 2000).

Outro resultado apontado pela literatura que aqui nos interessa é o que diz respeito às externalidades da educação. Estudos mostram que parece haver tipos diferentes de externalidades correspondentes aos diferentes níveis educacionais. Um *paper* analisando os efeitos externos da educação notou que eles se manifestam na educação universitária por meio dos chamados *spillover effects*, um "transbordamento" de sabedoria dos bacharéis que aumenta a produtividade de quem interage com eles. Já o efeito da educação secundária se nota na redução da criminalidade e participação em programas de assistência social (Moretti, 2002). Estudo sobre o tema nos Estados Unidos mostra que os diplomados pelo ensino secundário têm 30% menos chances de participar de atividades criminosas do que aqueles que não terminaram esse nível de estudo (Lochner, 2004). Outro estudo sobre o mesmo tema feito com presidiários americanos mostrou que a educação secundária diminuía substancialmente a probabilidade de ser preso. Um ano a mais de educação reduziu a probabilidade de encarceramento em 0,1% para brancos e em 0,4% para negros; para aqueles formados no ensino secundário, o número saltou para 0,8% e 3,4%, respectivamente. Verificou-se que um ano a mais de escola diminuía assassinatos em 30%, roubo de carro em 20% e assaltos a domicílio em 6%. Os autores estimaram que se as taxas de graduação no ensino secundário do ano estudado tivessem sido 1% maiores o país teria feito uma economia de 1,4 bilhão de dólares (Lochner e Moretti, 2001). Imagine qual não seria o ganho para um país onde a criminalidade é tão presente — e tão onerosa — como o Brasil!

A última evidência da importância do ensino secundário vem da experiência dos Tigres Asiáticos. Seu caminho em termos educacionais é algo parecido com o brasileiro — só que com trinta anos de precedência. Em 1970, esses países tinham chegado perto da taxa de 100% de matrícula líquida no ensino primário e estavam próximos dos 30% de escolarização líquida no secundário — taxas que o Brasil hoje ostenta. Aceleraram sua educação fortemente nesses anos e, na década de 1980, quando fecham o fenomenal salto desenvolvimentista, estavam perto dos dois terços que aqui pregamos. Veja o gráfico a seguir.

GRÁFICO II.19
TAXAS DE ESCOLARIZAÇÃO LÍQUIDA, ENSINO SECUNDÁRIO,
TIGRES ASIÁTICOS (1970-1985)

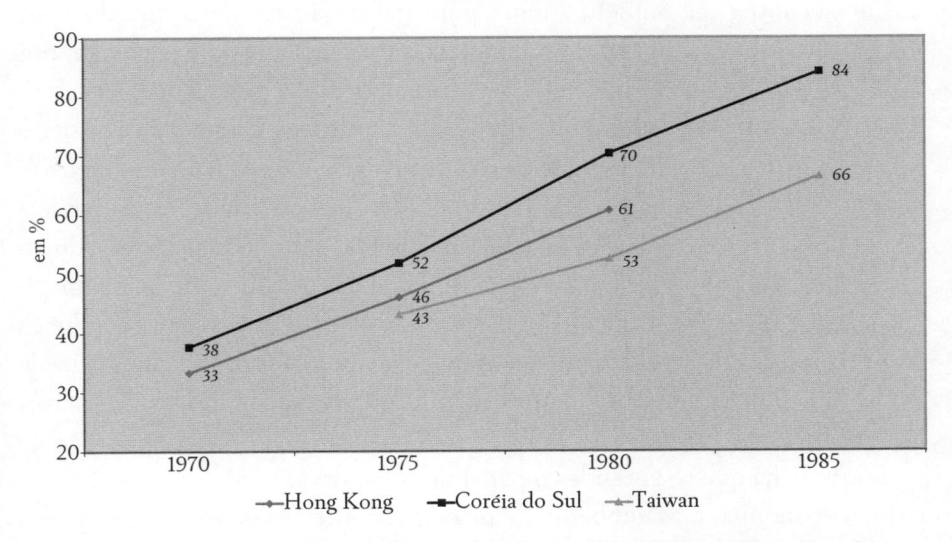

FONTES: Hong Kong e Coreia: World Development Indicators. Taiwan: Peter Chow. "Social expenditure in Taiwan (China)". World Bank Institute, Working Paper, n. 22716, 2001. Dados de Taiwan são referentes a 1976, 1981 e 1986. Cingapura: não disponível.

Ainda que haja diferenças homéricas entre esses países e o Brasil, e entre os anos 1960-1980 e a conjuntura atual, são os Tigres os únicos países do mundo a terem conseguido a migração do Terceiro para o Primeiro Mundo e lá permanecido. Ainda que o modelo como um todo não seja copiável, a ênfase no estudo para a formação de uma mão de obra qualificada capaz de competir no mercado internacional é certamente um aspecto virtuoso que merece ser replicado entre nós. Não só a experiência dos Tigres serve como fonte de inspiração em termos de desenvolvimento econômico, mas também em termos educacionais: está aí a prova de que um país pode, havendo determinação, comprometimento e as prioridades certas, passar de 33%-38% de matrícula para 61%-70% em dez anos. Que nos sirva de exemplo e instigação.

Para terminar, uma ressalva: análises quantitativas são, por necessidade, instrumentos que olham para trás. As pesquisas que medem o impacto da educação na economia geralmente se referem ao período dos anos 1960 aos 1990. Precisamos sempre tentar entender se os resultados passados se aplicam ao futuro.

No caso da educação, há um senão importante: das últimas décadas para cá o que se viu nos países industrializados foi a popularização quase que total do ensino secundário e o início — em alguns países já bastante avançado — da massificação do ensino superior, cujas taxas de matrícula hoje já passam dos 50%. Ou seja, a educação secundária deixou de ser uma vantagem competitiva e passou a ser necessidade, assim como já foi o primário. Daqui para a frente, a competição do capital humano se dá na universidade e, a se manter o desenvolvimento tecnológico visto nas últimas décadas, dentro em breve ela passará para o nível de pós-graduação. Isso levanta dúvidas sobre o impacto da educação secundária para as próximas décadas. Há indícios suficientes para imaginarmos que ela está se tornando ou já se tornou incapaz de assumir a condução do processo de desenvolvimento econômico, e que os estudos econômicos de 2030 vão apontar o mesmo efeito insignificante do secundário que hoje vemos atribuído ao primário.

Por isso, há que se entender o papel do secundário não só no que diz respeito à economia, mas também — e principalmente — em seu efeito sobre o sistema educacional do país. A discussão da seção anterior tem, portanto, fundamental importância.

Caso o futuro demonstre que ainda há uma importância econômica do ensino médio por si só, tanto melhor. Mas mesmo que se estabeleça, nos próximos anos, a preponderância do ensino universitário como força motriz do desenvolvimento econômico, é patente que precisamos da expansão do nível secundário para chegarmos à massificação do terciário. Como já vimos, o raquitismo da universidade brasileira não se deve à falta de escolas ou vagas, mas de gente capacitada para preenchê-las. Reforçar o ensino médio é uma das melhores formas de fortalecer o universitário.

Chega de discutir os méritos e razões dessa proposta. Passemos à parte mais difícil — como colocá-la em prática.

OS COMPONENTES DA MUDANÇA

Para atingir nossa meta, precisaríamos de avanços nas duas frontes de sempre: qualidade e quantidade, nessa ordem.

Qualidade

É indispensável e urgente melhorar-se a qualidade do ensino primário. Muito dessa mudança acontecerá dentro da sala de aula, na relação professor--aluno, o que envolve a preparação do professor e sua maneira de transmitir conhecimentos. Isso é coisa da área de pedagogia — disso eu não entendo e não vou dar palpites sobre o que desconheço.

O que podemos fazer é, primeiro, ressaltar aqueles fatores exteriores à sala de aula que funcionam ou não e, segundo, mencionar experiências pedagógicas positivas.

Quanto ao primeiro, relembrando resumidamente a literatura da primeira parte e aquela do subcapítulo "As ineficiências dos gastos em educação no Brasil", a literatura mostra que os seguintes fatores **não** têm influência sobre desempenho dos alunos: salário do professor, nível de educação do professor e relação aluno-professor. **Fatores que têm impacto positivo** e podem ser alterados incluem: instalações físicas/infraestrutura da escola, utilização do livro didático, conhecimento do professor sobre o conteúdo a ser ensinado e horas de aula sobre o tema (o aumento do turno não tem efeito, e a literatura internacional mostra que o que importa é aula; fazer exercícios em aula é contraproducente).

Segundo, é preciso contrapor as experiências educacionais positivas à percepção de que é necessária uma revolução socioeconômica para melhorar a educação. O melhor exemplo disso são os programas de aceleração de aprendizagem. Implementados inicialmente nos estados do Maranhão e de São Paulo, foram posteriormente adotados por vários outros estados. Baseado nessas experiências, surgiu um programa que, por bem documentado, nos servirá de exemplo — o PAB (Programa Acelera Brasil), desenvolvido originalmente pelo Instituto Ayrton Senna.

O PAB é um programa de aceleração do ensino para alunos com defasagem de dois anos ou mais, que lhes ensina (tanto alfabetização quanto matérias de outras séries) as matérias em que têm deficiência e depois os promove, pulando séries. No ano de maior abrangência de coleta de dados, em 1999, 25 mil alunos faziam parte do programa (Oliveira, 2002). O PAB tem um coordenador em cada município, que identifica os alunos a serem atendidos e professores para o curso. A equipe local participa de uma breve capacitação inicial e depois recebe treinamento à distância, e os alunos recebem materiais didáticos e de apoio (livros, dicionários, mapas, revistas etc.).

Seus resultados são encorajadores. As taxas de abandono do PAB são a metade daquelas de alunos das mesmas escolas, suas taxas de promoção vão de 95% a 99% e o salto médio é de 1,6 a 1,8 série.

Mais importante, esse aluno que salta séries tem um desempenho não muito inferior ao do colega "normal", que progrediu sem repetências ou saltos. Na média do programa, os resultados dos alunos do PAB em Língua Portuguesa são 6% a 23% inferiores ao desempenho dos alunos da rede escolar normal, e em Matemática a diferença cai para entre 0% e 13%. E, ainda melhor, o programa é feito com o professor da rede normal de ensino, com um pequeno curso de capacitação inicial, um conjunto de aulas por vídeo e reuniões de acompanhamento. E isso é feito a um custo de 176 reais por aluno, comparado aos cerca de 500 reais no sistema regular, segundo estimativa de Oliveira (as estimativas do Inep para 1999 colocam esse custo em 691 reais).

O programa ultrapassou suas fronteiras e hoje vários estados e municípios operam programas similares de aceleração. Em 2002, eram mais de um milhão de alunos em classes de aceleração (Inep, 2002, tabela 1.34), ainda que não haja, que eu saiba, análise sistemática e rigorosa de seus resultados.

O PAB demonstra que é possível melhorar substancialmente o desempenho de professores mesmo sem melhorias salariais ou longos cursos de pedagogia. É alentador.

Quantidade

A melhoria da qualidade da educação, aliada à contínua pressão demográfica e crescente sofisticação do mercado de trabalho, continuará gerando uma grande pressão sobre o ensino médio.

Essa pressão já vem acontecendo. De 1989 a 1998, a matrícula de 1ª à 4ª série cresceu 13,4%. De 5ª à 8ª, 66,1%. Já o número de matriculados no ensino médio dobrou, de 3,5 para 7 milhões (Castro, 1999). Em 2002, o número já era de 8,7 milhões, e em 2003, 9,1 milhões (Inep, 2002 e 2003a).

A solução para acomodar o aumento da quantidade é relativamente simples: dinheiro. A solução fácil e natural seria aumentar o dispêndio público em educação. Há dois senões. Em primeiro lugar, é improvável um aumento significativo de verbas para a educação no atual governo, dados os compromissos de produção de superávits fiscais Do governo central, portanto, não deve vir muito. Estados e municípios também estão em situação de penúria e, quando estas linhas eram escritas, movimentavam-se para pedir a desvinculação de receitas das áreas sociais, o que faz com que o gasto em educação tenda a cair. Das autoridades regionais, portanto, também não se deve esperar grande coisa.

Segundo, e mais importante, é preciso gerenciar melhor o que se tem antes de pedir por mais verbas. Como vimos, o Brasil vem investindo em educação o mesmo, em termos de porcentagem de PIB, que os países mais ricos e de melhor educação do mundo. O problema é que nosso investimento não rende tanto quanto deveria, porque muito do alocado se perde em trâmites burocráticos e o que chega destina-se desproporcionalmente a poucos. A melhoria da eficiência na gestão dos gastos, assim como a realocação de gastos para uma estrutura mais justa e produtiva, pode gerar grandes economias.

É preciso tirar de quem tem e dar para quem mais precisa. No Brasil, isso significa cortar benesses dos alunos abonados de universidades públicas e de escolas privadas do ensino de primeiro e segundo graus.

Um plano de reformas para a educação brasileira

O PACOTE DE MUDANÇAS

O projeto para a reformulação profunda da educação brasileira tem quatro eixos:

1. Ampliação do Fundef (Fundo de Manutenção e Desenvolvimento do Ensino Fundamental e Valorização do Magistério), que passaria a englobar também o ensino médio. O governo federal já trabalha nesse projeto, apelidado de Fundeb (cobrindo todo o ensino básico);

2. Mudança no critério de alocação de recursos desse fundo, que premiaria a melhoria de desempenho de estados e municípios na diminuição das taxas de repetência e melhoria no desempenho no Saeb — criação da Lei de Responsabilidade Educacional;

3. Fim do abatimento no imposto de renda dos gastos com mensalidades de escolas privadas e transferência da renda gerada por essa medida ao Fundeb;

4. Fim da gratuidade das universidades públicas para alunos de alto nível socioeconômico e transferência dos recursos gerados pela cobrança de mensalidade para o Fundeb (no caso das universidades federais) ou

canalização para o ensino fundamental da arrecadação colhida por estados e municípios.

A JUSTIFICATIVA PARA AS MUDANÇAS

O conjunto de medidas tem como objetivo melhorar a qualidade do ensino fundamental, aumentar as taxas de escolarização dos níveis médio e superior, garantir o financiamento dessa expansão e assentar as bases para uma distribuição de renda mais equânime.

Tratemos de justificar cada medida proposta.

1 — Ampliação do Fundef

O Fundef foi um programa criado na gestão Paulo Renato de Souza. Tem como objetivo garantir um mínimo de investimento por aluno do ensino básico matriculado em escolas estaduais e municipais. Quando o estado ou município não atinge esse patamar — fixado em 446 reais da 1ª à 4ª série e 468 reais da 5ª à 8ª para o ano de 2003 —, o MEC transfere os recursos para garantir o piso. Seu principal impacto é sobre a remuneração de professores: 60% dos recursos do fundo são reservados para seus salários. Sua dimensão é enorme: em 2001, o fundo tinha recursos de 19,9 bilhões de reais e atendeu a mais de 3 mil municípios. Seus principais beneficiários são os estados do Nordeste e do Norte (MEC 2002).

É imperativa a expansão do Fundef, para que passe a englobar também o ensino médio. Hoje, o governo federal tem controle direto sobre uma parte ínfima da educação de segundo grau, respondendo por apenas 0,8% das matrículas do setor, que fica a cargo primordialmente de estados (Inep, 2003a). A criação de um fundo que inclua também o ensino médio é vital para a equalização entre regiões e para garantir um reforço de investimento também nesse nível de ensino.

2 — Mudança nos critérios do Fundef/Fundeb

Como vimos, porém, só dar dinheiro não basta. O Fundef, como é hoje, ao adotar como critério para auxílio o gasto por aluno, acaba transferindo mais recursos a quem menos investe em educação. A intenção é justa e nobre, mas faz pouco para incentivar o investimento em educação ou a preocupação com a qualidade desta em estados e municípios. Por isso, o novo fundo deverá guiar-se por critério diferente: em vez de dar mais dinheiro aos que menos investem em educação, passará a distribuir seus recursos por desempenho, a quem mais melhorar a qualidade de seu ensino.

Como vimos, a grande chaga do ensino brasileiro é a repetência. E a repetência é causada tanto por deficiências do ensino quanto pelo que os especialistas chamam de "cultura da repetência" — um hábito arraigado de professores brasileiros de exagerar nas exigências para a promoção escolar, vendo na repetência uma ferramenta útil para rever conceitos e suprir carências. É urgente, portanto, combater a repetência.

Daí a criação de um fundo que premie a sua diminuição. *O novo fundo (Fundeb) deveria transferir recursos de acordo com a diminuição das taxas de repetência de cada estado.* É importante que o fundo não leve em consideração o índice absoluto de reprovação, mas sim sua melhora ano a ano. (Do contrário, seu principal beneficiário seriam os estados do Centro-Sul, que já apresentam os melhores índices de aprovação e precisam menos dos recursos do que os estados do Norte-Nordeste.) Essa taxa de reprovação deve ser calculada em relação ao número de alunos que iniciaram cada série, incluindo os que a abandonaram, e não simplesmente aqueles que foram reprovados no final do ano letivo, pois há muitas escolas que estimulam o aluno em dificuldades prestes a ser reprovado a abandonar a escola, para que ele não figure em suas estatísticas de reprovação.

Há um problema, porém, com um critério que se baseie apenas em taxas de repetência. Uma má estrutura de incentivos leva a resultados frequentemente opostos aos originalmente desejados. É instrutiva a história do paleontólogo Ralph von Koenigswald (1902-1982), cuja equipe descobriu um novo grupo de hominídeos em Java. Koenigswald talvez tivesse feito descobertas ainda maiores caso não tivesse, como forma de motivar seus escavadores, prometido pagar dez centavos de dólar por pedaço de osso descoberto. Passados alguns dias, ele descobriu, para seu espanto, que os catadores quebravam as peças que encontravam em pedaços pequenos, para aumentar sua recompensa (Bryson, 2003).

Da mesma forma, um sistema que só premia a eficiência na aprovação faz com que as autoridades aprovem todo mundo, mascarando o problema da má qualidade do ensino e empurrando-o para mais adiante. Dados os efeitos nocivos da repetência sobre a autoestima e o desempenho das crianças e os gastos que causa ao erário, vários países já tentaram fazer exatamente isso: abolir a repetência e aprovar todo mundo. A prática, chamada de promoção automática, foi analisada e verificou-se que ela só transferia para a série ou nível seguinte a carência atual (Oliveira e Schwartzman, 2002). A tendência mundial é de abandonar a prática, de forma que não seria de bom alvitre encorajá-la no Brasil, ainda que os enormes custos brasileiros com repetentes — estimados em um terço do gasto total com o ensino fundamental em 1998 — encorajem a tentação (Parente e Luck, 2004). Resultado semelhante foi encontrado na análise de sistemas de educação em ciclos, nos quais o currículo é desenvolvido ao longo de um ciclo (período de quatro séries, normalmente) e não de ano a ano e em que as decisões de promoção ou repetição são tomadas apenas no final do ciclo (Oliveira, no prelo).

Por isso, o Fundeb deveria usar como critério um índice sintético com dois pesos: um para a diminuição da repetência, outro para a qualidade, medida por melhora ano a ano no Saeb. Assim, quem simplesmente promovesse os alunos artificialmente tenderia a ter uma queda no Saeb que anularia qualquer benefício da menor repetência. Por outro lado, se os critérios de promoção fossem afrouxados e não houvesse queda de qualidade, terá sido um ganho importante, sinal de que antes a cultura da repetência acabava retendo alunos que estavam preparados para séries mais altas.[1]

Note que essa estrutura mantém o perfil redistributivo do Fundef. Como os estados mais pobres são também os de maior repetência e de pior desempenho, eles devem apresentar os maiores ganhos proporcionais.[2]

Com a metodologia que aqui se propõe, se dois estados tivessem escores iniciais de cem e duzentos no Saeb, respectivamente, e ambos ganhassem dez pontos no Saeb do ano seguinte, o primeiro teria um ganho de 10% e o segundo, de 5%. Como esse ganho percentual é que influencia a alocação de recursos, o primeiro estado receberia o dobro do primeiro. Mais: como a melhoria de qualidade tem forte efeito sobre a taxa de reprovação, os estados de menor qualidade tendem a ser duplamente beneficiados. E mais ainda: como os estados de pior qualidade do ensino são também os mais pobres, onde os custos são em geral mais baixos, um real pago a um estado pobre terá efeito maior do que o real pago ao estado rico. Não só os estados mais pobres têm mais facilidade de conseguir ganhos relativos em educação por partirem de uma base mais baixa como seu poder de compra é maior.

Essa estrutura mantém os objetivos e o mecanismo do Fundef, mas adiciona a ele um componente que incentiva professores, diretores e demais envolvidos no ensino a melhorar a condição da educação oferecida. A estrutura atual não só não contempla o incentivo como, ao fixar o critério de gasto por aluno como determinante da transferência, acaba ajudando na manutenção do subinvestimento e do descaso pela educação por parte dos estados.

Esse mecanismo poderia receber o nome de Lei de Responsabilidade Educacional.

Nos anos 1980 e 1990, havia a compreensão de que a instabilidade macroeconômica era o maior empecilho ao nosso desenvolvimento econômico. Essa instabilidade, traduzida em hiperinflação, era resultado principalmente da irresponsabilidade fiscal dos governantes, que gastavam mais do que arrecadavam. Criou-se então a Lei de Responsabilidade Fiscal, um instrumento importante para disciplinar os gastos públicos. O governador que viola a lei passa o embaraço de ver seu delito mencionado na mídia, e tem verbas retidas.

A pouca e má educação do brasileiro é um grande, talvez o maior, obstáculo ao nosso desenvolvimento — hoje e, especialmente, no futuro, à medida que nossos concorrentes vão nos deixando para trás. Apesar disso, não há nada que oriente o gasto com educação para a obtenção de melhores resultados, nenhuma repercussão aos maus gastadores e muito pouca divulgação da nossa penúria. Os (ir)responsáveis por nossa educação gozam, assim, do beneplácito da complacência pública. Isso precisa mudar.

A Lei de Responsabilidade Educacional ajudaria nessa mudança: governador ou prefeito que não melhorasse sua educação não receberia os fundos da União. O MEC deveria divulgar o ranking de melhoria dos estados a cada ano, para premiar os gestores públicos preocupados com a educação e constranger os incompetentes. É preciso que os homens e mulheres que estão melhorando nossa educação colham frutos políticos de seu esforço, e que os incompetentes sejam punidos. Só assim é que a educação vai receber a posição de destaque que merece.

Fala-se e escandaliza-se muito no Brasil com episódios de corrupção. E, é verdade, são ultrajantes. Mas o que talvez seja pior, porque ninguém dá bola ou é punido, é a incompetência que joga dinheiro público pelo ralo. A repetência é o melhor exemplo disso. Quem repete o ano custa o dobro ao erário. Mas subsiste, entre diretores e professores, uma percepção positiva da reprovação. O professor que reprova é o durão, o exigente. Tem um certo reconhecimento. Ora, deveria envergonhar-se. O professor que usa o dinheiro do contribuinte e não consegue transmitir a seu aluno o conhecimento mínimo para a sua aprovação — ou, pior, reprova mesmo quando há esse conhecimento — está tungando o seu bolso.

Veja um exemplo bem didático. Havia 5,8 milhões de alunos na 1ª série em 2002 (Inep, 2002). Desses, estima-se que 36,2% (2,1 milhões) repetiriam a 1ª série no ano seguinte.[3] A um custo mínimo de 450 reais por aluno, são quase 950 milhões de reais gastos só com os repetentes da 1ªsérie. Se conseguirmos baixar essa taxa em míseros cinco pontos percentuais, seria uma economia de pelo menos 131 milhões de reais.[4] É dinheiro suficiente para pagar um ano de ensino médio a 170 mil alunos, mais da metade do que cresceu o ensino médio entre 2001 e 2002.[5] E, se chegássemos à meta dos 66% em 2014, teríamos 27 milhões de alunos no ensino fundamental, em vez dos quase 35 milhões de hoje.[6] A valores de hoje (450 reais por aluno), seria uma economia de 3,6 bilhões de reais.

A perda de dinheiro com a repetência só não é roubo porque não há a intenção criminosa, mas é uma negligência suficientemente grosseira e danosa ao bem público para ser tipificada em lei e expor seus culpados ao escrutínio público.

3 — Fim do desconto no IR para gastos com educação

A lei número 10.451/2002, art. 2º, determina que o contribuinte do imposto de renda pode deduzir 1.998 reais por ano relativo a gastos com mensalidades ou anuidades da educação, sua ou de seus dependentes. Esse abatimento custou 6,61 bilhões de reais ao país no ano de 2001 (Secretaria da Receita Federal, 2002).

Essa dedução faz com que, para muitas famílias, a educação de seus filhos seja altamente subsidiada. A esse respeito, não há comentário melhor do que o de Messias Costa: "Tanto as crianças pobres como ricas acabam recebendo ensino gratuito (o que não é errado), havendo, no entanto, a diferença de que as primeiras recebem uma educação de qualidade baixa enquanto as segundas recebem educação de boa qualidade".[7]

Esse subsídio é mais um capítulo da longa história do favorecimento das classes média e alta pelo governo brasileiro. Junte-se a ele a isenção de impostos das escolas privadas, consideradas de utilidade pública, e tem-se um mamão com açúcar. Esse subsídio é vergonhoso em um país com as desigualdades de renda como o nosso. Extingui-lo, portanto, seria uma questão de justiça.

Mas aí sempre há os que contraporão a eficiência à justiça e dirão: "Você está louco? A educação brasileira é tão ruim e você quer prejudicar justamente nossas ilhas de excelência?".

A pergunta é válida, mas incorreta. Vamos aos números. Requer uma certa generosidade de espírito associar nossa escola privada média ao conceito de excelência. No ano de 2000, 14% dos alunos do ensino médio estavam matriculados em escolas privadas (Inep, 2000, tabela 1.36). Naquele ano, nossos alunos de segundo grau participaram do teste Pisa. Só 1% dos não repetentes chegaram ao nível máximo na prova de leitura. E dentre os de mais alto nível socioeconômico, só 5% chegaram ao escore mais alto — duas a cinco vezes menos do que os outros países. Presumindo-se que esse nível socioeconômico venha todo do ensino privado, temos que só um terço (5 em 14) dos alunos de escolas privadas tem um rendimento realmente excelente. Não é coisa para se gabar.

Mas quando se fala na excelência do ensino privado brasileiro, o ponto de comparação que se tem em mente não são as escolas estrangeiras, mas a pública brasileira, da qual a elite tem pavor. Ocorre que a escola privada não é tão melhor quanto se pensa. Grande parte de sua vantagem é explicável pelo status socioeconômico de seus alunos. Ferreira et al. (2002) mostraram que 80% da diferença de rendimentos de alunos de escolas públicas e privadas se deve às diferenças socioeconômicas do alunado. Ou seja, se você colocar uma criança que hoje estuda em escola privada em uma escola pública, seu rendimento cairia só 20%. Instituindo-se controles para essas diferenças, a diferença de performance das escolas privadas e públicas era de apenas seis pontos no Saeb, de quinhentos possíveis.

Mais do que estudos e estatísticas, há um caso próximo de nós e muito instrutivo. No Chile, na década de 1980, o governo Pinochet instituiu uma reforma na educação, no sentido de privatizá-la. Criou uma categoria de escolas semiprivadas, em que os pagamentos de mensalidades são repartidos entre o governo e os pais. O maior ônus recai sobre o governo, que transfere a essas escolas o mesmo subsídio por aluno oferecido às escolas públicas. Esse subsídio, porém, é transferido sob a forma de um voucher, e as famílias podem escolher em que escola querem utilizar seus vouchers, em um suposto estímulo à competição entre escolas.

Há três tipos principais de escolas no Chile: o sistema público municipal normal (que abriga 54% da matrícula), o privado tradicional, que não recebe subsídio algum do governo (9% da matrícula), e o misto, discutido acima (36%) (Gonzalez, 2003).

Vários estudos mostram que as escolas mistas são mais eficientes do que as municipais, obtendo melhores índices de desempenho e qualidade com os mesmos recursos.[8] Vista dessa maneira, portanto, a privatização da educação chilena foi um sucesso. Seus defensores, de Santiago a Washington, a utilizam como evidência de que o ensino privado é a salvação da lavoura. Será?

Um estudo recente questiona de maneira convincente essa conclusão. Em *When Schools Compete, How Do They Compete?* (2002), Chang-Tai Hsieh e Miguel Urquiola contam uma história diferente. Medindo o desempenho das escolas mistas e públicas, eles notaram que os alunos de status socioeconômico mais alto eram os que se mudavam das escolas públicas para as mistas, e, à medida que crescia a matrícula das escolas mistas de uma determinada região, o desempenho de suas escolas públicas caía.

O que aconteceu no sistema chileno foi, basicamente, uma seleção, e não uma melhora sistêmica: as famílias com mais recursos transferiram seus filhos da escola pública para a escola mista. Assim, a escola pública piorou, pois perdeu seus melhores alunos, e a escola mista parecia ser mais eficiente, quando na verdade lidava com um alunado melhor. Os ganhos da escola privada vieram à custa da escola pública, e, no geral, o Chile ficou como estava, antes da implantação das reformas, em matéria de educação. Respondendo à pergunta do título de seu trabalho, Hsieh e Urquiola chegaram à conclusão de que quando as escolas competem elas buscam a vantagem sobre as outras não através de melhorias em sua eficiência e qualidade, mas sim tratando de atrair alunos melhores. Como as escolas mistas podem fazer exames de seleção e rejeitar quem quiserem — prática vedada às municipais —, elas acabam colhendo os melhores alunos. No agregado, a análise mostra que não houve ganhos — e talvez haja perdas.[9]

Talvez o leitor já tenha notado aonde eu quero chegar com essa analogia: as escolas privadas do Brasil são as mistas do Chile, e o voucher dado às famílias no Chile é parecido com os R\$ 1998 que as famílias brasileiras recebem do governo quando colocam seus filhos em escolas privadas.

O que quero dizer é que não há ganhos significativos de eficiência com a privatização do ensino — nem, portanto, perdas relevantes com seu retorno à esfera pública. Eliminando-se o subsídio dado às famílias de classe média alta, seus filhos sofreriam por perder a companhia de colegas do mesmo estrato socioeconômico, mas seus novos colegas da escola pública ganhariam com a mudança. O que a experiência chilena mostra é que não haveria perdas para o país como um todo se uma parte significativa das crianças que hoje cursam as escolas privadas passasse às escolas públicas.

Não só não há evidência de que a educação como um todo não pioraria como há razão para se imaginar que haveria um ganho. A piora acelerada do ensino público brasileiro se deu em boa parte porque, nas últimas décadas, a elite saiu das escolas públicas e foi para as particulares. Como era o grupo que reclamava por melhores condições de ensino, essa pressão se esvaiu. Com o retorno desse segmento, deve aumentar a pressão por um ensino de qualidade na educação fundamental pública. E, mesmo que a melhora não aconteça e a educação fique como está, o impacto dessa medida sobre a desigualdade de renda terá sido uma grande ajuda ao nosso segregado país.

4 — Fim da gratuidade do ensino público universitário

Esse é o grande elefante branco no meio da sala. Todo mundo sabe que é uma vergonha, todo mundo sabe que tem de acabar, todo ministro da Educação insinua que vai tocar no tema e, no fim das contas, todos tremem diante da grita dos alunos e professores e a coisa fica por isso mesmo.

A questão chegou a seu limite, porém. Quando as universidades brasileiras eram elitistas e o resto do mundo também era, seu exclusivismo era injusto, mas relativamente inconsequente para o país. Hoje, o Brasil vai ficando obsoleto, atrasado, em razão do estrangulamento do nível superior, enquanto o resto do mundo industrializado abriu as comportas da universidade para sua população.

O estrangulamento nacional não deve acabar enquanto a universidade pública não se tornar mais eficiente e menos custosa, para que possa voltar a expandir-se. Sem essa mudança, as universidades públicas serão contínua e crescentemente sobrepujadas pelas universidades privadas, muitas de péssima qualidade e sem vezo de pesquisa, com consequências funestas para o país. Os defensores da universidade pública parecem não se dar conta de que sua gratuidade indiscriminada e seus altos custos de funcionamento fazem com que o país opte por um outro método de instituir uma cobrança da população para a manutenção do sistema universitário: a paulatina privatização do ensino universitário (cf. Johnstone, 2004). Aliás, o que é essa proposta de "estatizar" parte das vagas das universidades privadas recentemente proposta pelo Ministério da Educação, senão uma confissão implícita de que até o governo reconhece que o sistema universitário público é inviavelmente caro para servir de centro da expansão universitária? A manutenção do atual regime vai fazer com que a universidade pública perca cada vez mais terreno para as universidades particulares, mas continue sendo um item oneroso no orçamento público. Há de chegar um ponto em que a população verá uma grande parte de seus impostos comprometida no financiamento de um sistema de educação destinado a 2% ou 3% do universo universitário, e aí o corte total passa a ser uma consequência lógica.

Onde antes a cobrança de mensalidades era apenas uma questão de justiça social, hoje é também de necessidade estratégica para o país. Sem ela, os recursos continuarão faltando e, mais importante, a ineficiência continuará empurrando a universidade pública cada vez mais para a obsolescência e a irrelevância.

O que se defende aqui é a cobrança de mensalidades daqueles alunos de alto status socioeconômico e a transferência dessa quantia para o Fundeb, para que seja aplicada na melhoria do ensino fundamental e aprimoramento e expansão do ensino médio. Essa medida terá efeitos positivos tanto na equidade quanto na eficiência. Termina com um subsídio desproporcionado aos mais ricos e o transfere aos mais pobres, ao mesmo tempo que financia a expansão da educação de base, com os efeitos para o país já mencionados acima, e injetando uma nova dinâmica nas próprias universidades.

Sempre que o tema é mencionado, porém, o corporativismo fala mais alto que a racionalidade, e começa-se a desfiar teses e mais teses sobre a função da escola pública, o sucateamento das universidades, a popularização do corpo discente e outras quimeras. Essa conversa é um saco sem fundo. Não entrarei nela. Em vez disso, números, números e mais números.

Os presentes ao Exame Nacional de Cursos (Provão) de 2002 responderam a um questionário sobre sua condição socioeconômica. O exame foi prestado por mais de 360 mil graduandos e quase 10 mil graduados de 24 áreas (Inep). Esse número representa quase 80% dos 466 mil dos graduandos do ensino superior brasileiro do ano anterior (Inep, 2002a). Pode-se considerá-la uma amostra bastante representativa do alunado, portanto.

Uma das perguntas à qual os alunos responderam dizia respeito ao rendimento mensal dos membros da família que moravam na mesma casa do aluno. Os resultados foram os seguintes:

TABELA II.11
SOMA DA RENDA MENSAL DOS FAMILIARES
DE UNIVERSITÁRIOS (ENC, 2002)

RENDA	CATEGORIA ADMINISTRATIVA			
	FEDERAL	ESTADUAL	MUNICIPAL	PRIVADA
Até R$ 600	16,8%	31,3%	16,5%	9,5%
De R$ 601 a R$ 2000	41,3%	42,5%	47,0%	42,3%
De R$ 2001 a R$ 4000	24,0%	15,3%	23,3%	27,6%
De R$ 4001 a R$ 10000	14,2%	7,7%	10,4%	15,7%
Mais de R$ 10000	2,7%	1,7%	1,9%	4,1%
Média ponderada (R$)	2707	1900	2373	3121

FONTE: Inep.
Média ponderada: cálculo do autor usando a média dos intervalos de renda e presumindo renda média de R$ 15000 para a categoria "mais de R$ 10000".

Em especial, focamos aqui nos rendimentos apresentados pelas famílias dos alunos das universidades federais (UFs), sobre as quais a União tem controle direto.[10] A ideia de que o ensino universitário federal abriga a média da população brasileira cai por terra com um simples dado: a renda média dos domicílios brasileiros é de R$ 1194 — menos da metade dos R$ 2707 das UFs (e dos R$ 2372 das universidades públicas em geral).[11]

GRÁFICO II.20
DISTRIBUIÇÃO DE RENDA DE ALUNOS DAS UFS VS.
MÉDIA DA POPULAÇÃO

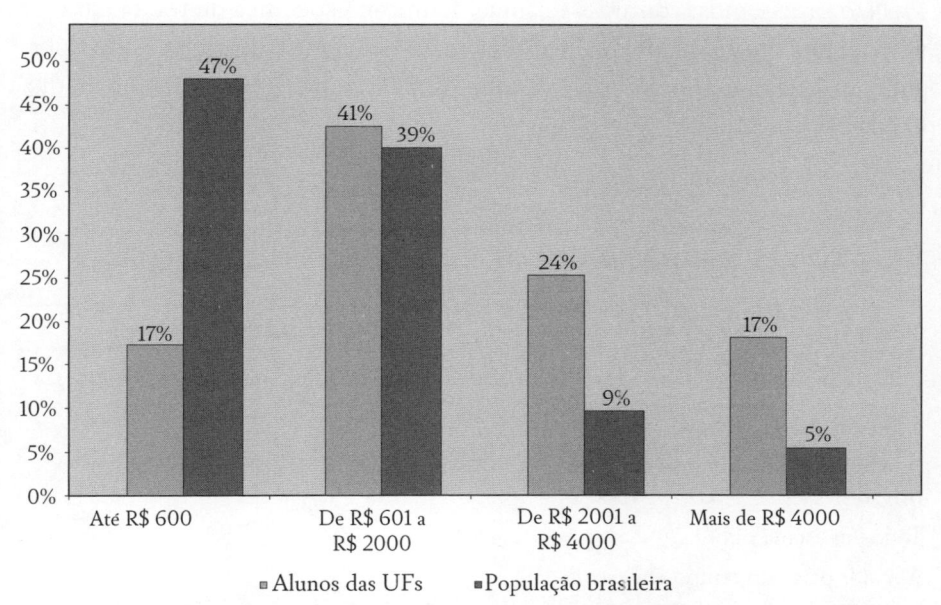

■ Alunos das UFs   ■ População brasileira

FONTE: Questionário do ENC (Inep) e Pnad 2001, tabela 7.1 (IBGE).

A distorção fica clara no gráfico acima, quando vemos que as camadas mais pobres da população têm representação baixa nas universidades, enquanto os substratos da elite estão sobrerrepresentados.

A situação talvez seja, na realidade, ainda pior. Tinha a suspeita de que os alunos de universidades públicas tivessem tendência a relatar rendas familiares mais baixas que a renda verdadeira. Para checar essa possibilidade, cruzei dois dados: a declaração dos universitários sobre a renda de seus familiares com a renda esperada de acordo com o nível de escolaridade desses mesmos familiares. Usando como referência o perfil de renda por nível educacional constante na Pnad 2001, há indícios de que a suspeita tem fundamento. Segundo as respostas aos questionários do Provão, a média de renda dos alunos das universidades públicas (federais, estaduais e municipais) era 24% menor do que a das privadas. Usando como controle o nível de escolaridade dos pais, a Pnad revela que deveríamos esperar uma renda 0,9% maior nas públicas do que nas particulares. Uma diferença de quase 25%, portanto. Como os cálculos envolvem várias estimativas, ajustes e acertos, o resultado deve ser visto como meramente especulativo, porém.

Não precisamos, contudo, ter uma definição específica de renda para ter pelo menos uma ideia de quanto seria possível cobrar e de quem. Outra pergunta no questionário do Provão é sobre onde o aluno cursou o ensino médio. Os dados vão a seguir.

TABELA II.12

O TIPO DE ESCOLA EM QUE O ALUNO CURSOU O ENSINO MÉDIO

TIPO DE ESCOLA CURSADA	CATEGORIA ADMINISTRATIVA			
	FEDERAL	ESTADUAL	MUNICIPAL	PRIVADA
Todo em escola privada	44%	29%	24%	35%
A maior parte do tempo em escola privada	6%	5%	5%	6%
Todo em escola pública	40%	55%	58%	46%
A maior parte do tempo em escola pública	7%	7%	8%	8%
Metade em escola pública e metade em escola privada	3%	3%	5%	5%

FONTE: Inep.

Grosso modo, metade dos alunos das universidades federais veio do ensino privado, assim como um terço das outras públicas. Em termos absolutos, isso significa 250 mil alunos nas federais, 120 mil nas estaduais e 24 mil nas municipais.[12]

Ora, é claro que se o aluno ou sua família foram capazes de pagar pelo ensino no nível médio eles podem também pagar pelo menos o mesmo no ensino universitário. Com uma mensalidade média das escolas privadas de 402 reais, teríamos uma arrecadação de R$ 1,9 bilhão/ano, 1,2 bi de reais dos quais viriam das UFs.[13] Esse é o nosso piso para a arrecadação, o mínimo. Só com a arrecadação desse piso nas UFs seríamos capazes de bancar 1,56 milhão dos 9 milhões de alunos do ensino médio![14]

Estamos aqui falando de médias. Mas esse é um dos casos para o qual vale o adágio de que, na média, o ser humano tem um seio e um testículo. Na média, o aluno das universidades públicas é de classes média (com o perdão da redundância) e média alta, mas, na verdade, essa média é rara: há uma minoria de alta renda e outro grupo de baixa renda.

Os pobres que estão nas universidades públicas entram em cursos de baixo prestígio, consequentemente de baixa relação aluno/vaga. Esses cursos — filosofia, letras, matemática, história etc. — não são "desprestigiados" por serem desimportantes ou de baixa qualidade. Pelo contrário, formam a base do projeto de educação humanista da universidade. Ocorre que eles oferecem baixa remuneração a seus formandos no mercado de trabalho.

Esses cursos são menos procurados porque, como já vimos (e para a desilusão de alguns professores e pedagogos), o principal objetivo dos alunos, especialmente os mais qualificados, é buscar na universidade uma ferramenta para melhorar suas condições no mercado profissional. Nos cursos profissionalizantes, que abrem as portas de uma carreira promissora, a competição é acirrada, com alto número de candidatos/vaga. No vestibular da USP 2003, por exemplo, para o curso de Direito a relação era 26,6; Administração: 28,4; Medicina: 36,6, enquanto nas menos prestigiosas a entrada é bem mais fácil — Filosofia: 5,9; Letras: 8,4; Matemática: 6,2.[15] A entrada nos cursos mais concorridos requer, portanto, melhor preparo, o que significa melhores colégios e cursinhos, que custam caro. Acabam entrando para os cursos concorridos das universidades públicas os mais ricos. E, pior: os que continuarão ganhando mais dinheiro no futuro e, portanto, os que têm ainda menos necessidade de financiamento estatal.

Vejamos o perfil dos alunos dos dois grupos de cursos.

TABELA II.13
PERFIL DO ALUNO DE ACORDO COM DIFICULDADE
DE INGRESSO NO CURSO

TIPO DE CURSO	CATEGORIA ADMINISTRATIVA			
	FEDERAL			ESTADUAL
	RENDA MÉDIA (R$/MÊS)	% VINDO DO ENSINO PRI-VADO	RENDA MÉDIA (R$/MÊS)	% VINDO DO ENSINO PRIVADO
Média dos cursos não concorridos*	1772	37	1407	28
Cursos concorridos				
Administração	3611	60	3167	52
Arquitetura	3839	70	4142	76
Direito	4213	67	3875	62
Engenharia civil	3879	64	3950	68
Medicina	4563	78	4961	80
Psicologia	2984	67	2843	51

* Cursos não concorridos: Biologia, Enfermagem, Farmácia, Física, Letras e Pedagogia.

FONTE: Cálculos do autor sobre questionários do ENC 2002 e Inep 2001a.

A imagem que fica é clara: os alunos dos cursos concorridos e prestigiosos, tanto nas universidades federais quanto estaduais, têm o dobro de renda de seus colegas de cursos impopulares. E praticamente duas vezes mais deles vieram de escolas particulares de segundo grau. Com exceção de psicologia, todas têm renda mais alta do que a média dos alunos de universidades privadas, de 3121 reais. É balela, portanto, dizer que é a classe média que cursa a universidade pública e que não há elitismo. Há um grupo de elite nas carreiras de elite e um grupo de classe média baixa nas carreiras não concorridas. Um tem renda de quase 4 mil reais, o outro não chega a 2 mil reais. Entre eles, a média de 2700 reais — o nosso ser humano monotesticular e unimamário.

A estratégia de cobrança deveria claramente priorizar esse grupo mais avantajado. E esses podem pagar bastante, não só porque têm renda familiar alta, mas também porque se dirigem a carreiras que pagam bem. São cursos, como mencionamos na primeira parte, de alto retorno ao investimento, de forma que esses alunos podem e devem recorrer a planos de financiamento para cobrir eventuais necessidades de pagamento.

O mercado da educação privada é um bom indicador de quanto vale o diploma e de quanto as pessoas estão dispostas a pagar por ele. Para termos uma comparação, selecionei as mensalidades de universidades privadas de qualidade comparável às melhores universidades públicas — aquelas que receberam conceito "A" no Provão de 2002. Buscou-se também a diversidade geográfica para dar mais representatividade à amostra. São elas: PUC-RJ (Engenharia Civil), PUC-RS (Medicina), PUC-MG (Arquitetura), Uniceub (Direito), Faculdade Ruy Barbosa-Bahia (Administração de Empresas) e Universidade Católica de Brasília (Psicologia).[16]

Imaginemos o seguinte esquema para determinar a cobrança a cada classe de renda dos cursos concorridos: os grupos com renda familiar até R$ 600 não pagam nada, de R$ 600 a R$ 2000 pagam um terço do valor da mensalidade da universidade privada, de R$ 2001 a R$ 4000 pagam a metade e de R$ 4000 para cima pagam a mensalidade na íntegra.[17] Para todos os outros cursos, além dos citados no parágrafo anterior, repetimos a estrutura de descontos e estipulamos uma mensalidade média de 600 reais, um valor conservador. Como se vê na tabela II.14 adiante, mesmo essa estrutura conservadora e generosa nos descontos às camadas mais baixas geraria 3 bilhões de reais, 1,8 bilhão de reais dos quais oriundos das federais. Só esses 1,8 bilhão de reais manteriam 2,39 milhões de alunos no ensino médio.

Quando se menciona o tópico de cobrança dos que podem pagar em universidades públicas, os oponentes sacam de dois argumentos. O primeiro é, digamos, filosófico, sobre a impossibilidade e impropriedade de cobrar-se mensalidades em universidades públicas. Tudo que é público, segundo essa óptica, tem de ser gratuito. São ideias facilmente desmontáveis quando notamos que grandes universidades públicas ao redor do mundo, especialmente nos Estados Unidos e até na China, cobram anuidades e isso não as torna menos públicas, assim como a gratuidade das universidades públicas do Brasil não as faz menos privatistas na estreiteza dos interesses que preservam. Também é curioso que nenhum desses defensores aplique a mesma lógica a outras áreas além da educação: nunca vi nenhum deles sugerindo que deveriam abastecer sem pagar nos postos Petrobras ou que possam mandar cartas sem custo nos Correios. Essa é uma discussão improdutiva, porque dotada de

TABELA II.14
PREVISÃO DE ARRECADAÇÃO DAS UNIVERSIDADES PÚBLICAS TENDO COMO REFERÊNCIA A MENSALIDADE DE UNIVERSIDADES PRIVADAS

CURSOS DE ELITE	VALOR DA MENSALIDADE (R$)	TOTAL ARRECADADO POR CATEGORIA ADMINISTRATIVA (R$ MILHÕES)			TOTAL SISTEMA PÚBLICO R$ MM
		FEDERAL	ESTADUAL	MUNICIPAL	
Administração	635	81	57	33	172
Arquitetura	670	37	12	4	53
Direito	717	134	75	52	261
Engenharia civil	1172	130	58	7	195
Medicina	1658	275	94	18	387
Psicologia	954	47	13	5	66
Total cursos de elite		705	310	119	1134
Outros cursos	600	1127	603	134	1864
Total geral		1832	912	253	2998

FONTE: Cálculos do autor sobre questionários do ENC 2002 e Inep 2001a.

óbvios matizes corporativos e ideológicos que fabricam razões que a própria razão desconhece e são, portanto, incontornáveis e inarguíveis.

O segundo, exaurida a peroração filosófica, é financeiro. Seus defensores dizem que o dinheiro gerado seria muito pequeno para consertar o sistema universitário público, os gastos para efetuar a cobrança seriam muito altos e, portanto, não valeria a pena. Desmonta-se esse argumento em trinta segundos. Se fosse verdade que a instituição de um serviço de cobrança fosse cara a ponto de contrabalançar os ganhos gerados por ela, nenhuma universidade pública do mundo teria instituído cobrança. Como não só várias delas já cobram — e o número das que passam a instituir cobrança ao redor do mundo só faz aumentar — ou o argumento não faz nenhum sentido, ou esse pessoal das universidades estrangeiras gosta de torrar dinheiro e perder tempo.

De qualquer modo, essa é uma teoria interessante, que merece nossa atenção, pois a colocação embute uma falsa premissa, reveladora do viés de quem a faz.

Ora, o dinheiro arrecadado nas universidades não tem por que e não deve ser revertido para o próprio sistema universitário quando temos um ensino básico calamitoso. Assim, se o dinheiro não serve para remendar o sistema universitário, ele serve, e muito, para melhorar o ensino de base. Os 3 bilhões de reais gerados com a pequena cobrança sugerida aqui anteriormente seriam suficientes para pagar a educação de 3,9 milhões de jovens no ensino médio. Esse valor é superior ao número de cidadãos brasileiros de quinze, dezesseis ou dezessete anos, estimada pelo IBGE em 3,4 milhões de pessoas em 2002.[18] Quer dizer, poderíamos financiar, todos os anos, apenas com a cobrança bruta das universidades públicas dessa taxa acima, mais do que um ano de estudos para toda a população nascida em um ano. Presumindo-se que essa razão permaneça constante e que o aumento de um ano de escolaridade média da população corresponda a um crescimento econômico de 8%, teríamos que apenas a cobrança de mensalidades dos mais ricos das universidades públicas e sua transferência ao ensino de base seriam capazes de gerar um crescimento econômico de 9,2% ao ano![19] É um valor significativo demais para o país perder para se defender os privilégios de uma minoria.

Há uma percepção infeliz no país de que as universidades devem responder aos interesses de seus alunos, professores e reitores. Não! As universidades públicas não são entidades autônomas: são, como diz seu nome, do povo. O que o leitor acharia se se dissesse que a Receita deve trabalhar de acordo com as vontades de seu fiscal e não para arrecadar os tributos de que o país precisa, que os hospitais públicos devem atender antes a médicos e enfermeiras do que cuidar dos pacientes, que o sistema penitenciário deveria satisfazer presos e agentes carcerários ao invés de garantir a segurança da população, que o desenho das estradas do país seria definido de acordo com as vontades dos funcionários do DNER ou do Ministério dos Transportes ou que o Exército Nacional estaria se retirando do patrulhamento de nossa fronteira norte e transferindo-se para postos de observação na praia de Ipanema porque o calor e a umidade inclementes da Amazônia seriam perniciosos à moral da soldadesca? Acharia um absurdo, e com toda a razão. Aos membros da comunidade universitária pública, porém, parece ser permitido o privilégio de agir como bem entendem. A ideia de que devam, como toda instituição pública, estar sujeitos à vontade soberana da nação através de seu governo democraticamente eleito parece causar-lhes um misto de espanto e ofensa. Assim, o argumento contrário à cobrança por razões de insuficiência para melhorar o orçamento das próprias universidades deve ser imediatamente descartado. Precisamos antes pensar no que é melhor para o Brasil, não para a comunidade universitária.

Numa coisa, porém, esses críticos têm razão. O dinheiro arrecadado com a cobrança de mensalidades não serviria para cobrir o orçamento das universidades. Não porque a arrecadação seria baixa — estão aí as boas universidades privadas para mostrar que é possível o ensino de qualidade com recursos dos estudantes —, mas porque seu orçamento é exorbitante, como já vimos na comparação de seus custos por aluno com os de outros países. Instituir um sistema de cobrança sem mexer na estrutura financeira dessas universidades, sem diminuir o desperdício e as ineficiências, seria realmente insuficiente. Por isso, minha proposta não é apenas a de instituir essa cobrança. Tem mais na próxima seção.

CONCLUSÃO

As quatro medidas apresentadas anteriormente (criação do Fundeb, estabelecimento de critérios baseados em desempenho para a alocação de recursos do fundo, fim do abatimento dos gastos com instrução do imposto de renda e da gratuidade do ensino universitário) buscam transferir recursos de ricos para pobres e do ensino superior para o básico, simultaneamente aumentando a eficiência da utilização desses fundos. Essa seção tentou demonstrar como o pacote de medidas aproximaria o país da meta proposta acima, de dois terços de taxa de escolarização líquida do ensino médio em 2014. Elas atacariam em duas frentes: a criação de um fundo que recompensasse os avanços na qualidade da educação, que deve melhorar o fluxo de alunos no ensino fundamental, fazendo com que mais deles cheguem ao ensino médio; e a criação de métodos alternativos de geração de recursos (melhoria da eficiência educacional e fim de gratuidades e descontos aos ricos), que geraria os fundos necessários para acomodar essa leva nova de alunos e melhorar as condições de ensino.

IMPLEMENTANDO AS MUDANÇAS

1 — Criação do Fundeb

O fundo pode ser criado imediatamente pelo MEC.[20] Em termos de dotação orçamentária, ele deveria ter os mesmos recursos hoje destinados ao Fundef (financiado majoritariamente por receitas do ICMS) acrescido da renda obtida através da cobrança de mensalidades nas UFs e do fim dos abatimentos no IR.[21]

O fundo também deveria alterar a disposição do Fundef atual no que diz respeito à distribuição dos recursos. Sai o critério de distribuição de recursos por insuficiência de investimento por aluno e entra o cálculo baseado na melhoria do desempenho no Saeb, conforme discutido anteriormente.

2 — Instituição de metas de desempenho do Fundeb

Também factível por decreto do governo federal, de execução imediata, a ser iniciado no ano letivo logo depois de sua aprovação. O processo de tabulação e divulgação dos resultados do Saeb e as respectivas melhorias de cada estado, ano a ano, devem ser feitos de forma transparente, como já o são. Vários governos do mundo têm programas de recompensa a escolas e professores excepcionais, e essa iniciativa deveria ser estimulada no país. Os melhores gestores e professores devem ser reconhecidos nacionalmente por seu trabalho; governo e mídia têm papel importante na tarefa.

3 — Fim do abatimento do IR

Essa medida deve ser implementada progressivamente, passando a vigorar paulatinamente para garantir que o aluno atualmente matriculado em uma escola particular possa terminar o ciclo em que se encontra (1ª à 4ª série, 5ª à 8ª e 1ª à 3ª série do ensino médio) sem ter de trocar para uma escola pública por falta de recursos. Os custos de uma troca abrupta de escola são muito altos em termos emocionais e educacionais para a criança e devem ser evitados.

Há duas formas de instituir a progressividade: ou se reduz o desconto em 25% a cada ano, para que se chegue a zero ao fim de quatro anos, ou se desconta com base na idade dos dependentes (quando a criança tiver seis, dez ou catorze anos — no fim do pré-primário, 4ª e 8ª séries, respectivamente).

O primeiro método é mais prático mas tem o potencial de causar injustiças, especialmente para as famílias de baixa renda. O segundo é mais justo e eficaz, mas mais trabalhoso e talvez inexequível. Caberia à Receita Federal a recomendação do método a ser adotado.

A primeira preocupação de um sistema de mensalidades deve ser: nenhum jovem pobre fica de fora da universidade pública por causa de sua falta de dinheiro. E a segunda: é preciso que as próprias universidades públicas baixem seus custos, senão suas mensalidades nunca serão competitivas com as universidades privadas.

Para unir esses dois objetivos, proponho um sistema pouco usual. A universidade pública recebe o direito de cobrar quanto bem entender para cada curso e passa a ter autonomia total para gerir seus gastos. Os alunos aprovados no vestibular (ou outros processos seletivos) que não puderem pagar o valor estipulado entram com um pedido de auxílio ao governo competente (União para as UFs, governo estadual para as UEs etc.), apresentando a declaração de renda sua e de seus pais. O governo competente transfere então aos alunos carentes um vale-educação que — e essa é a parte importante — pode ser redimido tanto na rede pública quanto na particular, desde que na mesma área de ensino para a qual o aluno foi aprovado (e que, obviamente, tenha sido aprovado na instituição na qual deseja se matricular).[22]

A instituição do pagamento e do programa de financiamento por vale seria também paulatina. Para respeitar os direitos daqueles que já estão no ensino superior e dar tempo às universidades para que se adaptem à nova realidade, o processo começaria atingindo apenas os novos ingressantes nas universidades, até abranger a totalidade dos matriculados depois de quatro ou cinco anos.

O fundamental desse vale é a maneira como ele será calculado. Seu teto é o custo por aluno atualmente praticado pelas universidades públicas; seu piso é a mensalidade das universidades privadas. O valor deve estar entre esses dois parâmetros, porém, se simplesmente mantiver o custo atual das públicas, suas ineficiências e desperdícios continuarão; se cobrar o mesmo que a média das privadas, corre o risco de cair ao nível de qualidade de muitas faculdades caça-níqueis. Dois mecanismos de cálculo são possíveis:

• Comparação com um grupo de países de estágio de desenvolvimento similar ao brasileiro, tendo como média o custo dos universitários desse país como fração de seu PIB per capita. Alguns países do WEI, por exemplo, cumprem esses requisitos e têm a conveniência de já terem sido analisados e terem seus dados educacionais publicados por instituições internacionais. Retirando-se países de desenvolvimento muito distinto do brasileiro, uma sugestão da composição desse grupo seria: Argentina, Chile, China, Jordânia, Malásia, Paraguai, Tunísia e México. Para o ano de 1999, por exemplo, sua média de custos para a educação universitária em relação à renda per capita era de 0,97, contra 1,95 do Brasil.[23] Multiplicando-se essa fração (97/195 = 0,5) pelo custo estimado do aluno universitário do Brasil de 11643 reais (valores de 2002), obteríamos um valor de 5791 reais por ano, ou 483 reais por mês.[24] Ou se simplesmente multiplicarmos o 0,97 do PIB per capita dos outros países pelos nossos 7567 reais teríamos uma anuidade de 7320 reais, ou 609 reais por mês.[25]

• Comparação com universidades privadas brasileiras de boa qualidade (de conceito A no Provão). Essa saída tem a vantagem de permitir um valor específico para cada curso e de não depender de comparações internacionais, sempre de metodologia problemática. Suas desvantagens são três: uma, que as faculdades privadas de boa qualidade poderiam inflar artificialmente o valor de suas mensalidades (dando descontos posteriores, por exemplo) ao saber que seriam usadas como ponto de referência. Isso elevaria o valor do vale-educação e transferiria recursos públicos para a malandragem de entidades privadas, lesando o contribuinte. Duas, que o Estado acabe arcando com custos ainda mais altos do que os atuais, especialmente em casos em que a universidade pública é de baixa qualidade e a comparação com as privadas de elite seria, assim, algo despropositada. Como demonstra a tabela II.14, um curso de engenharia civil de 1172 reais ao mês custaria R$ 14 mil ao ano — mais, portanto, que o nosso cálculo de custo médio do ensino público. E três, continuar-se-ia a subsidiar mais aqueles cursos de maior retorno (Medicina, Direito etc.), que poderiam ser financiados por meio de empréstimos.

Nenhum sistema será perfeito. Talvez o melhor a fazer seja usar um índice composto dos dois métodos, algo como um quarto média internacional e três quartos média das universidades privadas, para que a média internacional contrabalanceie eventuais exageros do setor privado mas não se percam a flexibilidade e a facilidade de comparações com universidades brasileiras.

Esse vale, é bom frisar, só seria concedido a famílias carentes, e de acordo com suas necessidades. As universidades públicas cobrariam uma mensalidade igual para todos os alunos de cada curso, sem distinção por status socioeconômico, e aqueles que não pudessem pagar se dirigiriam ao governo com um pedido de auxílio. Deveria ser fixado, pela Receita Federal em conjunto com o MEC, um valor de renda disponível para gastos em educação baseado no perfil de renda da família. (Digamos, por exemplo, que se calcule que uma família com renda mensal de 2 mil reais reais e um filho possa arcar com uma mensalidade de 500 reais.) Comparar-se-ia esse valor à mensalidade cobrada e, se ele fosse inferior à mensalidade, o vale cobriria a diferença. Continuando com o exemplo hipotético da família acima, digamos que o filho tivesse sido aprovado em um curso cuja mensalidade é de 700 reais. Nesse caso, ele receberia um vale de 200 reais, para cobrir a diferença entre o que ele pode pagar e o custo da faculdade.

A determinação dos valores é coisa para os técnicos da Receita e está fora do escopo deste trabalho, mas as regras de isenção já mencionadas parecem um bom parâmetro de referência.

O vale deveria ter as seguintes características:

• Valor nacional único, para que os estados mais pobres, de custos mais baixos, tivessem uma vantagem comparativa. Isso encorajaria a formação de profissionais de alta qualificação em sua região de origem, onde eles são mais necessários, e até o translado de pessoas de estados mais ricos para as universidades mais baratas dos estados mais pobres, ajudando na equiparação das disparidades de renda por região.

• Cobertura de um número fixo de anos de estudo. Sugiro um ano além do que seria normal para a conclusão do curso (isto é, um curso de quatro anos seria financiado por no máximo cinco). Essa medida seria para coibir a lentidão com que alguns alunos progridem pelo ensino público, terminando seus cursos ao longo de seis, oito ou mais anos, ocupando espaço e recursos.

• Em caso de mudança de curso, o vale cobriria tempo de estudo equivalente a 50% mais do que a média de duração de cada curso. Por exemplo, se o aluno estivesse em um curso de duração prevista de quatro anos e resolvesse transferir-se para outro curso com a mesma duração, o vale o financiaria por um total de seis anos. Essa medida serve para evitar o troca-troca de alunos em universidades públicas.

• Redimível somente em universidades particulares de categoria boa ou razoável, excluindo, assim, as universidades que receberam conceitos D ou E no Provão. Essa restrição seria mais um incentivo à melhoria das universidades ruins e um auxílio a mais ao fechamento das irremediavelmente deficientes.[26]

• Seria descontado de seu valor qualquer valor pago em mensalidades no ensino de segundo grau. Assim, digamos que, por seu perfil de renda, um aluno tivesse direito a um vale de 500 reais. Mas se esse aluno cursou o segundo grau em escolas privadas cuja mensalidade média (ajustada pela inflação e tempo de permanência na escola) era de 500 reais ou mais, ele não deverá receber vale nenhum. Se sua família pôde arcar com o ensino no nível médio, poderá gastar pelo menos a mesma quantia no ensino superior. Essa medida tem dois objetivos: primeiro, limitar o estrago causado por sonegadores, gente rica mas com declaração de impostos baixa; segundo, incentivar a migração da elite para escolas públicas, o que tende a melhorar sua qualidade.

O esquema de financiamento por vales se aplicaria a todos os cursos de graduação e aqueles de pós-graduação de perfil profissionalizante (MBA, por exemplo). Os cursos de pós-graduação de pesquisa continuariam gratuitos para todos, independentemente de sua renda, pois as externalidades e os custos envolvidos com a atividade de pesquisa são tais que não se pode esperar do aluno que banque essa atividade.

O governo continuaria financiando o setor de pesquisa, os hospitais universitários e o pagamento de pensão a funcionários e professores aposentados, para garantir a possibilidade de competitividade das universidades públicas com as privadas e não instituir uma mentalidade economicista às atividades de pesquisa, cujo impacto no futuro do país é fundamental e que só é sentido a longo prazo.

Os fundos para pesquisa, porém, deveriam ser calculados e destinados em relação a projetos específicos, e não em relação ao número de pesquisadores de uma instituição. E, como em quase todo o mundo, esses fundos também devem estar disponíveis para pesquisadores da rede privada. Essas qualificações têm o objetivo de expandir a rede de pesquisa e acabar com o financiamento de gente da rede pública que deveria estar fazendo pesquisa mas está encostada em algum gabinete.

As universidades precisariam, assim, separar o financiamento de suas áreas de pesquisa e profissionalizante. Isso implicaria o fim de um ditame constitucional, o art. 207, que engessa a universidade pública brasileira: aquele que garante a indissociabilidade de ensino e pesquisa. Apesar dos desejos de nossa Constituição, ensino e pesquisa são dissociáveis. A grande maioria dos professores universitários brasileiros (e mundiais, aliás) não faz pesquisa, o que não os impede de serem ótimos professores. E aposto que grande parte dos pesquisadores brasileiros (e mundiais também) gostaria de não precisar dar aulas, corrigir provas etc. Cabe ao professor e à universidade a determinação de que funções ele ocupará, e não ao Congresso Nacional.

Como será o ensino pós-reforma

O papel aceita tudo. Planos são sempre ótimos, mas nem sempre funcionam. Vamos tentar imaginar os resultados desse pacote de propostas na prática.

Num cenário ideal, o ensino fundamental melhoraria marcadamente como consequência da pressão por resultados instituída pelo novo Fundeb; escolas com infraestrutura deficiente e sem acesso a materiais teriam suas necessidades financiadas pelos recursos adicionais gerados. A melhoria da qualidade do ensino fundamental aumentaria a quantidade de crianças chegando próximas da idade correta ao ensino médio.

O fim do abatimento sobre o imposto de renda não deve surtir efeito importante sobre o ensino fundamental, pois mais de 90% das crianças desse nível já estão na rede pública.

No ensino médio a situação pode ser diferente. O fim do subsídio pode ter dois efeitos: as escolas particulares cortam seus preços e mantém-se a mesma distribuição público/privado de hoje (88%/12%), ou elas mantêm o mesmo preço e há uma transferência importante de alunos da rede particular rumo à escola pública melhorada.[27] Provavelmente se dará uma mistura dos dois, mas em que grau é difícil de antecipar. Obviamente preferiríamos o segundo resultado, mas há de se notar que mesmo o primeiro seria uma melhora em relação ao estado atual, já que geraria recursos vultosos.

Os resultados mais significativos, porém, certamente se fariam sentir no ensino superior. E aqui as previsões são um pouco mais difíceis.

A primeira consequência da instituição de mensalidades no ensino público deverá ser de diminuir a demanda por ele. Segundo pesquisa de alguns anos atrás, 83% dos alunos das universidades federais indicaram a gratuidade do ensino como razão pela qual estavam cursando a UF; a qualidade do ensino veio em um distante segundo lugar nas razões elencadas, sendo citada por 59% (Andifes, 1998). Finda a gratuidade, portanto, é de esperar que parte significativa desses alunos procure instituições privadas, especialmente se as públicas cobrarem mensalidades próximas de seu atual custo por aluno. Tenderiam a sair especialmente os mais ricos, já que seu subsídio (vale) seria zero.

Por outro lado, deverá ficar mais acirrada a competição entre alunos de menor renda. A saída do páreo de alunos mais ricos e bem preparados deverá baixar a relação candidato/vaga, e o fim do abatimento do IR fará com que os alunos de baixa renda procurem mais a universidade pública, de onde poderão receber um subsídio parcial (o vale). Ao mesmo tempo, um movimento oposto deverá acontecer nas instituições privadas: elas devem passar a receber quantidades crescentes de alunos ricos, que hoje frequentam as universidades públicas. Elas poderão cobrar mais desses alunos para, dessa forma, aumentar a proporção de alunos atendidos por bolsas de estudo, para não perderem os alunos de classe média baixa. Atualmente, só 15% dos alunos das universidades privadas recebem bolsas ou descontos da instituição (Inep). Essa porcentagem é significativamente mais alta nos países desenvolvidos, e deve crescer aqui também. Se os empresários da educação particular não aumentarem esses números e houver um contingente expressivo de pessoas de baixa renda impossibilitadas de cursar o ensino universitário, o governo pode aplicar duas medidas corretivas: estender a distribuição de vales a alunos carentes das universidades privadas e/ou restabelecer o abatimento sobre o IR para gastos com universidades privadas. Não espero que haja esse impedimento, porém.

O escoamento mais provável do problema será, na verdade, outro: a expansão dos chamados cursos sequenciais, ainda muito mirrados no Brasil. São programas universitários de curta duração, usualmente de dois anos, com foco estritamente profissionalizante.[28] Nos Estados Unidos, correspondem a mais da metade da matrícula no ensino superior (United States of America, 2002).

Resumindo: as universidades públicas devem ficar menos elitistas e concorridas, e no setor privado haverá três realidades — as universidades de ponta devem melhorar, recebendo o reforço de alunos de elite que hoje cursam as públicas; as medianas devem permanecer estáveis, aceitando quem não consegue passar nas públicas, e as universidades ruins devem sentir uma pressão para melhorar a fim de que sejam candidatas aos vales governamentais. As piores terminarão extintas.

Todas essas variáveis dependerão, crucialmente, do comportamento das universidades públicas. No melhor dos casos, as públicas aceitam a nova realidade e passam a se preocupar com sua eficiência. Essa preocupação teria duas faces: aumentar receitas e cortar gastos. Há uma série de opções para o aumento de receita — cobrança de estacionamento, preços realistas nas cantinas, parcerias com a iniciativa privada, aluguel de instalações ociosas etc. Antes de cortar custos, a medida indispensável e óbvia é a redução dos excessos da folha de pagamentos, com a dispensa de funcionários e professores ociosos e/ou afastados. Essa solução também seria um problema: hoje, muitos dos funcionários das UFs são servidores federais com estabilidade no emprego, protegidos pelo RJU (Regime Jurídico Único), que afasta a possibilidade de demissões.

Como solucionar o impasse? Transferindo esses professores e funcionários para a rede do ensino médio, que estará crescendo e se desenvolvendo. Hoje, é verdade, o ensino médio é de responsabilidade primária dos estados, de forma que não seria possível transferir a eles funcionários da União. Mas, ora, nada impede que um arranjo temporário entre União e estados seja firmado para que, por exemplo, os estados fiquem responsáveis pela construção e administração das escolas e o governo federal ceda o corpo docente e funcionários e os remunere de acordo com o RJU, sem ferir a lei. Vários países têm arranjos assim, em que a autoridade local administra as instalações de ensino e o governo federal cuida dos professores. Entre eles, França e Holanda (Barro,

1999). Quando esses professores e funcionários se aposentassem, a responsabilidade voltaria aos estados.

O problema maior, porém, seria se as universidades tivessem uma posição menos receptiva. O que, aliás, é de esperar. Pode haver greves (o que não seria novidade), paralisações, protestos. E quando o governo começasse a transferir a responsabilidade pelo financiamento da graduação às universidades, elas poderiam então transferir para as mensalidades sua estrutura de custos atual, sem mexer uma palha para alcançar uma estrutura de gastos competitiva.

A não ser nas poucas universidades em que o diferencial de qualidade é realmente fabuloso, essa estrutura de custos geraria uma debandada de alunos rumo às universidades privadas. Com menos recursos e menos alunos e um quadro funcional inchado, a situação só pioraria, e os departamentos de graduação das universidades públicas se esvaziariam. Seria um suicídio. Por isso mesmo, não creio que aconteceria. A relutância das UFs seria como foi aquela ao Provão: no início, algazarra; com o tempo, aceitação. O componente decisivo aí seria o mesmo do caso do Provão: determinação política do governo. O governo tem de endurecer (*pero sin perder la ternura*) e mostrar uma decisão firme de prosseguir no caminho, apesar das resistências. Desde que o trabalho de comunicação seja bem-feito e que se explicite o comprometimento político férreo com a ênfase na educação, tenho certeza de que a população apoiaria a medida, como apoiou a reforma da Previdência apesar da grita dos funcionários públicos.

Há de chegar o momento em que os líderes do país perceberão que mais importante e urgente do que qualquer remendo no presente é construir o futuro, investir em nossas crianças e no desenvolvimento de suas mentes. Há de chegar o dia em que o voluntarismo dará lugar ao esforço planejado, que o corporativismo será derrubado pelo patriotismo e que a dívida de nosso país para com aqueles que tanto lhe deram e tão pouco receberam será saldada. Há de chegar a coragem de mudar, de perseguir a incerteza do novo ante a degenerescência do velho, do roto. Há que se ter fé na chegada desse dia, mas, fundamentalmente, há que se lutar incessante e implacavelmente para que esse dia chegue, porque ele não virá por inércia ou bênção. É uma boa luta, e o Brasil a merece.

Apêndice
Decifrando a relação entre expansão educacional e crescimento econômico

A hipótese de que o aumento da educação não teria relação com o crescimento econômico gerou um longo debate entre pesquisadores da área. Foram levantadas diversas hipóteses para tentar justificar essa desconexão, desde a má qualidade do ensino à prevalência de advogados em uma sociedade. Vamos a elas.

MÁ QUALIDADE DO ENSINO

Uma das razões apontadas por Pritchett (2001) é a de que, especialmente nos países que sofreram uma explosão de ensino recentemente, a qualidade da educação é muito baixa. Tão baixa que o aluno não aprenderia nenhuma competência útil, fazendo com que a educação tivesse impacto nulo sobre o crescimento econômico.

A ideia tem dois problemas. O primeiro é a dificuldade de definir e medir a qualidade do ensino. Variáveis comumente associadas com a qualidade de ensino — como salário de professores, relação de aluno por professor, educação e experiência dos professores ou investimento em educação — têm-se mostrado irrelevantes, como vimos na seção que falava sobre a qualidade da educação, na primeira parte. Além de dezenas de estudos microeconômicos, de regiões ou países em particular, também estudos macroeconômicos não conseguem identificar uma variável que represente a qualidade do ensino e tenha o resultado esperado. Usando a relação aluno/professor em sua regressão, por exemplo, Barro (1991) encontrou um efeito insignificante sobre o crescimento econômico.[1]

O segundo e principal problema com a ideia de que a qualidade do ensino seria a razão do problema é sua contraposição aos achados microeconômicos. A discussão sobre qualidade do ensino leva à conversa sobre as hipóteses de sinalização e credencialismo (veja a seção "Pedra no caminho: o viés da qualidade, credencialismo e educação como sinalização"). Afinal, se a qualidade do ensino fosse zero e nada fosse aprendido, aqueles com instrução não deveriam receber salários maiores do que os dos analfabetos. Estudos microeconômicos, porém, refutam categoricamente essa possibilidade, de forma que é difícil equacionar a hipótese da má qualidade como causa da vagareza econômica em economias com um mercado de trabalho minimamente competitivo.

Essas ressalvas querem dizer que a qualidade do ensino não tem importância sobre o crescimento econômico? Não, obviamente. Ninguém imagina que um ano de educação na Suíça instile os mesmos conhecimentos que atividade similar em Malawi. Mas basta mencionar as evidências microeconômicas para colocar em xeque a ideia de que a qualidade da educação tem papel definitivo.

Rent-seeking

Discutimos extensamente a questão das externalidades da educação, mostrando que sua presença seria crítica para se encaixar os efeitos micro e macroeconômicos da educação. Talvez tenhamos sido demasiadamente otimistas. Presumimos que as externalidades da educação são todas positivas, sem discutir a possibilidade de que haja externalidades negativas. Mas como seria possível que uma população educada fosse danosa à sociedade? Que a educação de uma pessoa resultasse em ganhos privados, mas em perdas coletivas?

Não só é possível, como, no Brasil, é provável. Toda pessoa instruída enfrenta uma decisão crucial ao menos em algum momento da vida: pode usar sua competência e fosfato para construir ou sugar os tesouros de outrem. Quando opta pelo primeiro, impulsiona seu país para a frente; quando escolhe o segundo, sangra-o. Em ambos os casos a pessoa pode tornar-se rica. Sua opção entre um e outro método de enriquecimento dependerá da relação custo-benefício de cada um. Que, por sua vez, é determinada pelo arranjo institucional de uma economia: uma sociedade em que um médico atinge en-riquecimento e notoriedade enquanto frauda o Fisco e o sistema de Previdên-cia estimula a formação de novos bandidos de avental; aquela em que os pica-retas vão para a cadeia e os estudiosos e competentes são recompensados gera melhor medicina e mais saúde.

O impacto das instituições, historicamente ignoradas em modelos econô-micos em que a "mão invisível" do mercado se encarregaria de azeitar todas as engrenagens sociais, vem sendo crescentemente reconhecido, especialmente através dos esforços de Douglass North (1990), agraciado com o Nobel de Economia em 1993.

Outra eminência econômica, William Baumol também já tratou do mesmo tema. Baumol (1990) mostra que na Roma Antiga, por exemplo, as fontes de enriquecimento eram a posse de terras e escravos, a usura e o favorecimento político; indústria e comércio eram atividades desprezadas pelos patrícios e re-legadas a ex-escravos. A ciência do período era "pura", totalmente dissociada das necessidades de produção. Também a China antiga é um exemplo de adminis-tração institucional contraproducente: a fonte de fortuna e prestígio estava no desempenho nos exames para a carreira burocrática. O monarca se arrogava o direito de propriedade sobre toda a terra do país, diminuindo o apetite de em-preendedores pelo investimento; seus burocratas apropriavam-se das muitas invenções produzidas naquele país — como a pólvora, o papel-moeda e a im-pressão —, desestimulando o desenvolvimento tecnológico. Também na Europa ocidental da Idade Média a busca por facilidades já mostrava sua cara: Baumol relata o caso de um dono de moinho movido a água que buscou — e obteve — proteção da justiça contra a utilização de moinhos movidos por pessoas ou ani-mais na sua vizinhança. E isso em pleno século XII! Não há progresso possível para civilizações em que o ganho privado gera perdas coletivas.

Essa discussão nos interessa porque, especialmente em sociedades moder-nas, o lesante tende a ser um possuidor de diploma universitário, com intelec-to e sabedoria para conhecer as brechas do sistema e aproveitar-se delas. Esse comportamento, que economistas chamam de *rent-seeking* (a busca por ren-das indevidas), pode ser, assim, a externalidade negativa que justifica o des-compasso entre a evidência micro e macroeconômica no que diz respeito ao impacto da educação sobre o crescimento econômico. Caso a educação gere externalidades negativas, poderíamos então explicar por que a soma das partes é menor que o todo; porque a educação enriquece indivíduos ao mesmo tempo que prejudica suas coletividades.

A dificuldade que se apresenta é de como medir esse impacto e verificar sua existência. Pritchett (2001) aponta o inchaço do setor público como evidência da proliferação de *rent-seeking*: muitos dos países com baixo crescimento econômico tiveram uma expansão do emprego no setor público e contração ou estagnação das vagas de trabalho na economia privada, como mostra a tabela A.I adiante.

Essa conceitualização é, contudo, problemática. Um Estado poderoso é uma característica tanto de países à beira de mendicância quanto daqueles que se desenvolveram, especialmente dos que se desenvolvem rapidamente, como os Tigres Asiáticos. O problema não é de quantidade de burocratas, mas sim de qualidade: o que importa é o que eles fazem quando estão no poder.

Alguns estudos tratam de desvendar o impacto de diferentes áreas da educação sobre o *rent-seeking* e, consequentemente, o crescimento econômico. Eles dão algumas pistas, mas não resolvem a charada. Murphy, Shleifer e Vishny (1991), por exemplo, estudam a relação entre a prevalência de advogados e engenheiros e o crescimento econômico. Eles descobrem que a presença de engenheiros tem um impacto positivo e estatisticamente significativo sobre o crescimento econômico, enquanto a de advogados tem efeito negativo — porém estatisticamente insignificante. Faz sentido: se você precisa de um engenheiro para gerar avanços tecnológicos e de um advogado para conseguir uma mamata, o primeiro leva ao desenvolvimento, enquanto o segundo leva ao *rent-seeking*. O exemplo mais claro de uma atividade potencialmente danosa à sociedade mas altamente lucrativa a seus praticantes talvez seja o advogado de família: um processo de divórcio só acarreta perdas. Perdem-se tempo e recursos prolongando a batalha do divórcio e, no fim das contas, ninguém ganha: há uma transferência de dinheiro de um cônjuge para o outro e de ambos os cônjuges para seus advogados. A sociedade como um todo ficaria melhor se o casal resolvesse o problema sozinho e devotasse suas energias — e aquelas do sistema penal — a propostas mais edificantes.

Pissarides (2000), em uma análise de quatro países, ilustra os malefícios possíveis da educação relatando o caso do Egito. Lá, sob o pretexto de melhorar o nível educacional da população, o governo garantiu emprego a qualquer pessoa com diploma universitário. Se ela não encontrasse emprego na iniciativa priva-

PARTICIPAÇÃO DO SETOR PÚBLICO NO CRESCIMENTO DA OFERTA DE EMPREGO EM ALGUNS PAÍSES EM DESENVOLVIMENTO

PAÍS	PERÍODO	CRESCIMENTO MÉDIO DO TRABALHO ASSALARIADO (% POR ANO)			SETOR PÚBLICO (% DO CRESCIMENTO TOTAL)
		PÚBLICO	PRIVADO	TOTAL	
Gana	1960-78	3,4	-5,9	-0,6	
Zâmbia	1966-80	7,2	-6,2	0,9	418
Tanzânia	1962-72	6,1	-3,8	1,6	190
Peru	1970-84	6,1	-0,6	1,1	140
Egito	1966-76	2,5	-0,5	2,2	103
Brasil	1973-83	1,4	0,0	0,3	100
Sri Lanka	1971-83	8,0	0,9	3,9	87
Índia	1960-80	4,2	2,1	3,2	71
Quênia	1963-81	6,4	2,0	3,7	67
Panamá	1963-82	7,5	1,8	2,7	45
Costa Rica	1973-83	7,6	2,8	3,5	34
Tailândia	1963-83	6,3	5,5	5,7	33
Venezuela	1967-82	5,1	3,4	3,7	27

FONTE: Lant Pritchett. "Where Has All the Education Gone?". *World Bank Economic Review*, v. 15, n. 3, p.383, 2001, tabela 3.

da, o governo a empregaria. O resultado foi um inchaço do setor universitário e do emprego público, com consequências negativas não só para o país mas, em última análise, para os próprios diplomados, já que seu excesso diminuiu seus salários e o prestígio de um emprego governamental, até que essa política desastrada foi finalmente cancelada. Enquanto durou, foi o caso típico das distorções geradas pelo *rent-seeking*: em vez de gerar desenvolvimento, a educação no Egito preparou seus melhores alunos para ser burocratas.

Talvez o melhor exemplo, a despeito de sua invalidade estatística, seja a história de um único indivíduo. Murphy et al. (1991) contam que na França do século XVIII as mentes mais brilhantes dedicavam-se com afinco ao *rent--seeking*. Um deles era um senhor formado em direito que obtinha seu sustento coletando impostos sobre a venda de tabaco para o rei. Sua notoriedade, porém, adviria de seu trabalho como fundador da química moderna, autor do enunciado segundo o qual na natureza nada se cria, nada se perde, tudo se transforma — ele mesmo, Antoine Lavoisier. Apesar de seus pendores revolucionários e sua eminência científica, sua associação com o rei não lhe caiu bem na época do Terror de Robespierre e companhia. Lavoisier acabou guilhotinado em 1794, sob a acusação de extorquir a população em suas funções de servidor público por aumentar seus lucros ilegalmente, introduzindo quantidades excessivas de água no tabaco vendido. Um observador em seu julgamento teria dito que *"La Republique n'a pas besoin de savants"* ("A República não precisa de sábios"). Depende da organização institucional determinar se um Lavoisier gastará seu tempo revolucionando a ciência ou coletando impostos.

EDUCAÇÃO: INVESTIMENTO OU CONSUMO?

Um tema relacionado a *rent-seeking* e que pode ajudar a explicar os impactos daninhos da educação sobre o crescimento econômico é seu propósito. Temos falado aqui de educação como um investimento. Todavia, a educação não é apenas um investimento — e, em alguns níveis, provavelmente não seja nem primariamente um investimento — mas também um bem de consumo. Isto é, pagamos pela educação não só para obter maiores chances de progresso na vida mas também pelo simples prazer de aprender coisas novas, expandir horizontes e estar em contato com pessoas intelectualmente estimulantes. Portanto, não podemos nos surpreender com o fato de que a educação não propicie um bom retorno nos casos em que ela não é feita para dar retornos, mas sim prazer, desfrute. Ainda que seja difícil distinguir entre a educação como bem de consumo e aquela que se trata de investimento, parece-me ponto pacífico notar que a função de investimento diminui com o nível da educação — um doutorando tem maiores chances de ser motivado pelo desejo de satisfazer curiosidades intelectuais do que um aluno do 2° ano primário. E, dentre os níveis mais altos, algumas áreas — as artes e ciências humanas, por exemplo — têm menor valor de investimento do que as ciências exatas ou sociais.

Não conheço nenhum tratamento empírico que estabeleça um método objetivo de diferenciar o gasto educacional entre sua faceta de consumo e aquela de investimento.

Outras formas, porém, mostram indiretamente que *onde* o gasto é feito é tão importante como *quanto* é despendido. Dutta et al. (1999), por exemplo, demonstram que o retorno social de estudos universitários no campo que engloba medicina, administração de empresas, agronomia, ciências físicas e sociais e design é de 11,4%; aquele composto por engenharia, arquitetura, educação e comunicação é de 7,5%, e o grupo formado pelas disciplinas das ciências biológicas e humanas tem retorno de −3,5%.[2] Analisando taxas de retorno privadas, Steel e Sausman (1997) chegam a números similares: 11%--11,5% de retorno às Ciências Sociais, 5%-6,5% à Engenharia, 4,5%-5,5% de retorno às Ciências e retorno desprezível às artes.[3]

Passando à macroeconomia, Ruth Judson desenvolve um modelo em que julga a eficiência do investimento em educação, baseado no *targeting* dos diferentes níveis de educação e suas taxas de retorno. Aplicando esse modelo a 69 países, Judson (1998) confirma o achado de que a educação é importante para o crescimento,[4] mas mostra que os países que alocam seus recursos de maneira eficiente crescem em ritmos diferentes: a despesa educacional alocada eficientemente gera o dobro do crescimento econômico daquela administrada de maneira ineficiente.[5]

CAUSALIDADE REVERSA: DO CRESCIMENTO ECONÔMICO PARA A EDUCAÇÃO

Outra hipótese para a aparente irrelevância da mudança das taxas de escolaridade sobre o crescimento econômico é de que revertemos o elo causal: não seria a educação que gera o crescimento econômico, mas sim o crescimento econômico que gera a demanda por educação. Vários autores já se debruçaram sobre o tema, a maioria tentando explicar coeficientes baixos demais ou altos demais da variável educacional sobre o crescimento econômico – por exemplo, Rudd (2000), Wolff (2000), Bils e Klenow (1998) e, explicando coeficientes demasiadamente altos, Krueger e Lindahl (2001). Outros tantos já trataram de refutar a hipótese, entre eles Easterlin (1981) e O'Neill (1995).

Mark Bils e Peter Klenow (1998) foram os mais convictos defensores da ideia de causalidade reversa. Acompanhemos seu raciocínio por um instante. Ao calcular uma regressão comum estimando a relação entre educação e crescimento econômico, os autores chegam à conclusão de que um ano adicional de escolaridade é associado a um aumento de crescimento econômico de 0,6%. Usando um modelo desenvolvido pelos autores, com premissas que lhes parecem mais razoáveis (notadamente retorno decrescente à educação), o valor obtido é de 0,24%.[6] O tamanho do buraco (de 0,6% a 0,24%) sugere que talvez a associação entre as duas variáveis seria mais bem explicada pela hipótese de que o *crescimento econômico causa educação*, e não vice-versa. Os autores ainda adicionam a ideia de que a expansão do ensino no mundo precedeu um período de baixo crescimento econômico e que a desaceleração do crescimento seria mais pronunciada em países com maior educação. Alguns números apoiam suas ideias: a taxa de escolarização em 1975 é mais correlacionada com o crescimento econômico do período anterior (1960-75; correlação: 0,51) do que com o posterior (1975-1990; correlação: 0,33).[7]

Não vamos, aqui, compartilhar do cinismo de Disraeli e dizer que há três tipos de mentiras — mentiras, mentiras deslavadas e estatísticas. Mas há que se compreender que números são apenas números, e a observação empírica não faz sentido sem uma fundamentação teórica. Um psicólogo que analisa estudos mostrando uma correlação entre pais violentos e filhos criminosos pode inferir tanto que pais agressivos geram filhos revoltados quanto que filhos perturbados causam o descontrole de seus pais. Os números por si sós não dirão qual hipótese faz mais sentido: é preciso uma teoria da família e do desenvolvimento infantil para isso.

Assim, quando nos deparamos com a hipótese de que o crescimento econômico causa o aumento da educação, temos de nos perguntar: de que forma? Como?

Segundo Bils e Klenow, a conexão se daria assim: a educação é um bem normal, ou seja, quanto maior a renda de seu consumidor, mais desse bem ele vai "comprar". A educação proporciona satisfação, e sociedades mais ricas podem indulgenciar suas veleidades mais do que as pobres. A razão pela qual a educação tem uma correlação positiva e estatisticamente significativa com o crescimento econômico futuro seria, portanto, que as pessoas decidem seus dispêndios em educação com base em suas expectativas de crescimento econômico futuro. Assim como quem sabe que vai ganhar uma herança amanhã aumenta seu consumo hoje, quem espera crescimento de renda não se importa em gastar mais em educação antes de o crescimento materializar-se. Faz sentido? Um pouco. Senão, vejamos: leitor, qual você acha que será a taxa de crescimento da economia brasileira (ou da sua região) pelos próximos dez anos? Se respondeu "não tenho a menor ideia", você deve ser como a maioria dos mortais.

A tentativa de fazer previsões de longo prazo sobre o crescimento econômico vem desafiando as mentes econômicas mais brilhantes desde pelo menos o tempo de Malthus. Depois de uma análise exaustiva sobre os fatores conducentes ao crescimento econômico, por exemplo, Robert Barro (1996) criou projeções de crescimento para 86 países durante o período 1996-2000. Entre os "top 20" do futuro crescimento mundial estavam Coreia do Sul (1º lugar), Filipinas (2º), Peru (6º), Malásia (8º), Argentina (9º) (!), Cingapura (10º), Tailândia (11º) e Hong Kong (15º).[8] Apenas um ano mais tarde, metade desses países (os Tigres Asiáticos) entraria em colapso. Sem falar na Argentina... Assim, se nem uma das maiores autoridades mundiais em crescimento econômico conseguiu prever o futuro de algumas nações por um período de quatro anos, é difícil de imaginar que alguém possa antecipar com algum grau de confiança o crescimento econômico de seu país dez ou quinze anos dali para a frente, que é o tempo que leva o processo educacional. A probabilidade dessa estimativa ter alguma validade diminui quando levamos em conta que os agentes tomando a decisão de investir ou não na própria educação são adolescentes, e não prêmios Nobel de Economia.

Fica difícil, assim, explicar a correlação entre educação e crescimento econômico futuro recorrendo aos dotes quase mediúnicos do educando. Mas quando Bils e Klenow apontam para o impacto do crescimento econômico sobre a educação, tocam em um ponto importante. Já em 1965, Harbison e Myers eloquentemente definiam a educação como "tanto a semente quanto o fruto do desenvolvimento econômico". É difícil descartar completamente o componente de consumo da educação, e talvez seja impossível separar quanto há de consumo e quanto de investimento na decisão de embarcar no processo educacional.

Aceitar a presença de um componente de consumo na educação, contudo, não justifica a ilação de que a causalidade é reversa: se a educação fosse apenas um bem de consumo a ser comprado pelos mais ricos, voltaríamos novamente à hipótese da educação desprovida da habilidade de transmitir competências — uma ideia já exaustivamente refutada. A ideia de que o crescimento econômico causaria a expansão educacional é, portanto, desprovida de algo que explique a escolha de cada indivíduo. Na ausência dessa fundação, a hipótese é tão plausível quanto a ideia de que filhos problemáticos causam o enlouquecimento de seus pais, e não vice-versa.

A FALTA DE DEMANDA PELA EDUCAÇÃO

Outra possível razão para o efeito desprezível da educação sobre o crescimento econômico é o desequilíbrio entre oferta e demanda por mão de obra qualificada. A hipótese, mencionada por Pritchett (2001), é de que em economias muito atrasadas o aumento da oferta de educação teria sido maior do que o aumento de vagas para mão de obra qualificada. O aparente descompasso entre os resultados micro e macroeconômicos seria, então, apenas uma questão de retornos médios contra retornos marginais. Quer dizer, a equação minceriana e outros cálculos de retorno educacional medem o retorno médio daquela pessoa que está ou esteve no processo educacional. Ela não nos diz qual seria o retorno à educação caso adicionássemos milhares ou milhões de crianças a esse processo, de supetão. Quando não há um aumento de demanda concomitantemente ao crescimento de oferta, o retorno privado também cai substancialmente. Dessa forma, não haveria mais a discrepância entre a literatura micro e macroeconômica: o impacto da educação sobre a renda seria pífio em ambos os casos.

Esse parece ter sido o caso de uma série de países da África subsaariana, como mostra a tabela A.2 adiante.

Mas será que essa explicação basta? Não me parece. Em primeiro lugar, é preciso notar que os países da África subsaariana não são exatamente representativos do processo de desenvolvimento como um todo; pelo contrário, são seu pior capítulo. Há técnicas estatísticas para controlar essas influências, isolando-se os países africanos através de uma variável *dummy*. Inúmeros pesquisadores costumam fazer exatamente isso — e, no caso da economia da educação, a inclusão de *dummies* representando a África não costuma afetar a relevância da relação entre educação e crescimento —, por exemplo, Barro (1996) e Benhabib e Spiegel (1994).[9]

Em segundo lugar, a relação entre oferta e demanda de educação não parece ser estanque: alguns modelos sugerem que a mera expansão educacional gera investimentos em inovação tecnológica, que por sua vez gera demanda por educação, em um ciclo virtuoso. A existência de fenômenos agudos de excesso de oferta — casos como os de Serra Leoa, Uganda e Gana, onde a oferta de mão de obra qualificada aumentou mais de dez vezes comparada ao número de empregos; ou de Zâmbia e Costa do Marfim, em que a educação expandiu enquanto o mercado de trabalho se retraía — indica que alguns dos mecanismos de ajuste, que levariam a situação de volta ao equilíbrio, parecem sofrer algum tipo de impedimento.

Dois desses mecanismos — a emigração e a importação de capital, na forma de investimento externo — vêm à mente. Há de se notar que a emigração desses países é dificultada pela recusa dos países desenvolvidos em aceitá-los, e o investimento não vem por uma série de outras razões (corrupção, instabilidade política, guerras civis, falta de infraestrutura) que nada têm a ver com a educação. Nem o mais otimista dos educadores imagina que a educação, por si só, possa levar um país da miséria à opulência. Olhar apenas para a educação e o crescimento econômico, ignorando todas as outras variáveis que impactam o processo, é um exercício pueril.

Em terceiro lugar, note-se que o tamanho do mercado formal de trabalho desses países, como especificado pela coluna da direita na tabela A.2 adiante, é pequeno: a maioria da sua economia está nos setores informal e agrícola. Dada a capacidade da educação de influenciar a produtividade mesmo de autônomos e agricultores, como já discutimos, a tabela não nos diz muito em termos de retorno à educação.

Finalmente, há a questão do timing: quanto tempo a educação leva para surtir efeito sobre o crescimento econômico? Apenas o processo de escolaridade não universitária leva onze ou doze anos; mais alguns anos de aprendizado no mercado de trabalho serão necessários para que o jovem atinja produtividade máxima. Assim, é importante saber quando aumentou a escolaridade e quando se deu a contração do mercado. Não faz muito sentido analisar o impacto da educação sobre o crescimento econômico do ano seguinte ou mesmo do próximo; um intervalo de no mínimo dez anos parece mais recomendável.

CRESCIMENTO DE MATRÍCULAS E TRABALHO ASSALARIADO EM PAÍSES DA ÁFRICA SUBSAARIANA

PAÍS	MUDANÇA DO NÚMERO DE MATRÍCULAS (000)	MUDANÇA DE POSTOS DE EMPREGO ASSALARIADO (000)	RELAÇÃO EXPANSÃO DE MATRÍCULA/ POSTOS DE EMPREGO	TRABALHO ASSALARIADO /FORÇA DE TRABALHO TOTAL*
Zâmbia	446	-4,3	–	13,1
Costa do Marfim	323	-7,7	–	9,0
Serra Leoa	257	8,9	28,9	4,9
Uganda	225	13,2	17,0	4,7
Gana	1312	80,0	16,4	3,8
Burquina Faso	351	35,4	9,9	3,8
Lesoto	142	14,9	9,5	5,4
Senegal	180	45,4	4,0	5,5
Quênia	1709	436,0	3,9	14,1
Malawi	546	143,0	3,8	13,7
Botsuana	157	122,0	1,3	50,4
Zimbábue	135	111,1	1,2	36,6

* Inclui trabalho informal e setor agrícola.

FONTE: Lant Pritchett. "Where Has All the Education Gone?". *World Bank Economic Review*, v. 15, n. 3, p.385, 2001, tabela 4.

Os dados citados por Pritchett, reproduzidos acima, vêm de um estudo de Bennell (1996) que especifica que as mudanças na educação e no mercado de emprego mencionadas na tabela ocorreram entre o período do último estudo publicado sobre cada país e o ano de 1990 — uma medida um tanto aleatória, capaz de gerar uma "salada" de períodos diferentes, cujos dados nos dirão muito pouco sobre a relação da escolaridade com o crescimento.

CAPITAL HUMANO E CAPITAL FÍSICO: UMA FRONTEIRA POROSA

As cinco alternativas consideradas até aqui tomaram os resultados dos estudos de Pritchett (2001) e Benhabib e Spiegel (1994), entre outros, por seu valor de face, acreditando que realmente a expansão da educação tenha efeito desprezível ou até negativo sobre o crescimento econômico. Talvez o problema esteja não na relação entre educação e PIB, mas nos modelos de quem a estuda. Este e o próximo item abordam essa possibilidade.

A primeira questão a ser tratada é a relação entre o capital físico e a educação. Todos os modelos que buscam identificar as variáveis relevantes ao crescimento do PIB incluem entre elas o capital físico. Até aí, nenhum problema — em todos esses estudos, a relação do capital com o crescimento econômico é positiva e estatisticamente significativa, e não faria sentido imaginar que o estoque de capital de uma economia é irrelevante para determinar seu crescimento. Desde o começo da década de 1990, porém, esses mesmos modelos começam a incluir também um componente representando o capital humano — costumeiramente um índice de escolarização do país. Ao introduzir as duas variáveis separadamente e estimar seus impactos, estamos implicitamente considerando que esses impactos se dão de forma autônoma, dissociável. Aí é que começa o problema: a fundação da teoria endógena de crescimento é justamente de que o capital humano aumenta a produtividade do capital físico. Como especularia Lucas (1990) — e muitos antes e depois dele —, a razão pela qual o capital não flui para as regiões do mundo onde ele é mais escasso. e, portanto, teoricamente mais rentável, é justamente a complementaridade dos capitais físico e humano: em se plantando, tudo só dá se o plantador souber manusear seus equipamentos, sementes e insumos.[10]

Portanto, quando um estudo inclui capital na mesma regressão em que coloca uma variável representando a educação, é provável que se subestime a importância da educação, pois muito da variação do capital físico se deve a mudanças no nível de escolaridade da população, e não apenas à rentabilidade do próprio capital. Para ilustrar o problema, digamos que uma economia tem um PIB de \$ 1 mil e conta com cem fábricas no período inicial. Um ano depois, o número de fábricas aumentou 20%, portanto 120, e o PIB cresceu 5%, portanto \$ 1050. Se presumirmos que as outras variáveis da economia se mantiveram constantes no mesmo período, ao colocar esses dados em uma regressão, o coeficiente da variável do capital físico seria de 0,25. O observador incauto depreenderia dessa observação que se ele aumentasse seu investimento em capital físico em 10% a economia de seu país cresceria 2,5%. Essa ilação pode parecer despropositadamente simplista, mas, como bem mostra Easterly (2001), ela seduziu a mente de dezenas de chefes de Estado e dirigentes de organizações financeiras multilaterais na segunda metade do século XX, que gastaram rios de dinheiro em projetos faraônicos que nunca trouxeram o desenvolvimento prometido.

O que falta nesse modelo é, obviamente, a contribuição do capital humano. Talvez as vinte fábricas adicionais do nosso exemplo tenham sido construídas porque um aumento da educação tornou a população mais produtiva, atraindo mais investimentos. Digamos, por exemplo, que a escolaridade da população do país do exemplo tenha aumentado 5% no período. Se tivéssemos uma regressão apenas entre educação e crescimento, o coeficiente da educação seria um, já que a relação é de um para um. Ao acrescentar tanto o componente do capital físico como o do capital humano na mesma equação, conjeturaríamos que ambos teriam seus coeficientes reduzidos em relação a equações em que ambos aparecem sozinhos, já que no primeiro caso cada um explicava o crescimento sozinho e, no segundo, passam a compartilhar a tarefa. Essa hipótese é confirmada pelas observações empíricas. No estudo de Mankiw et al. (1992), o coeficiente do capital, representado pela taxa de investimento do PIB, é de 1,42 quando se exclui a variável representando o nível de escolaridade, caindo para 0,69 quando ela é incluída.[11]

Fazendo o percurso inverso, Krueger e Lindahl (1999) primeiro constroem um modelo sem uma variável de capital físico. Nele, o coeficiente da mudança de escolaridade (ΔS) sobre o crescimento econômico é de 0,182. Com a adição de uma variável medindo o capital físico, ΔS despenca para 0,066, tornando-se estatisticamente insignificante.[12]

Chegamos então a um impasse: se ignorarmos o capital, provavelmente superestimaremos o efeito da educação. Incluindo-o, estaremos subestimando-o. Como, então, saber qual o "verdadeiro" coeficiente do capital? Krueger e Lindahl (2001) adotam uma solução. Eles inserem uma variável em sua regressão correspondente à mudança de capital no período estudado. Quando introduzida livremente, essa variável entra de forma estatisticamente significativa e com coeficiente positivo e bastante alto: de 0,6 a 0,8.[13] Nesse caso, a mudança de educação (ΔS) resulta insignificante para o crescimento econômico.[14] Os autores mostram, então, que em uma economia competitiva, o capital — e também o trabalho — crescerá de acordo com a sua fatia do PIB. Essa fatia, segundo inúmeros estudos, é normalmente por volta de 60% para o trabalho e 40% para o capital. Krueger e Lindahl usam estimativas de Golin (1998), segundo o qual a fatia do trabalho seria de 0,65 a 0,8 e aquela correspondente ao capital, portanto, de 0,2 a 0,35.

Note a discrepância entre a observação de um estoque de capital de 0,2 a 0,35 com o achado, em regressões de crescimento, de que o coeficiente do crescimento de capital é duas vezes maior, de 0,6 a 0,8. De onde vem essa diferença? Krueger e Lindahl suspeitam que ela seja evidência de um viés de endogeneidade. Traduzindo: que a relação entre crescimento econômico e crescimento de capital não seja independente, mas sim que o crescimento econômico gere um aumento do crescimento de capital. Quanto mais uma economia cresce, maior a tendência de empresas investirem. Então, quando montamos uma regressão em que o crescimento econômico é a variável dependente e o crescimento de investimento é uma variável independente — ou seja, que o investimento leva ao crescimento —, o resultado da variável de investimento tende a ser indevidamente inflado pelo fato de que parte do investimento não é *causa* do crescimento econômico, mas sim sua *consequência*.

Para solucionar esse problema, Krueger e Lindahl fixam o crescimento do capital em 0,35, adotando o teto do intervalo proposto por Golin. Instituído esse controle, a mudança educacional (Δs) passa a ser estatisticamente significativa, com coeficiente de 0,083 e erro padrão de 0,043. Esse coeficiente de 0,083 quer dizer que um aumento de um ano na escolaridade da população resulta em um crescimento do PIB per capita de 8,3% ao ano.[15]

Topel (1999) lida com o mesmo problema mais ou menos da mesma maneira, encontrando resultados bastante parecidos. Ao estipular a fatia do capital em 0,35, o retorno da escolaridade observado foi de 8,5%.[16]

Começamos a notar, então, que apenas com um melhor tratamento da relação entre educação e capital a mudança educacional volta a ser relevante para o crescimento econômico, com um impacto decididamente robusto: 8% de crescimento econômico ao ano, afinal, é aproximadamente a taxa que levou os Tigres Asiáticos da miséria à riqueza em apenas algumas décadas.

Outro efeito pernicioso da inclusão do capital é que sua interação com a educação exacerba o erro de mensuração da educação, o que discutiremos a seguir.

ERRO DE MENSURAÇÃO

Na seção anterior, falamos de um problema com a forma em que os modelos de crescimento são especificados. Aqui, tratamos de um problema mais prosaico: e se os dados que compõem esses modelos estivessem errados? Sempre que se faz um estudo com dezenas de países há de se perguntar se os métodos de coleta de dados de todos esses países são confiáveis, se os dados são comparáveis entre países etc. E, como veremos, grande parte do problema com estudos que indicam uma relação insignificante entre educação e crescimento econômico se deve justamente a problemas com seus dados.

Comecemos com Benhabib e Spiegel (1994), os pioneiros da hipótese de que a mudança de escolaridade não afeta o crescimento. Temple (1999) mostra que esse achado depende da escolha dos países envolvidos. Em especial, a inclusão de alguns *outliers* — países cujos padrões de educação e crescimento são radicalmente diferentes da média — parece influenciar sobremaneira o resultado geral. Temple mostra que a simples exclusão de alguns dos *outliers* mais gritantes é suficiente para desmontar as conclusões de Benhabib e Spiegel e evidencia a importância da educação. Reduzindo os países estudados de 78 para 72, o coeficiente da educação praticamente dobra, passando de 0,063 para 0,111, adquirindo significância estatística.[17] Continuando na eliminação dos desviantes, o coeficiente da educação passa a 0,107 com 68 países e 0,165 com 64, ambos estatisticamente significativos.[18]

Mas não é só a edição dos países que valida a relação estudada — até porque o critério de seleção sobre a "normalidade" ou não de um país tem um quê de subjetivo. Dois outros problemas parecem relevantes: erros de medição de escolaridade e a frequência de sua medição nos estudos *cross-country*.

Comecemos pelo primeiro. Estudos de educação e desenvolvimento (por exemplo, Barro, 1991, 1996; Pritchett, 2001) frequentemente usam dados da Unesco sobre a educação em cada país. A vantagem de bancos de dados de organizações internacionais é que elas, ao usar a mesma metodologia para todos os países, supostamente acabam com os problemas de comparabilidade dos dados. Ênfase no "suposto", porém: a Unesco define ensino secundário e terciário de forma distinta para países diferentes, o que compromete a comparabilidade. Pior: em alguns países os dados são colhidos no início do ano escolar, ignorando assim a evasão durante o ano letivo. Por último, os dados não cobrem todos os países todos os anos, de maneira que os pesquisadores têm de adotar métodos de interpolação para preencher as lacunas. Essas lacunas significam que o banco de dados padrão, desenvolvido por Barro e Lee (1993, 2000), tem estimativas baseadas em censos para apenas 40% dos países-ano; o resto é preenchido somando-se estimativas do fluxo de estudantes à base obtida no censo, levando-se em conta padrões históricos. Esse método significa que, na prática, as imprecisões são correlacionadas entre si e aumentam de ano a ano, numa bola de neve. Se a estimativa da interpolação tiver sido errada no preenchimento da primeira lacuna, sua utilização para tapar os buracos das lacunas seguintes só fará piorar o problema. Como sabe o estudante de estatística, quando uma variável é medida com erros cumulativos, seu coeficiente em uma regressão será atenuado, tendendo a zero. Isso significa que, à medida que os erros se acumulam, a importância da educação em uma regressão com desenvolvimento econômico vai diminuindo, até perdê-la.

Krueger e Lindahl (2001) tratam de determinar o índice de confiabilidade dos bancos de dados de educação usados na literatura macroeconômica, isto é, estabelecer quanto de seus resultados exprime verdadeiras mudanças na educação e que parcela é apenas fruto de erros de mensuração. Para fazer isso, os autores comparam as covariações entre os erros de mensuração de dois bancos de dados para o mesmo país/ano.[19]

Ainda que figurem bem quando a informação se refere ao *nível* de escolaridade no ano inicial (1965) — com índices de confiabilidade de 0,85 para o banco de dados de Barro e Lee e de 0,96 para aquele feito por Kyriacou, utilizado por Benhabib e Spiegel —, as medidas caem consideravelmente quando se trata de *mudança* de escolaridade no período 1965-85, para 0,58 e 0,19, respectivamente.[20] O resultado não é surpreendente, já que o método de estimação desses bancos de dados usa como ponto de partida a taxa de escolaridade de um ano-base, observada por um censo populacional. Depois, esses bancos de dados passam a estimar essas taxas valendo-se de padrões históricos e taxas de crescimento demográfico.

Se fizéssemos uma regressão considerando apenas crescimento econômico e educação (excluindo outras variáveis), os dados anteriores querem dizer que os resultados de Benhabib e Spiegel, por exemplo, subestimam a importância da educação em quase 80%. Mesmo o banco de dados de Barro e Lee, o melhor que há, só captura 58% da variação real do índice de escolaridade de uma população ao longo dos anos. O problema da coleta de dados permanece sem solução; só será solucionado quando os países mantiverem estatísticas confiáveis e completas de sua base educacional, uma quimera para muitas nações subdesenvolvidas. Fica a nota de cautela: na presença desses erros de mensuração, a importância da educação é indevidamente diminuída, pois os bancos de dados não conseguem distinguir entre sua verdadeira variação ao longo do tempo e aquilo que é erro — "ruído", no jargão da estatística.

Essa falha é particularmente relevante porque índices de escolaridade mudam pouco, e demoram a mudar. Quando mudam, é fundamental que a mudança seja capturada — do contrário, vamos observar um PIB cambiante e uma educação estagnada, fazendo-nos crer que esta não surte efeito sobre aquele. Mas essa discussão nos leva à pergunta: quanto tempo leva para mudar de forma significativa a escolaridade de uma sociedade?

A pergunta é importante porque de sua resposta depende muito das complicações que vimos enfrentando. Os estudos que concluem que a mudança da educação não impacta o crescimento (como Barro, 1995, 1996) medem a mudança educacional de cinco em cinco anos. Há razões para suspeitar que essa periodicidade seja demasiadamente exígua para capturar as mudanças na educação, já que reorientações de políticas educacionais levam tempo para surtir efeito.

As suspeitas são confirmadas pelo teste empírico. Tanto Krueger e Lindahl (2001) quanto Topel (1999) estimam o impacto da mudança de escolaridade sobre o crescimento econômico em três intervalos de tempo diferentes: a cada cinco, dez e vinte anos. Para esses autores, o resultado é o mesmo: nas medições com intervalos de cinco anos, a escolaridade tem impacto pequeno ou desprezível; nas medições com intervalos maiores, seu impacto é positivo, robusto e estatisticamente significativo.

Reproduzo na tabela A.3 a seguir os resultados de Topel.

A primeira linha é que nos interessa. Ela mostra que, à medida que o intervalo de medição aumenta, o coeficiente da mudança de escolaridade também aumenta. Os valores do coeficiente indicam que, por exemplo, quando nossas observações são feitas com intervalos de dez anos, um ano adicional de escolaridade gera um crescimento de renda por trabalhador de 8,5% (coluna 5). Se medirmos o intervalo de quinze em quinze anos, o efeito é maior ainda, batendo na casa dos 15% (coluna 8).

TABELA A3

EFEITOS DA EDUCAÇÃO SOBRE PIB POR TRABALHADOR COM INTERVALOS DE MEDIÇÃO DE CINCO, DEZ, QUINZE E VINTE ANOS

	5 ANOS			10 ANOS			15 ANOS			≥ 20 ANOS	
	(1)	(2)	(3)	(4)	(5)	(6)	(7)	(8)	(9)	(10)	(11)
Mudança de anos de escolaridade (ΔS)	0,028 (2,02)	0,041 (2,95)	0,058 (3,70)	0,064 (3,15)	0,085 (4,26)	0,115 (5,07)	0,120 (4,01)	0,148 (5,07)	0,155 (5,23)	0,167 (3,66)	0,252 (6,10)
Escolaridade inicial		0,004 (5,71)	0,004 (5,57)		0,004 (5,02)	0,003 (4,85)		0,004 (4,84)	0,003 (4,59)		0,004 (6,37)
PIB por trabalhador (In Y/L)		-0,007 (4,06)	-0,005 (2,56)		-0,007 (3,54)	-0,004 (1,56)		-0,008 (3,68)	-0,005 (1,77)		-0,100 (4,86)
ΔS x ln Y/L			-0,360 (2,28)			-0,060 (2,70)			-0,041 (1,30)		
R^2	0,176	0,218	0,224	0,256	0,315	0,332	0,308	0,386	0,391	0,133	0,397
N	608	608	608	290	290	290	186	186	186	101	101

FONTE: Robert Topel et al. "Labor Markets and Economic Growth". In: Orley Ashenfelter e David Card (Org.). *Handbook of Labor Economics*, v. 3 p. 2969, 1999, tabela 4.

Os números em parênteses são a estatística t.

Krueger e Lindahl (2001) obtêm resultados praticamente idênticos usando métodos diferentes, reforçando a robustez dos achados. Seu coeficiente para a mudança de educação vai de 3,1%-3,9% quando medido em intervalos de cinco anos para 7,5%-8,6% em períodos de dez anos e 18% em intervalos de vinte anos.[21] Qual é a periodicidade ideal? Novamente, só saberemos quando obtivermos uma medida sem erros da própria educação. Pode ser que o alto resultado verificado nos intervalos de quinze a vinte anos represente o verdadeiro efeito da educação. Um coeficiente de aproximadamente 20% para a educação significaria um retorno macroeconômico quase duas vezes maior do que aquele observado em estudos microeconômicos, medidos pela equação minceriana. Uma diferença dessa magnitude só se explica de duas formas: ou as externalidades da educação são realmente enormes, ou esses períodos muito longos começam a captar um efeito reverso, do crescimento econômico gerando maior demanda pela educação (seria o mesmo viés de endogeneidade que vimos anteriormente quando falávamos da relação entre o crescimento econômico e o crescimento do capital).

Parece prudente, portanto, optar pela estimativa mais conservadora, e dar de dez a quinze anos para a educação surtir efeito, o que equivale a uma fornada de educandos novos. Nesse caso, o retorno macroeconômico se alinha com o retorno micro, possivelmente deixando espaço para algumas externalidades.

Apesar de essa discussão ser anticlimática e não tão intelectualmente estimulante quanto aquela sobre o arranjo institucional e outros semelhantes, seu resultado não poderia ser mais significativo: o que os estudos mais recentes sugerem, afinal, é que a educação realmente contribui — e de maneira importante — para o crescimento econômico de uma nação. Esses resultados são derivados de estudos que analisaram dezenas de países (111, no caso de Topel, por exemplo) ao longo de décadas. Eles parecem oferecer evidência convincente de que, em média, a educação é um fantástico investimento para países tanto quanto para pessoas, aumentando sua renda em torno de 10% ao ano, em média.[22]

Notas

PREFÁCIO À 2ª EDIÇÃO [pp. 11-34]

1. Para avaliação, ver Glewwe et al (1995), Wossmann (2001), Willms e Somer (2001). Para dever de casa: Dewey et al (2000), OCDE (2001), Rumberger (1995), Zavodny (2006), Cooper et al (2006), Curi e Menezes Filho (2007), Machado Soares (2005). Para metodologia em sala de aula: Ontiveros Jimenez (2005), Aslam e Kingdon (2007). Para tempo de aula: Neri et al (2007), Menezes-Filho (2007), Kingdon e Teal (2007).

2. Cf. Zavodny (2006).

3. O efeito é detectável a partir do sétimo ano do Ensino Fundamental e aumenta no Ensino Médio. Cooper et al (2006).

4. Cf. Willms e Somer (2001).

5. Cf. Esposito et al (2000).

6. Os interessados sobre o tema desfrutarão de leitura fascinante sobre esta área com *Thinking, Fast and Slow*, de Daniel Kahneman (2011) e *Misbehaving*, de Richard Thaler (2015).

7. Cf. Duflo e Hanna (2005).

8. Uma questão interessante que já começamos a ver e que, suspeito, observaremos ainda mais no futuro próximo, é uma tensão entre algumas descobertas da pesquisa experimental e os achados das análises econométricas padrão. Veja um exemplo que já se afigura: a pesquisa tradicional analisa dados de sistemas educacionais inteiros e mostra que não há diferenças significativas de aprendizado entre turmas de tamanhos diferentes (como você verá nas próximas páginas), enquanto os experimentos de diminuição do número de alunos por sala de aula obtêm efeito positivo sobre o aprendizado dos alunos restantes. Como pode uma linha

de pesquisa chegar a uma conclusão e outra, versando sobre o mesmo tema, chegar a conclusões opostas? Qual delas está certa? Nesse caso específico, suspeito eu, ambas. Explico-me.

Suponha que uma determinada cidade, Kahnemanlandia, tenha 1000 professores, e cada professor tenha 40 alunos. Então vem o secretário municipal de Educação e, muito bem-intencionado e informado, lê um *paper* sobre um experimento fascinante. Eis o experimento: na cidade de Marshalia, no início do ano letivo, cem turmas de quarenta alunos cada uma foram "enxugadas" e passaram a ter apenas vinte alunos por turma. Aplicou-se uma prova aos alunos dessas turmas e do resto de Marshalia no início do ano e no fim do ano, e o aprendizado dos alunos das turmas que foram reduzidas melhorou 50% a mais do que os alunos das outras turmas. "Uau!", pensa o nosso secretário de Kahnemanlandia, "50% de melhora em só um ano, e apenas diminuindo o número de alunos por sala! Preciso fazer isso aqui também!". Entusiasmado, ele toma uma decisão radical: vai pegar as 1000 turmas existentes e dividi-las em duas, de forma que cada professor tenha só 20 alunos por turma. O que esse secretário precisará fazer, então? Contratar mais 1000 professores, é claro. Onde antes havia 1000 professores com 40 alunos cada, agora precisaremos de 2000 professores com 20 alunos cada. Suponhamos que, por uma sorte danada, haja, em Kahnemanlandia, mais 1000 professores prontos, que antes estavam exercendo outras profissões e agora poderão finalmente exercer a docência. Suponha ainda que os mecanismos de seleção dos professores de Kahnemanlandia sejam justos e eficazes, de forma que havia milhares de candidatos às vagas de professores e os mil melhores foram inicialmente selecionados, deixando milhares de outros candidatos de fora. Ora, quem serão os professores agora contratados para preencher essas mil novas vagas? Muito provavelmente aqueles que, nos últimos processos seletivos, ficaram entre a posição 1001 e 2000. Quando havia só 1000 vagas, eles foram rejeitados. Agora que há 2000, eles são aceitos. Mas, se o processo seletivo é eficaz, o que isso significa? Significa que estamos colocando para dentro do sistema pessoas com pior desempenho do que os mil primeiros professores. Isso sem falar do fato que provavelmente não haveria tantas pessoas formadas em bons cursos esperando para exercer a docência, nem que provavelmente o salário dos professores teria de ser reduzido para caber no orçamento municipal. Qual é o efeito líquido, então, dessa política de redução de alunos por turma? É bem possível que aqueles que ficaram com seus professores originais receberão mais atenção desses professores e tirarão notas melhores. Mas também é provável que os novos professores, que atenderão à metade do alunado, sejam piores do que seus colegas de profissão que tiveram melhor desempenho no processo seletivo e têm mais anos de experiência. Ou seja, é provável que os alunos que formarão as novas turmas aprendam menos do que seus antigos colegas de sala. Se juntarmos todos os alunos de Kahnemanlandia, é possível que, na média, o desempenho do alunado seja o mesmo. Metade deles melhorou, a outra metade piorou. Assim estariam certos tanto a pesquisa experimental quanto a econométrica.

Note, porém, que o impacto da pesquisa experimental não é nulo ou inútil. Ele consegue sanar uma dúvida antiga — será que alunos em salas menores teriam desempenho melhor? — e aponta inúmeras direções para a pesquisa e políticas futuras. Ficamos sabendo que é bom diminuir o número de alunos por sala, desde que consigamos que a nova leva de professores tenha a mesma capacitação e experiência dos professores originais. Talvez isso seja impossível, mas agora pelo menos sabemos o que tentar e onde procurar. Não é pouca coisa.

9. Cf. Oddy et al (2011), Richards et al (2002).

10. Fonte: <http://portal.inep.gov.br/web/guest/estatisticas-gastoseducacao-indicadores_financeiros-p.t.i._nivel_ensino.htm>. Acesso em: 6 jul. 2016.

11. Fonte: OCDE, Education at a Glance 2015, tabela B2.1. Disponível em: <http://dx.doi.org/10.1787/888933285413>. Acesso em: 6 jul. 2016.

12. Fonte: Inep, Sinopse Estatística da Educação Superior 2014, tabela 1.8. Disponível em: <http://download.inep.gov.br/INFORMACOES_estatisticas/sinopses_estatisticas/sinopses_educacao_superior/sinopse_educacao_superior_2014.zip>. Acesso em: 6 jul. 2016.

13. Fonte: <http://portal.inep.gov.br/web/guest/estatisticas-gastoseducacao-indicadores_financeiros-p.t.i._nivel_ensino.htm>. Acesso em: 6 jul. 2016.

14. Fonte: Inep, Sinopses Estatísticas da Educação Básica de 2004 e 2014. Disponível em: <http://portal.inep.gov.br/basica-censo-escolar-sinopse-sinopse>. Acesso em: 6 jul. 2016.

15. Cálculo do autor. Para o número de alunos matriculados na idade certa, a fonte foi a Sinopse Estatística da Educação Básica de 2015, tabela 1.50, disponível em: <http://download.inep.gov.br/informacoes_estatisticas/sinopses_estatisticas/sinopses_educacao_basica/sinopse_estatistica_educacao_basica_2015.zip>. Já para a população brasileira de 15 a 17 anos, IBGE, disponível em: <ftp://ftp.ibge.gov.br/Projecao_da_Populacao/Projecao_da_Populacao_2013/projecoes_2013_populacao_xls.zip>. Acesso em: 5 jul. 2016.

16. Fonte: <http://portal.mec.gov.br/ensino-fundamental-de-nove-anos>. Acesso em: 7 jul. 2016.

17. Fonte: <http://download.inep.gov.br/educacao_basica/portal_ideb/planilhas_para_download/ensino_fundamental_regular_e_ensino_medio_regular_regioes_e_ufs.xlsx>. Acesso em: 7 jul. 2016.

18. Fonte: Inep. Disponível em: <http://download.inep.gov.br/educacao_basica/portal_ideb/planilhas_para_download/ensino_fundamental_regular_e_ensino_medio_regular_brasil.xlsx>. Acesso em: 9 jul. 2016.

19. Fonte: OCDE. Disponível em: <http://dx.doi.org/10.1787/888932937035>. Acesso em: 9 jul. 2016.

20. Para um mergulho mais aprofundado sobre o fascinante sistema de educação chinesa, veja Ioschpe (2014).

21. Cf. Gatti et al (2008).

22. Cf. Ireland (2007) e Unesco (2004).

23. Fonte: <http://g1.globo.com/educacao/noticia/2015/08/74-das-cidades-usam-so-indicacao-politica-para-nomear-diretor-de-escola.html>. Acesso em: 9 jul. 2016.

24. Fonte: Ioschpe (2014), cap. 25.

25. Veja esse experimento no Rio Grande do Sul. Disponível em: <http://www.stellabortoni.com.br/index.php/423-pisquisa-sobai-mitoios-ii-alfabitizaiao>. Acesso em: 2 ago. 2016.

26. Sobre o domínio do professor da matéria que ensina, ver Fuller e Clarke (1994), Glewwe e Kremer (2005), Soares (2005) e Kukla-Acevedo (2009). Sobre absenteísmo: Duflo e Hanna (2005), Franco et al (2005) e Machado Soares (2005).

27. Fonte: <http://www.correiobraziliense.com.br/app/noticia/eu-estudante/professor/ 2013/ 09/15/professor_interna,388243/professores-do-rio-fazem-nova-assembleia-amanha-para-decidir-rumos-da-greve.shtml>. Acesso em: 2 ago. 2016.

28. Cf. Ioschpe (2014), cap. 25.

29. Cf. Inep (2005).

30. Fonte: <http://www.ipm.org.br/pt-br/programas/inaf/relatoriosinafbrasil/Paginas/inaf2011 _2012.aspx>. Acesso em 16 jul. 2016.

31. Para muitos exemplos, veja o corajoso blog EducaFórum. Disponível em <http://educaforum.blogspot.com.br/>. Vivenciei situação parecida: uma mãe de São Bernardo do Campo (SP) que deu entrevista para uma série que apresentei no *Fantástico* precisou mudar seus filhos de escola, tamanha a perseguição que sofreu por ter abrido o bico. Os casos são inúmeros.

32. Chamei a iniciativa de "Lei IDEB na Escola". Mais detalhes em: <http://www.idebnaescola.org.br/>. Acesso em: 11 jul. 2016.

33. Para a declaração da Secretaria, vide: <http://edmararruda.com.br/noticia/link/gustavo-ioschpe-volta-a-defender-ideb-na-escola-na-veja-dessa-semana/>. Para o presidente do Inep: <http://ultimosegundo.ig.com.br/educacao/2012-05-10/ideb-na-porta-da-escola-e-criticado-em-comissao-na-camara.html. Ambos acessados em: 11/7/2016>.

34. O Fundeb (Fundo de Manutenção e Desenvolvimento da Educação Básica e de Valorização dos Profissionais da Educação) foi criado em 2006 em substituição ao Fundef (Fundo de Manutenção e Desenvolvimento do Ensino Fundamental e de Valorização do Magistério), que vigorou desde 1998.

INTRODUÇÃO [pp. 35-39]

1. Gabriel Chalita, "Por uma educação poética". *Folha de S.Paulo*, São Paulo, p. A-3, 19 set. 2003.

2. Para discussão sobre a potencial irrelevância ou perniciosidade da educação, veja o Apêndice.

PRELÚDIO [pp. 41-45]

1. Cf. Layard (2003) para uma discussão interessante a respeito.

2. O índice completo pode ser obtido no site: <http://hdr.undp.org/reports/global/2004/pdf/hdr04_HDI.pdf>.

3. Ajustado para diferenças de poder aquisitivo (PPP).

4. Faz sentido. Quanto mais alta a renda, maior o custo de oportunidade do tempo que se passa tomando conta dos filhos em vez de estar trabalhando. A ideia de que pobres têm muitos filhos por desconhecimento de métodos contraceptivos, desinformação ou falta do que fazer revela pouco mais que preconceito: filhos significam mão de obra barata e uma apólice de seguro contra o abandono na velhice (Ray, 1998).

5. E junto com o crescimento econômico absoluto tende também a vir a reboque a diminuição da pobreza. O quadro é mais incerto no que se refere à desigualdade de renda. A tese de que o crescimento econômico primeiro aumenta e depois diminui a desigualdade, proposta pela célebre curva de Simon Kuznets (1955), vem sofrendo muitos ataques nos últimos anos, especialmente de Deininger e Squire (1998), apesar de ser ainda verificada em algumas observações empíricas (Barro, 1999). Para uma discussão sucinta sobre o tema, cf. Ferreira (1999).

A FUNDAÇÃO MICROECONÔMICA [pp. 48-86]

1. *In The Wealth of Nations* "The difference between the most dissimilar characters, between a philosopher and a common street porter, for example, seems to arise not so much from nature, as from habit, custom, and education.", livro I, cap. II. (Tradução do autor.)

2. Formalizando, $W_0 = MP_0 - k$, em que W_0 é o salário do trainee, MP_0 seu produto marginal e k o custo do treinamento (Gary Becker. *Human Capital Investment and Economic Growth: Exploring the Cross-Country Evidence*. 3. ed. University of Chicago Press, 1964 (1993). p. 35).

3. A análise se restringe a brancos em consequência das leis raciais aplicadas contra negros nos Estados Unidos até os anos 1960. Tais medidas criavam distorções na educação e no mercado de trabalho para negros, que impossibilitam uma comparação com a maioria da população.

4. A correlação entre o índice de expectativa de vida e de educação do Índice de Desenvolvimento Humano da ONU é de 73,4%, por exemplo (UNDP, 2004). Ainda que certamente haja aí um efeito de níveis de renda sobre as duas variáveis, análises que controlam o PIB per capita continuam demonstrando o mesmo resultado (Bils e Klenow, 1998, p. 16).

5. No modelo de Nelson e Phelps, o desenvolvimento tecnológico entra de forma exógena, sem relação com o desenvolvimento humano. Modelos posteriores indicariam que o próprio desenvolvimento tecnológico varia em função do capital humano, como vimos em "A macroeconomia da educação".

6. As diferenças em ambos os casos são estatisticamente significativas. Todas as estatísticas apresentadas neste livro, a não ser aquelas explicitamente declaradas o contrário, são estatisticamente significativas, normalmente a 95%.

7. Depois apenas da lei de Engel, que diz que a porcentagem da renda gasta em alimentação diminui à medida que a renda aumenta.

8. A notação formal de sua equação mais usada é: $\ln E_t = \ln E_0 + rs + b_1 t - b_2 t^2 + e$

em que:

$\ln E_t$ → logaritmo natural do salário E no período t

$\ln E_0$ → logaritmo natural do salário inicial, sem escolaridade

rs → s é o número de anos de escolaridade da pessoa, e r, seu coeficiente, é equivalente à taxa de retorno de um ano de escola

t → anos de experiência no mercado de trabalho

ε → componente de erro estocástico

9. Para um tratamento sobre análises de regressão acessível ao público leigo, cf. Solking, 2000, pp.112-115.

10. Griliches também alertava para o fato de que qualquer redução do coeficiente da educação seria provavelmente contrabalançada pelas perdas sofridas como resultado de problema de medição dos dados sobre educação, que faz com que o coeficiente de uma variável estimada em regressão OLS seja indevidamente baixo. Como demonstramos mais adiante, sua preocupação estava mais do que justificada: alguns analistas estimam que o coeficiente educacional pode estar subavaliado em até 80% devido a problemas de coleta de dados (Krueger e Lindahl, 2001).

11. A conferição do Nobel de Economia de 2002 a Daniel Kahneman e Vernon Smith, economistas que vêm tentando desenhar pequenos experimentos para melhor entender os mecanismos decisórios do *Homo economicus*, parece indicar que essa restrição começa, paula-

tinamente, a ser derrubada. Será um acontecimento extremamente interessante. Veremos o que o futuro nos reserva.

12. Card (2001) menciona críticas ao estudo de Angrist e Krueger, especialmente o fato de que talvez a data de nascimento de uma pessoa não seja completamente aleatória mas sim parcialmente determinada por fatores socioeconômicos dos pais. Como esses fatores também influenciam o grau de escolaridade de uma criança, a exogeneidade da data de nascimento é questionável, e talvez a data de nascimento seja um instrumento problemático para a classificação dos grupos.

13. O experimento ganha em robustez quando os autores mostram que a data de nascimento não tem impacto nos rendimentos de alunos com diplomas universitários, já que nesse nível a decisão da quantidade de ensino a ser obtida é do aluno, não de lei alguma.

14. Cálculos do autor sobre dados da tabela II de Card (2001), pp. 1146-48.

15. Há duas razões para suspeitarmos que as estimativas IV são demasiadamente altas. A primeira é o viés de publicação. Há uma tendência do meio acadêmico de publicar apenas estudos com resultados inusitados e de engavetar aquilo que só confirma o que já se sabia. O que leva à publicação mais da exceção do que da regra. Um estudo que analisou tanto *papers* publicados quanto inéditos confirma a existência de viés de publicação para *papers* com métodos IV, e não para OLS. Incluindo-se os *papers* que permaneceram engavetados, a média de retorno de estudos IV cai para 8,1%. É, ainda assim, maior que a estimativa de estudos OLS (6,4%), mas menor do que a diferença aparente quando considerados apenas *papers* publicados (Ashenfelter et al., 2000).

Para explicar esse resquício entre as duas variáveis, estudos mais recentes sugerem que o impacto de variáveis IV é maior porque, frequentemente, os grupos impactados pelos estudos analisados têm retorno marginal à educação maior do que a média da população (Card, 1999; Harmon et al., 2000). Hein? Exemplo: a lei sobre a obrigatoriedade da educação.

Quando há mudanças nessa lei — quando a idade mínima para abandonar os estudos é aumentada em um ano, de catorze para quinze, por exemplo —, uma série de alunos que abandonariam a escola aos catorze acaba permanecendo nela até os quinze. Assim, podemos acompanhar os perfis de renda de grupos de alunos educados sob as diferentes leis e estipular um retorno ao ano adicional de educação comparando aqueles que abandonaram a escola aos catorze anos de idade versus aqueles que ficaram até os quinze anos. Ocorre que o aluno que decide sair da escola assim que supera a idade mínima legal não é um representante do alunado médio — ele é, via de regra, mais pobre que a média, que sai da escola porque precisa trabalhar. E há considerável evidência empírica apoiando a ideia de que os grupos mais desfavorecidos são aqueles que mais se beneficiam com a educação, tanto no campo micro como no macroeconômico (Dale e Krueger, 1999; Topel, 1999; Krueger e Lindahl, 2001; Barnett, 1992). Assim, estudos IV às vezes pesquisam comunidades com retornos à educação maiores que os da média. Não surpreende, portanto, que apresentem retornos maiores do que aqueles verificados em estudos convencionais (OLS).

16. O caminho está longe de ter chegado ao fim, porém. Mesmo reconhecendo a robustez da conclusão de que não nos precisamos inquietar com a possível presença de efeitos espúrios na relação entre escolaridade e produtividade profissional, vale a pena lembrar que ainda há muito para ser feito. Ainda não se conseguiu desenvolver um teste universalmente aceito para medir inteligência e outras habilidades; não sabemos exatamente se é o QI que influencia a vida escolar ou vice-versa, e, finalmente, a própria escassez de dados confiáveis e os enormes problemas de mensuração são um lembrete constante de que ainda há muito a percorrer.

17. O mercado de carros usados, por exemplo, é um caso célebre, tanto na literatura econômica como no folclore popular: o vendedor do carro usado — mas não seu comprador — sabe de suas verdadeiras condições. O mecanismo de sinalização comumente utilizado, nesse caso, é a garantia: ao dizer que paga pelo conserto de um carro por um ou dois anos, o vendedor passa um atestado de confiabilidade ao comprador. Afinal, nenhuma revendedora se disporia a arcar com os custos dos reparos sabendo que o carro quebraria toda hora. Outro "mercado" em que a assimetria de informações causa inúmeros problemas é o do matrimônio, em que frequentemente a verdadeira informação só é descoberta depois de muitos anos de infelicidade. Seus mecanismos de sinalização — carros de luxo, flores, convites para filmes iranianos — parecem não ter ainda atingido a eficiência das transações automotivas.

18. O valor que esses empregados estariam dispostos a pagar seria menor ou igual à diferença entre um salário médio e aquele que eles receberiam caso os empregadores soubessem sua verdadeira produtividade.

19. Stiglitz (1975) chega à mesma conclusão analisando trabalhadores de produtividade diferente agrupados em uma mesma tarefa em que o custo de encontrar a produtividade exata de cada empregado é proibitivo (como uma linha de montagem, por exemplo). Nesse caso, o retorno bruto da educação para a sociedade seria zero, já que o filtro apenas redistribui renda entre indivíduos de produtividade diferente, mas o retorno líquido seria negativo, já que a filtragem — estudar — tem um custo.

20. Assim como o problema da habilidade inata, porém, essa discussão corrobora a teoria do capital humano, mas nos instila um grão de incerteza. Se é certo que podemos rejeitar essas hipóteses como interpretações abrangentes da realidade, também fica aparente que alguma relevância elas têm. Particularmente nos primeiros anos de carreira e em mercados de trabalho

onde a verificação e disseminação de informação sobre desempenho são ineficientes, há espaço para mecanismos de sinalização.

21. O crescimento demográfico não é de todo dissociado da educação, na verdade. Como veremos, a taxa de fertilidade é influenciada pela educação e também pelo nível de renda, que por sua vez é parcialmente determinado pela educação. O efeito da educação, contudo, é intergeracional: a educação em t_0 influenciará a fertilidade em t_1, mas a fertilidade em t_0 é dada (exógena).

22. Discurso de 1º de maio de 2001. In: revista *Veja*. 26 dez 2001, pp. 44-53.

23. A diferença entre o retorno marginal e o médio depende de como será o custo adicional para educar o 101º aluno (caso haja capacidade ociosa, o custo direto é zero, o que diminui o custo por aluno, aumentando o retorno; caso seja necessário construir uma nova escola ou contratar novos professores, o custo direto aumenta e sobe o custo por cabeça, diminuindo o retorno) e de seu benefício (quanto mais gente educada houver em uma economia com crescimento de demanda inalterado, o salário ao instruído tende a cair, diminuindo o retorno). Obviamente, os efeitos são desprezíveis quando falamos de um aluno a mais, mas quando levamos em conta propostas de reformas educacionais que impactam milhões de alunos é necessário considerar os impactos dessa mudança sobre o equilíbrio atual.

24. Aliás, a situação não é exclusiva de países comunistas ou africanos: em uma análise de 25 estudos sobre países da OCDE, Groot e Van den Brink (2000) observam que 21% da força laboral desses países sofre de "sobre-educação" ("*overeducation*"), tendo estudado mais do que o necessário para exercer suas funções. A taxa de retorno ao investimento em sobre-educação na década de 1990 era de 1,4% a 2,6%, significativamente menor do que a taxa para anos necessários de educação (12%) ou a taxa de remuneração dos investimentos menos rentáveis, como até o bônus do tesouro norte-americano.

Nossa análise aqui se restringe à economia interna de um país, seu PIB. Há um ganho tangencial da sobre-educação, que são as remissões de cidadãos que moram no exterior e mandam dinheiro para suas famílias na terra de origem. Evitaremos essa discussão para nos esquivar de complicações desnecessárias.

25. Já foram propostos modelos em que a linearidade é relaxada, como, por exemplo, Card (2001):

$$\log y_i = a_o + \bar{b}S_i - \frac{1}{2}k_iS_i^2 + a_i + (b_i + \bar{b})S_i$$

em que:

$\log y_i \rightarrow$ logaritmo do salário da pessoa "i"

$b \rightarrow$ média do coeficiente de escolaridade

Não conheço, contudo, nenhuma observação empírica desse modelo cobrindo um universo abrangente de países e períodos.

26. Na verdade, uma análise mais correta calcularia também a diferença de arrecadação de impostos — já que, em um ambiente de taxação progressiva, quem recebe mais também paga mais impostos, e o salário está, como vimos, intimamente ligado ao nível educacional — mas a falta de dados precisos sobre impostos impede uma análise com tal sofisticação.

A MACROECONOMIA DA EDUCAÇÃO [pp. 87-112]

1. Curiosamente, o aumento de proporção de trabalhadores com diploma de ensino secundário não tem um impacto estatisticamente significativo sobre o salário de seus concidadãos.

2. A não ser que países diferentes tenham estados estacionários distintos, o que seria explicável se esses países tivessem preferências diferentes no que tange ao desejo de poupar versus consumir, ou taxas de crescimento demográfico permanentemente distintas. Essas considerações são basicamente de natureza cultural, e não econômica. Assim, se o PIB dos países realmente fosse determinado mais por razões culturais do que econômicas, não haveria utilidade para um modelo econômico pra começo de conversa.

3. A possibilidade de que países tivessem níveis tecnológicos diferentes a longo prazo também não faz parte do equilíbrio neoclássico, em que a tecnologia, uma vez descoberta, se espalha de forma rápida e barata pelo globo.

4. Para fazer justiça a Solow, é preciso notar que sua teoria nunca teve o intuito de explicar o fenômeno do crescimento em escala global. Pelo contrário, o contexto em que foi desenvolvida foi o de explanar a constância do crescimento norte-americano da primeira metade do século XX. Não é de todo surpreendente, portanto, que uma teoria pensada para elucidar a constância da economia norte-americana não seja o melhor instrumento para se entender as variações do planeta.

5. Essa relação explica por que, apesar da escassez de capital físico nos países pobres, o fluxo financeiro global não se dirige a esses países, mas sim a outros países ricos: é que o capital físico precisa do capital humano para ser rentável (Lucas, 1990).

6. Exceto quando indicado o contrário, todas as taxas de crescimento econômico referidas daqui para a frente se referem a crescimento do PIB per capita em termos reais (ajustado para diferenças de poder aquisitivo).

7. Os coeficientes (e erro padrão) da educação primária e secundária são, respectivamente, 0,025 (0,0056) e 0,0305 (0,0079). Fonte: Barro 1991, p. 410, equação I, tabela I.

8. No primeiro quesito, Barro demonstra que a mesma diferença de 50% na taxa de matrícula da educação secundária em 1960 causaria, nos 25 anos seguintes, uma diminuição da taxa de fertilidade de 1,5 filho por mulher, enquanto a taxa de investimento seria 7% maior. Os

coeficientes (e erro padrão) das equações em que a educação secundária é uma das variáveis independentes e as taxas de fertilidade e investimento privado são as variáveis dependentes são, respectivamente, $-3,01$ (0,59) e 0,14 (0,045). Fonte: Barro, 1991, equação 15, tabela II; equação 22, tabela III.

9. Sua notação formal é: $Y(t) = K(t)^{\alpha} H(t)^{\beta} (A(t)L(t))^{1-\alpha-\beta}$ em que:

Y → PIB

K → estoque de capital físico

H → estoque de capital humano

A → nível da tecnologia

L → estoque de trabalho

α, β → fração do capital físico e humano, respectivamente. O modelo é tal que $\alpha + \beta < 1$, de forma que os retornos são decrescentes para ambos os capitais.

t → período de tempo "t"

10. Vale a pena notar que, apesar da inclusão da variável de capital humano, o modelo de Mankiw et al. não é uma rejeição do modelo neoclássico nem uma aceitação do modelo endógeno, mas sim um híbrido: o capital humano é adicionado, mas a ideia neoclássica de retornos marginais decrescentes é mantida, ao contrário do postulado de Lucas (1988).

11 0,66, erro padrão 0,07.

12. O $\bar{R}^2$ nos três casos é de 0,03, 0,38 e 0,46, respectivamente. O coeficiente da educação é 0,233 (erro padrão = 0,06).

13. Levine e Renelt (1992), p. 947, tabela 1. As outras variáveis de robustez significativa foram a taxa de investimento e a renda no início do período (1960, no caso).

14. Coeficiente (e erro padrão): 0,0164 (0,0058). Barro e Sala-i-Martin (1995), p. 425, equação 2. O coeficiente (erro padrão) para o ensino universitário masculino foi de 0,05 (0,03).

15. Os coeficientes de capital físico, trabalho e nível de renda inicial entram na regressão com coeficientes estatisticamente significativos e de sinal esperado (positivo, positivo e negativo, respectivamente). A equação de Benhabib e Spiegel é uma função Cobb-Douglas com capital humano ($Y_t = A_t K_t^{\alpha} L_t^{\beta} H_t^{\gamma} \varepsilon_t$). Extraindo-se logaritmos de ambos os lados, tem-se:

$(\log Y_T - \log Y_0) = (\log A_T - \log A_0) + \alpha(\log K_T - \log K_0) + \beta(\log L_T - \log L_0) + \gamma(\log H_T - \log H_0) + (\log \varepsilon_T - \log \varepsilon_0)$

em que:

Y → PIB per capita

A → constante tecnológica

K → capital físico

L → trabalho

H → capital humano

Em sua regressão de especificação mais completa, o coeficiente (erro padrão) da variável do capital humano encontrado pelos autores é −0,080 (0,064). Benhabib e Spiegel (1994), p. 150, tabela 1, modelo 4.

16. Benhabib e Spiegel (1994), tabela 4, p. 159.

17. Pritchett. (2001), p. 368.

18.Topel et al. (1999) p. 2969, tabela 4.

19. Krueger e Lindahl, (1999), p. 1119, tabela 3.

20. O número de países analisados muda de acordo com a disponibilidade de dados de cada país nos períodos estudados.

21. O Índice de Desenvolvimento Humano usado por Ranis et al. engloba educação e saúde.

22. Ranis, et al. (2000), p. 210, tabela 3.

REFINANDO A ANÁLISE: POBRES E RICOS, ENSINO FUNDAMENTAL × SUPERIOR, QUALIDADE × QUANTIDADE [pp. 113-140]

1. Krueger e Lindahl, (1999), p. 1130. A definição e utilidade desse número, contudo, são relativamente obscuras. Dada a ausência de especificação do contrário, é de se imaginar que o resultado se refira ao período 1960-85. Há razão para suspeitar que, com a evolução tecnológica desde então e a consequente demanda por mão de obra qualificada, o nível educacional ótimo é maior nos dias que correm.

2. Barro e Lee (2000), pp. 27-8, tabela 3. Os valores são estimativas do índice de escolaridade em 2000. O valor para o Brasil é de 4,56 anos (obtido no banco de dados disponível em <http://www2.cid.harvard.edu/ciddata/barrolee/Appendix.xls>). É interessante notar que, em 1990, os países com níveis mais altos de educação pertenciam ao bloco socialista, com uma diferença de 10,02 anos vs. 9,25 para os países desenvolvidos. Desde então, os antigos países socialistas são os únicos no mundo que vêm tendo seu nível de escolaridade diminuído: em 2000, seu nível era de 9,95 anos, contra 9,8 dos países desenvolvidos.

3. Krueger e Lindahl (2001), p. 1130. Como os autores não apresentam dados detalhados sobre seus achados, não podemos apresentar os coeficientes de cada grupo, nem os países que os compõem.

4. Benhabib e Spiegel (1994), p. 162, tabela 5. O efeito *catch-up* para os países pobres é significativo a 1%; o efeito de crescimento endógeno para os países ricos, a 6%.

5. Petrakis e Stamakis (2002), p. 519, tabela 4. Estatística F = 13,12; valor crítico de F = 2,64.

6. Ibid., p. 517, tabela 2. O coeficiente (e estatística t) da educação secundária nos países subdesenvolvidos é de 1,51 (3,53), enquanto o dos países desenvolvidos é 0,31 (1,92). O coeficiente da educação terciária para os países desenvolvidos, porém, é um inexplicável −0,11 (−0,63).

7. Young (1995), p. 642, tabela 1.

8. Com ajuste PPP. CIA World Factbook, 2002. Disponível em: <http://www.cia.gov/cia/publications/factbook/fields/2004.html>. Para efeitos de comparação, a renda do Japão é de 27 200 dólares, da Alemanha é 26 200 dólares, do Brasil é 7400 dólares, e, na China, ela é igual a 4300 dólares.

9. Hong Kong tem um crescimento de TFP de 2,3% ao ano entre 1966-91; Cingapura, de 0,2% (66-90); Coreia do Sul, de 1,7%, e de 2,6% para Taiwan no mesmo período (Young, 1995, pp. 656-61). Mais ou menos no mesmo período, a taxa de França, Alemanha, Itália, Japão e Brasil foi, respectivamente, 1,5%, 1,6%, 2,0%, 2,0% e 1,6%. (Young, 1995, p. 673, tabela 14). Para o Brasil, os dados se referem ao período 1950-85. Para os outros países, 1960-89.

10. McMahon (1998), p. 164, tabela 1.

11. Ibid., p. 167.

12. P. 5. "*If you ask any of the follower countries today whether they are prepared to wait 100 years to catch up, they will express outrage. Yet that is how long it took Japan.*"

13. Hanushek e Kimko (2000), p.8. Ambos os coeficientes são estatisticamente significativos (cf. p. 29, tabela 2).

14. Os estudos são referentes aos níveis primário e secundário de ensino.

15. Hanushek (1996), p. 45, tabela 2-1. Valores de 1990, corrigidos pela inflação.

16. Ibid.

17. Anderson et al. (1991), p.38. O resultado é estatisticamente significativo na marca de 10%.

18. Ibid., p. 30.

19. Segundo cálculo do autor sobre dados apresentados por Hanushek (1998), p. 14, tabela 1. A média é absoluta, sem levar em consideração as diferenças populacionais entre os países. Exclui o Japão. Os membros do G-7 são Estados Unidos, Canadá, França, Alemanha, Itália, Japão e Reino Unido.

20. O critério para separar as boas e más regressões diz respeito à inclusão de variáveis socioeconômicas dos pais. Para os autores, há uma relação íntima entre o salário dos pais e a qualidade das escolas de seus filhos, de forma que a inclusão de ambos na mesma equação ge-

raria erros de multicolinearidade. As boas regressões são aquelas em que a contribuição dos pais à educação dos filhos se dá através de critérios outros que não sua renda. As más são aquelas em que se usa a renda dos pais e supõe-se que ela auxiliaria o aprendizado dos filhos por razões não relacionadas com a qualidade da escola que os pais têm condições de pagar.

21. Dewey et al. (2000), p. 32, tabela 1, painel B.

22. Card e Krueger também adicionam uma *dummy* para controlar efeitos não educacionais entre os dois estados, como renda per capita, por exemplo, já que alguém nascido em um estado mais rico ou com indicadores socioeconômicos melhores tende a ter uma vantagem sobre pessoas de estados mais pobres.

23. Card e Krueger (1992), p.20. Ambos estatisticamente significativos a 5%.

24. Ibid., p. 23, tabela 4, coluna 5.

25. Ibid.

26. A probabilidade é de $0,5^\wedge 24$ = 5,96E-08. $1/(16x10^6)$ = 6,25E-08. P. 112.

27. Card e Krueger (1992), p. 114, tabela 5-2.

28. Tabela 7-1, p. 211.

29. Ibid., p. 218.

30. Murnane e Levy (1996), p.94.

31. Hedges et al. (1996), p. 380.

32. Quer dizer, quando o estudo observa a média investida por aluno num estado e depois compara o rendimento da classe formada no ano x com seus rendimentos no período "x+5" a "x+20", por exemplo, costuma-se notar uma relação positiva e robusta entre eles. Quando o pesquisador resolve analisar uma escola em particular e medir os salários somente dos alunos daquela escola, o elo é enfraquecido.

33. p. 168. O estudo referido é de Caroline Hoxby, "Does Competition among Public Schools Benefit Students and Taxpayers?". NBER, Working Paper 4979, 1994.

34. p. 168. Randall Eberts e Joe Stone. *Unions and Public Schools: The Effect of Collective Bargaining on American Education.* 1984.

35. Angus e Deaton (1999) acham resultados positivos para a relação aluno/professor na África do Sul, mas só para alunos negros acima de doze anos de idade, e só para testes de matemática. Angrist e Lavy (1999) acham resultados similares para Israel, mas, de novo, eles dependem da série do aluno e do tipo de teste aplicado. Bedi e Edwards (2002), estudando a educação hondurenha, demonstram que a relação professor/aluno é significativa, mas muito pequena: uma redução de dez alunos por classe aumentaria os salários em 0,8% (p. 173); a relação entre a experiência e educação dos professores com salários foi insignificante (p. 175).

36. Hanushek. Mimeografado. 1995, p. 13.

A SITUAÇÃO DA EDUCAÇÃO E DO DESENVOLVIMENTO ECONÔMICO NO BRASIL [pp. 143-174]

1. Os dados estão disponíveis no site: <http://www.undp.org/hdr2003/indicator/indic_124_2_1.html>.

2. As idades padrão usadas foram de sete a catorze anos para o ensino fundamental, quinze a dezessete anos para o ensino médio e dezoito a 24 anos para o ensino superior. A estimativa de escolarização líquida do ensino superior é provavelmente exagerada, já que os dados da Pnad incluem também jovens de dezoito a 24 anos que cursam pós-graduação.

3. Os dados da Pnad quanto a número de matrículas divergem daqueles do Censo Escolar do Inep do mesmo ano. Optamos por usar, para essa tabela, os dados da Pnad por ser a única fonte recente que permite identificar a idade dos alunos. Os dados de taxas de escolarização bruta e líquida do Inep são para o ano de 2000.

4. Cálculos do autor sobre o IDH 2003.

5. Seus membros são: Austrália, Áustria, Bélgica, Canadá, República Tcheca, Dinamarca, Finlândia, França, Alemanha, Grécia, Hungria, Islândia, Irlanda, Itália, Japão, Coreia do Sul, Luxemburgo, México, Holanda, Nova Zelândia, Noruega, Polônia, Portugal, Eslováquia, Espanha, Suécia, Suíça, Turquia, Reino Unido e Estados Unidos.

6. Incluindo mestrados e doutorados.

7. Espera-se que o desempenho em língua seja melhor do que aquele em matemática, pois a aquisição da faculdade da fala é primariamente instintiva, ao contrário da proficiência em matemática, que é resultado de um processo dependente da educação formal (Pinker, 2002, p. 222).

8. Essa queda de qualidade é de difícil explicação. Uma hipótese constantemente aventada é que nos últimos anos o ensino fundamental passou a receber uma clientela de um estrato socioeconômico mais baixo e que seria, assim, menos preparada intelectualmente. Essa explicação é típica do cacoete brasileiro de culpar o aluno pelas deficiências da escola, especialmente quando o aluno é pobre, tendência discutida a seguir. A hipótese, porém, é problemática: como lembra relatório do Banco Mundial, a queda também ocorreu nas escolas privadas (World Bank, 2002).

9. No Brasil, participaram do teste 4893 jovens (Inep, 2001b). A ênfase aqui dada ao Pisa não é aleatória ou motivada apenas pela abrangência e qualidade do estudo, mas também pelo fato de o Brasil não participar dos dois outros grandes testes internacionais, promovidos pela IEA — o TIMSS, de matemática e ciência, e o PIRLS, de leitura.

10. Em todos os casos, a diferença do Brasil tanto em relação à média da OCDE quanto ao

penúltimo colocado (México) é estatisticamente significativa. Os resultados brutos do teste podem ser encontrados nas figuras 2.4, 3.2 e 3.5. O resultado ajustado para a diferença socioeconômica está na tabela 8.2 (OCDE, 2001a). O relatório completo está disponível no site: <http://www.pisa.oecd.org/Docs/Download/PISA2001(english).pdf>.

11. Fonte: OCDE 2003, tabelas 2.2a, 2.2b e 2.2c.

12. Castro (2001), pp. 77-78 e 88.

13. Ibid, p. 29.

14. Barros e Mendonça (1995), p. 48.

15. E o que é pior, o estudo mostrou que nem mesmo as crianças não brancas de pais de pouca instrução da África do Sul encontraram o mesmo déficit de escolaridade encarado pelas crianças brasileiras de pais de baixa instrução.

16. Medido pelo coeficiente de Gini. A diferença varia de acordo com a coorte estudada, tendo maior impacto para a população de maior idade (nascida nas décadas de 1930 e 1940).

17. Ferreira. (2000), p.14.

18. O resultado, porém, só é estatisticamente significativo a 10%.

19. O impacto sobre o salário industrial seria um pouco maior, de 0,85%, no período 2005 a 2015 (Paes e Mendonça, tabela 1).

20. Há um terceiro trabalho que trata do tema. Abreu e Verner (1997) escreveram um livro sobre o crescimento econômico no Brasil no período 1930-1994. Devotaram uma seção ao impacto da educação sobre o crescimento e, curiosamente, não encontraram efeito algum. Essa anomalia provavelmente se deve ao período estudado, que começa na primeira metade do século quando a educação era tão escassa e o país tão agrário a ponto da escolaridade provavelmente ser irrelevante. A metodologia usada no estudo é também um tanto incerta.

DECIFRANDO OS PROBLEMAS DA EDUCAÇÃO BRASILEIRA [pp. 175-202]

1. O gráfico computa apenas os gastos públicos com a educação por causa da dificuldade de medição de gastos privados, especialmente para os países em desenvolvimento. Destes, não havia dados sobre gastos privados para um terço dos países estudados, inclusive o Brasil. Ademais, como há pouco que se possa fazer para interferir sobre gastos privados e como o grosso da educação brasileira nos níveis fundamental e médio é custeado pelo Estado, a discussão deve ser centrada nos gastos públicos, cuja mudança é factível e cujos impactos são mais importantes.

2. Fonte: Inep, Sinopse estatística do ensino superior 2002, tabela 5.2.

3. Todas as diferenças são estatisticamente significativas. Fonte: Liang (1999).

4. Os dois primeiros resultados são estatisticamente significativos a 5%.

5. Os dados sobre população são referentes ao ano de 1997, mesmo período da Pnad. Fórmula do cálculo: $(0,575*0,042)+(0,142*(-0,76))+(0,283*(-0,041))=0,002$.

6. Vegas 2000, tabela 12. Na região Centro-Norte o número vai de 7% a 8%. No Nordeste, ao contrário, é de -4% a -5%.

7. O número não é preciso porque o cálculo é feito através de funções docentes, isto é, o emprego como professor. Como vários professores têm mais de um emprego, o número de professores é menor do que o número de funções docentes, que era de 2,4 milhões apenas na educação básica (não universitária) em 2002. (Fonte: Inep, Sinopse Estatística da Educação Básica, tabela 2.1, 2002.)

8. Fonte: cálculos do autor sobre comparação de sinopses estatísticas da educação básica de 1996 e 2002. Inclui educação pré-escolar, fundamental, média e especial.

9. Nesse caso, a variável de referência era se o professor estava atualmente cursando a universidade.

10. Nesse estudo, a relação aluno/professor teve efeito insignificante no desempenho em português e efeito positivo no desempenho em matemática, isto é, quanto maior a sala, melhor foi o desempenho!

11. Os dados são para professores da rede pública (Francisco Soares. "Evidências do Saeb 2001: a investigação de alguns fatores associados ao desempenho". Mimeografado. 2003b, tabela 11, coluna 3). O valor do aumento salarial é baseado em cálculos do autor sobre informações salariais contidas na nota 7 do referido estudo.

12. Os estudos de Soares e Ferreira et al., os únicos a encontrar efeitos estatisticamente significativos para as variáveis citadas, têm em comum a utilização de um método diferente em suas análises de regressão, os chamados Modelos Hierárquicos Lineares (HLM, na sigla em inglês), ao invés do tradicional OLS. O HLM ainda é um método relativamente novo, mas considerado por seus defensores mais apropriado ao estudo de dados que se apresentam em grupos (salas de aula, por exemplo). Veja Osborne (2000), Raudenbush (1995, 2004) e Morris (1995) para maiores detalhes.

13. Patto (2000), p. 217.

14. As seis categorias são desempenho em língua portuguesa e matemática nas três séries em que o Saeb é aplicado. A satisfação do professor com seu salário se mostrou positiva e estatisticamente significativa apenas no ensino de matemática do 3º ano do ensino médio. Soares 2003b, tabela 12, coluna 1.

15. Fonte: Vegas 2000, cálculos do autor sobre dados da tabela 4. Para se chegar às probabilidades, eleva-se o número ao coeficiente da regressão. Por exemplo, $e2644 = 14$.

16. Fontes: Matrículas, Inep (Educação Básica, Sinopse Estatística da Educação 2002;

Educação Superior, Sinopse Estatística da Educação Superior 2001) e Capes (Pós-Graduação, DataCapes, 2002). Custos: WEI, tabela 11, referente a 1998. Os dados não são perfeitamente comparáveis pois a estrutura de custo é referente ao ano de 1998 e as matrículas são de 2001/2002, mas não há razão para se suspeitar que tenha havido mudança substancial na estrutura de custos da educação brasileira. A dificuldade e o atraso na coleta de dados quanto ao financiamento da educação devem-se ao fato de que, no Brasil, são responsáveis pela educação a União, estados e municípios.

17. Os dados não são perfeitamente comparáveis porque as estimativas referentes ao Brasil englobam apenas o ensino público, enquanto vários dos outros países incluem seu ensino privado. Se comparássemos apenas gastos públicos dos países envolvidos, porém, suponho que a comparação ficasse ainda pior para o Brasil, já que na maioria dos outros países o ensino público é mais barato do que o privado (o oposto do que acontece no Brasil, como vimos mais tarde). A ausência de dados sobre o ensino privado brasileiro advém das limitações do banco de dados OCDE/WEI, não tendo sido feita nenhuma seleção pelo autor.

18. Fonte: Inep, referente a 2002 e 2003, respectivamente.

19. Fonte: cálculos do autor sobre dados OCDE/WEI, tabela 9.

20. Fonte: cálculos do autor sobre Inep, Sinopse estatística da educação superior, tabela 2.1, 2002.

21. Fontes: cálculos do autor sobre Sinopse estatística da educação superior, tabelas 2.5 e 5.1, 2002.

22. Xavier (1996), p. 10.

23. Fonte: cálculos do autor sobre os resultados do Provão de 2002. Universidades estudadas: UFMG, UFSC, PUC-MG, PUC-PR, Unijui e Furb.

24. Vale frisar que o cálculo é baseado na distribuição, estipulada pelo autor, de uma escala de notas de um a cinco correspondente aos conceitos do Provão de E a A, respectivamente. Essa distribuição de uma escala cardinal para uma que é, em realidade, ordinal — como é o ordenamento de cursos no Provão, onde os cursos recebem o conceito baseado em seu desempenho em relação aos outros cursos da mesma área, e não devido ao seu desenvolvimento absoluto — é necessariamente subjetiva. A comparação me parece válida e necessária, porém é preciso uma maneira de se equiparar critérios de custos com aqueles de qualidade.

25. Depoimento de uma professora de escola pública, Patto, 2000, p. 221.

26. Ibid., p. 238.

27. Patto, 2000, p. 217.

28. Schwartzman (2003), p. 22. Tradução do autor.

29. E a importância do diretor no rendimento de uma escola é enorme. O estado de Minas

Gerais, por exemplo, instituiu reformas administrativas em 1992. Aboliu a nomeação política de diretores e criou um processo de seleção em duas etapas. Primeiro, os candidatos passam por um teste para medir conhecimentos necessários à gestão escolar. Os três mais bem colocados então elaboram um programa de trabalho para a escola e a apresentam em uma assembleia geral em que participam pais, professores, funcionários e alunos de mais de dezesseis anos. Estes então escolhem o diretor por votação secreta (cf. Barros e Mendonça 1997b, p. 5). Desde a implantação dessas e outras reformas, Minas saltou de décimo lugar no Saeb de 1992 para primeiro em 1997 (Moura Castro, 2002).

30. Segundo a Confederação Nacional dos Trabalhadores em Educação, 69% dos profissionais do ensino são sindicalizados (CNTE, 2003). O número parece sofrer de um viés de seleção, já que o questionário foi organizado pelo próprio sindicato. Segundo Vegas (2000), 36% dos professores da rede pública são sindicalizados, número significativamente mais alto do que os 27% dos não professores da iniciativa privada. A sindicalização é o fator mais importante na determinação do salário dos professores no Brasil, aumentando-o de 25% a 29% (Vegas, 2000 e Liang, 1999, respectivamente).

31. Castro (1994), p. 53.

PROPOSTA DE REFORMA DO ENSINO BRASILEIRO [pp. 203-219]

1. Elas podem ser encontradas no site <http://www.mec.gov.br/acs/pdf/metas.pdf>.

2. Está em primeiro lugar entre os membros da OCDE em taxa de escolarização do ensino superior, com 77,6%, e entre os dez primeiros em taxas de matrícula nos níveis primário e secundário, ambos acima de 90% (WDI, 2000). Ficou em primeiro lugar no teste PISA de ciências, terceiro em matemática e sexto em leitura (OCDE, *Further Results from Pisa 2000*. 2003, tabelas 3.2, 3.1 e 2.3a).

3. Para uma população constante, excluindo o crescimento demográfico. Imaginando, para efeito puramente ilustrativo, um cenário em que a taxa de 66% valesse para toda a população — de forma que os únicos cursando o segundo grau com atraso fossem os 34% que não o cursaram na idade certa — e mantendo-se a tendência atual de retorno à escola para os mais velhos (a saber, de 29% para a coorte de dezoito e dezenove anos, 10% de vinte a 24 anos e 1,3% às pessoas acima de 24 anos), teríamos que o número de matriculados total no ensino médio seria de 8,1 milhões, contra os 9,2 milhões de matriculados atualmente (IBGE, Pnad 2002).

4. Fonte: *Folha Online*, 22 dez. 2003. Disponível em: <http://www1.folha.uol.com.br/folha/educa- cao/ult305u14650,shtml>.

5. Não faltam exemplos de casos assim. Na Flórida, por exemplo, entrou em vigor uma lei

que escolas que recebessem duas notas "F" (a nota mais baixa) num intervalo de quatro anos devem ser fechadas. Estudo de escolas que haviam recebido um "F" mostrou que no ano seguinte sua performance melhorou sensivelmente. Mas, ao analisar os resultados com mais cuidado, notou-se que a forma como elas melhoraram foi ensinando aos alunos alguns macetes básicos para terem sucesso na prova escrita. A melhora na educação dessas escolas, portanto, foi pouco mais do que uma miragem (Kupermintz, 2001).

6. As estimativas são calculadas levando-se em conta o número de matriculados em cada série menos aqueles com defasagem, de idade avançada (Inep). Depois dividimos esse número pela estimativa do número de pessoas de cada idade (quinze e dezessete anos, no caso em questão). Essa estimativa é computada aplicando-se uma taxa de projeção de crescimento demográfico (fonte: IBGE) sobre os dados por idade do censo de 2000 (fonte: IBGE, Sidra).

7. O número é um pouco menor do que os 40,6% de 2002 (tabela II.1a), como era de esperar, dada a evolução ano a ano do ensino secundário. Vale lembrar que ambos os números são estimativas, feitas a partir da Pnad.

8. Fonte: Inep. Digo "no máximo" metade porque grande parte dos inscritos é gente de mais idade, que ou vem tentando o vestibular há anos ou voltou ao ensino superior já estando na força de trabalho.

9. O número provavelmente seria algo menor, já que o aumento do contingente na idade certa tenderia a diminuir o percentual dos atrasados. Por outro lado, pode continuar a haver um grande influxo de adultos ao nível secundário, de forma que o número acima não é de todo desproposito.

10. Mesmo aqueles que medem anos de escolaridade total estão provavelmente medindo o impacto dos anos de ensino secundário, já que a maioria dos países tem poucas diferenças de escolaridade no ensino fundamental, de forma que o diferencial se dá nos níveis subsequentes.

UM PLANO DE REFORMAS PARA A EDUCAÇÃO BRASILEIRA [pp. 220-247]

1. A notação matemática da forma para o sistema seria algo do gênero:

$$X = \left(0,5 * \frac{SAEB_t - SAEB_{t-1}}{SAEB_{t-1}} \right) + \left(0,5 * \frac{R_t - R_{t-1}}{R_{t-1}} \right)$$

em que:

X → índice de desempenho

t → indicador de tempo

R → taxa de repetência.

O total transferido a cada estado seria baseado em seu índice de melhora em comparação com os índices de outros estados. Especificamente:

$$Y_e = \frac{n_{ei}X_e}{N_i \sum_{e=i}^{27} X} *F$$

em que:

$Y_e \rightarrow$ montante transferido ao estado "e"

$F \rightarrow$ montante total do Fundeb disponível para investimentos

$n_{ei} \rightarrow$ número de alunos do estado "e" no ciclo "i" (1ª à 4ª série e 5ª à 8ª série do ensino fundamental e 1ª à 3ª do ensino médio)

$N_i \rightarrow$ número de alunos do Brasil no ciclo "i"

2. A implementação desse critério requereria uma mudança no Saeb. Atualmente, ele é feito por amostragem por estado. Para que os municípios mais competentes possam ser recompensados, portanto, é necessário que o Saeb também seja representativo na esfera municipal. Isso pode ser feito tornando-se o Saeb compulsório ou criando-se amostras por município. A segunda opção geraria um custo menor, ainda que o governo tenha manifestado sua intenção pela primeira. Agradeço a Emiliana Vegas pela lembrança da questão da amostragem.

3. A estimativa é baseada na taxa de repetência da 1ª série em 2000. Fonte: Inep.

4. "Pelo menos" porque a diminuição de repetência deve diminuir o custo por aluno, já que haveria necessidade de menos professores, funcionários, infraestrutura, materiais, transporte etc.

5. Custo por aluno: 643 reais em 1999, corrigido para valores de 2002 pelo INPC (767 reais). Fonte: Inep e Ipeadata. Crescimento da matrícula do ensino médio entre 2001 e 2002: cálculos do autor sobre as Sinopses Estatísticas da Educação Básica dos anos correspondentes, tabela 1.41.

6. Fonte: cálculos do autor e Inep 2003, respectivamente. As estimativas do autor excluem a volta de alunos maduros ao ensino fundamental.

7. Costa (1981), p. 27.

8. Ainda que continue uma discussão sobre a influência do status socioeconômico dos alunos na determinação dos resultados, com alguns dizendo que as diferenças de performance se esvaem quando o SSE é levado em consideração e outros apontando que ela diminui, mas permanece significativa. Cf. Gonzalez, 1999, 2003; Cox e Lemaitre, 1999.

9. Outro estudo analisou situação similar em um condado do estado de Washington, nos Estados Unidos. Angela Dills (no prelo) mediu qual impacto a implantação de uma *magnet school* tinha sobre a performance dos alunos das escolas públicas da região. (*Magnet schools*

— literalmente escola-ímã — são colégios de qualidade acima da média, normalmente instalados em ou perto de regiões pobres para atrair os melhores alunos, normalmente pertencentes a minorias étnicas, e dar-lhes maiores oportunidades.) O que se viu foi que a transferência dos melhores alunos das escolas até então existentes para as *magnet schools* fez com que os maus alunos das escolas deixadas para trás piorassem sua performance. É uma amostra evidente daquilo que a literatura chama de *peer effects* (efeito dos seus pares): alunos influenciam a performance acadêmica de seus colegas, para o bem e para o mal.

10. Vamos usar, para facilitar, o termo "universidade" para nos referir a todos os estabelecimentos do ensino superior público, que engloba, em menor número, também centros universitários, faculdades integradas, faculdades, escolas e institutos e centros de educação tecnológica. Dos 503 mil alunos do ensino público superior federal, 472 mil estavam em universidades (94%). Na rede pública como um todo, o valor era de 87% (Inep, 2001a).

11. Fonte da renda média domiciliar: Pnad, 2001, tabela 7.1. O salário-mínimo foi aumentado dos 180 reais vigentes quando a Pnad foi feita para os 200 reais de junho de 2002, quando aconteceu o ENC 2002, para garantir a comparabilidade dos dados. A média ponderada da renda domiciliar das universidades públicas (federais, estaduais e municipais) usou como pesos relativos a proporção de matrículas de cada rede (Inep) e sua renda, conforme declarada no ENC (e cedida gentilmente ao autor pela assessoria de imprensa do Inep).

12. Fonte: Cálculos do autor com os resultados do questionário do Provão e Inep, 2001a.

13. Os 402 reais de mensalidade são baseados em pesquisas sobre preço de escolas privadas do ensino médio de grandes cidades brasileiras conduzidas por Ipsos-Marplan para a revista *Veja* em 2001 e 2002. Usei São Paulo, Curitiba e Salvador como representantes das regiões Sudeste, Sul e Nordeste, respectivamente, e obteve-se uma média ponderada levando em conta o peso de cada região na população nacional. Os valores foram ajustados para a inflação através do INPC. Os resultados das pesquisas podem ser encontrados no site <http://noticias.uol.com.br/vestibuol/ranking/>.

Em caso da suspensão do abatimento de gastos com educação o imposto de renda, o total arrecadado tenderia a cair, já que várias famílias passariam a mandar seus filhos para escolas públicas. Estimar a dimensão dessa queda está fora do escopo deste trabalho. No pior dos casos, o valor cairia pelo total da isenção (R$ 1998 por ano), diminuindo os valores acima citados para R$ 1 bilhão e R$ 0,6 bilhão, respectivamente.

14. Mais uma vez, usando-se o custo por aluno para 2002 (R$ 767), baseado em valor para 1999 corrigido pelo INPC.

15. Fonte: Fuvest. Disponível em: <http://script.fuvest.br/scr/inscar.asp?anofuv=2003&xreg=TT>.

16. Os valores das mensalidades dos referidos cursos das universidades citadas foram obtidos através de comunicação pessoal com seus departamentos financeiros e/ou tesourarias.

17. Esse arranjo é provavelmente generoso. Basta notar que 51,8% dos alunos de universidades privadas têm renda abaixo de 2 mil reais e apenas 1,8% têm bolsa integral para custear seus estudos. Mais 21% dos alunos das particulares recebem algum tipo de financiamento ou auxílio, e 8,3% contraem financiamento estudantil. A grande maioria — 68,2% — não tem auxílio nenhum. Presumindo que aqueles que contraem financiamento e recebem auxílio são os de renda mais baixa, ainda temos 20,7% que pertencem a essa faixa mas não recebem auxílio algum, o que não aconteceria para ninguém no plano acima. Os dados são do ENC 2002. Da mesma maneira, a faixa de R$ 2001-4000 não recebe auxílio algum nas particulares, mas receberia desconto de 50% no plano acima. É verdade que a mensalidade das escolas de bom conceito devem ser maiores do que a média, mas não estimo que a diferença seja grande o suficiente para contrabalançar a generosidade do plano.

18. Para ser o mais exato possível: 3,40 milhões de pessoas de quinze anos, 3,43 de dezesseis e 3,45 de dezessete anos. Fonte: Projeção preliminar da população do Brasil por sexo e idades simples — 1980-2050, IBGE.

19. Cálculo: 3,9/3,4 x 8 = 9,176

20. E pelas secretarias de Educação dos diversos estados.

21. Como não haverá geração de novos fundos com essa isenção, mas sim o fim de um desconto, é preciso criar um decreto que transfira ao Fundeb uma porção do dinheiro arrecadado pelo IR. Essa porção poderia ser igual à proporção das isenções com educação sobre o total arrecadado no último ano de vigência do abatimento.

22. Para evitar que os gaiatos de sempre passem em um vestibular fácil de uma escola pública e depois peçam auxílio para estudar em curso concorrido de outra universidade, o que tiraria vagas dos pretendentes sérios. A cada ano, o vale só seria renovado se o aluno continuasse cursando a área para a qual foi aprovado na escola pública (de modo a evitar transferências depois do primeiro ano).

23. Fonte: cálculos do autor sobre WEI 2002, tabela 10. O México faz parte da OCDE, mas é bastante comparável ao Brasil.

24. Fonte: ibid. e, para o custo universitário por aluno, Inep (1998), corrigido pelo INPC para valores de 2002.

25. Fonte do PIB per capita (2002): Ipeadata.

26. Alguns dos autoproclamados defensores do ensino universitário brasileiro hão de protestar contra qualquer medida que diminua o número de vagas do sistema de ensino superior quando este já é tão atrofiado no país. Há três considerações a serem feitas. Primeiro, o

tamanho diminuto do sistema universitário no país não se deve à falta de vagas, mas sim à falta de alunos qualificados para ocupá-las, devido ao processo de repetência e evasão que vitima os níveis precedentes de ensino. Segundo, e resultante do item anterior, já há hoje, no Brasil, excesso de vagas nas universidades. Em 2002, houve 1,77 milhão de vagas oferecidas nas universidades, mas apenas 1,41 milhão de ingressantes para preenchê-las. O problema se concentra na rede privada: de 1,47 milhão de vagas, pouco mais de 1 milhão foi preenchido (Inep, 2002a). Terceiro, livrar-se das escolas de péssima qualidade, mesmo em época de agudas necessidades, pode ser um grande negócio para o futuro da nação. Há um exemplo nos Estados Unidos, onde um estudo de 1909 sobre as faculdades de medicina daquele país, chamado Flexner Report, causou o fechamento ou fusão direto de 7% das escolas estudadas e o fechamento/fusão indireto de outros 15% (Hiatt e Stockton, 2003).

27. Fonte: Inep, 2003a.

28. A criação desse tipo de curso foi autorizada pela LDB de 1996, mas até hoje eles foram pouco implementados. Sua proliferação será inevitável com a expansão e popularização do ensino, ainda que a cultura elitista do bacharelismo o retarde.

APÊNDICE [pp. 249-268]

1. Fonte: Barro (1991), tabela I, modelos 10 e 11, p. 412.

2. As taxas dos dois primeiros grupos são estatisticamente significativas, mas não a do terceiro. Fonte: Dutta et al. (1999), tabela 16, p. 382. Os dados são referentes ao Reino Unido.

3. Fonte: Steel e Sausman (1997), tabela 2.3, seção 2.

4. Judson (1998), p. 352, tabela 3.

5. Ibid., p.353, tabela 5. Uma conclusão importante do estudo de Judson é de que países com diferentes desenvolvimentos têm taxas ótimas de educação diferentes. Por exemplo, a taxa ótima de matrícula para o ensino primário na África seria de 87,1%, enquanto a asiática deveria ser de 94,6% e da OCDE, de 100%. As taxas para o ensino universitário seriam 1,2%, 9% e 30,8% (tabela 2, p. 349). Esses números não devem ser levados ao pé da letra, pois o modelo de Judson conta com simplificações indesejáveis e problemas com sua fonte de dados — a Unesco —, mas o princípio e as ordens de magnitude ilustram um ponto importante.

6. Bills e Klenow (1998), p. 19 e p. 31, tabela 4.

7. Ibid, p.. 12.

8. Tabela 4, p. 85.

9. Tabela 1, p. 80, e Jess Benhabib e Mark M. Spiegel. "The Role of Human Capital in Economic Development Evidence from Aggregate Cross-Country Data". *Journal of Monetary Economics*, v. 34, n. 2, 1994, p. 150, tabela 1, respectivamente.

10. Essa relação é ainda mais significativa quando o capital se dirige a áreas de alta tecnologia (cf. Autor et al., 1997; Krueger e Lindahl, 1999; 2001, Acemoglu e Angrist, 2000; Acemoglu, 1998; Goldin e Katz 1998).

11. Mankiw et al. (1992). Coluna 1, painel superior das tabelas 1 (p. 414) e 2 (p. 420), respectivamente. Em ambos os casos a variável de capital físico mantém sua significância estatística (erros padrão de 0,14 e 0,13, respectivamente).

12. Fonte: Krueger e Lindahl (1999). Tabela 4, modelo 9, p. 51 e tabela 5, modelo 1, p. 52. Os erros padrão dos dois coeficientes são 0,051 e 0,039, respectivamente.

13. Krueger e Lindahl (2001). Tabela 5, p. 1125. Os coeficientes (e erros padrão) das três primeiras colunas são: 0,598 (0,062), 0,795 (0,058) e 0,648 (0,073).

14. Ibid., tabela 5, p. 1125. Os coeficientes (e erros padrão) da mudança de educação das três primeiras colunas são 0,066 (0,039), 0,017 (0,032) e 0,015 (0,042).

15. Medido em intervalos de vinte anos. Mais detalhes sobre a importância dos intervalos no item 12, abaixo.

16. Topel et al. (1999). Tabela 2, coluna 5, p. 2965. t = 4,2. Medido em intervalo de cinco anos. Topel utiliza PIB por trabalhador como sua variável dependente; Krueger e Lindahl, PIB per capita.

17. O valor t passa de 0,8 a 1,66. Jonathan Temple. "A Positive Effect of Human Capital on Growth". *Economic Letters*, v. 65, n. 1, 1999. Tabela 1, coluna 2, p. 132. Os países eliminados foram Botsuana, Iraque, Lesoto, Ruanda, Arábia Saudita e Uganda.

18. t1 = 1,86, t2 = 4,00, tabela 1, colunas 3 e 4, p. 132. O poder de explicação do modelo também aumenta significativamente: de 0,52, o R^2 passa a 0,83, e note que o modelo é parcimonioso, tendo como variáveis apenas as mudanças de capital físico, capital humano e trabalho.

Além dos países excluídos citados acima, foram também removidos do modelo final Camarões, Jordânia, Nigéria, Nicarágua, Chade, Moçambique, Paquistão e Sudão.

19. Formalmente, o índice de confiabilidade R_1 é determinado de acordo com a seguinte fórmula:

$$R_1 = \frac{\text{cov}\,(S^1,S^2)}{\text{var}\,(S^1)}$$

em que S^1 é a medida da educação segundo o banco de dados 1. Para maiores detalhes, veja Krueger e Lindahl (2001), p. 1115.

20. Tabela 2, painel A, p. 1116.

21. Tabela 3, p. 1119. Todos os coeficientes são estatisticamente significativos.

22. A correção dos erros de mensuração e o aumento da periodicidade de medição lidam diretamente com os achados de Barro (1995) e Benhabib e Spiegel (1994) de que a mudança

de escolaridade de uma população não influi em seu crescimento econômico. Falta lidar com os achados de Pritchett (2001). Topel (1999) mostra que os resultados obtidos por Pritchett se devem ao seu uso de uma função logarítmica para a variável educacional, em vez da função linear normalmente usada. A função logarítmica implica que um ano de escolaridade tem um impacto maior no estoque de capital humano em países de baixa escolaridade. Tanto Topel quanto Krueger e Lindahl (2001) criticam o uso dessa especificação, já que há uma literatura extensa de perfis de renda mostrando que a linearidade do impacto da educação — como discutimos ao tratar da função minceriana — é extremamente robusta e verificada em países dos mais diversos níveis de renda. Essa observação parece invalidar o uso do formato logarítmico, colocando em dúvida os resultados de Pritchett.

Bibliografia

ABREU, Marcelo de Paiva; VERNER, Dorte. *Long-Term Brazilian Economic Growth: 1930-94*. Paris: Organização para a Cooperação e Desenvolvimento Econômico – OCDE, 1997.

ACEMOGLU, Daron. "A Microfoundation for Social Increasing Returns in Human Capital Accumulation". *Quarterly Journal of Economics*, Oxford, v. 111, n. 3, pp. 779-804, ago. 1996.

_____. "Why do New Technologies Complement Skills? Directed Technical Change and Wage Inequality". *Quarterly Journal of Economics*, Oxford, v. 113, n. 4, pp. 1055-89, nov. 1998.

_____; ANGRIST, Joshua. "How Large are Human Capital Externalities? Evidence from Compulsory Schooling Laws". 2000. Mimeografado.

ALDERMAN, Harold et al. "The Returns to Endogenous Human Capital in Pakistan's Rural Wage Labor Market". Williams College, Center for Development Economics, Research Memo n. 141. 1994. Mimeografado.

ALVAREZ, Benjamin; GILLIES, John; BRADSHER, M. "Beyond Basic Education. Secondary Education in the Developing World". World Bank Institute, 2003.

AMARAL, Nelson Cardoso. "O financiamento do sistema público federal de ensino superior". 1999. Mimeografado.

ANDERSON, Gary M.; SHUGART, William F.; TOLLISON, Robert D. "Educational Achievement and the Cost of Bureaucracy". *Journal of Economic Behavior and Organization*, v. 15, n. 1, pp. 29-45, 1991.

ASLAM, Monazza; KINGDON, Geeta. *What Can Teachers do to Raise Pupil Achievement?* 2007. Mimeografado.

ASSOCIAÇÃO NACIONAL DOS DIRIGENTES DAS INSTITUIÇÕES FEDERAIS DE ENSINO SUPERIOR. "Perfil socioeconômico e cultural dos alunos de graduação das instituições federais de ensino superior". 1998. Mimeografado.

ANGRIST, Joshua. "The Economic Returns to Schooling in the West Bank and Gaza Strip". *The American Economic Review*, v. 85, n. 5, pp. 1065-87, 1995.

_____; KRUEGER, Alan B. "Does Compulsory School Attendance Affect Schooling and Earnings?". *Quarterly Journal of Economics*, v. 106, n. 4, pp. 979-1014, 1991.

_____; LAVY, Victor. "Using Maimonides's Rule to Estimate the Effects of Class Size on Scholastic Achievement". *Quarterly Journal of Economics*, v. 114, n. 2, pp. 533-75, 1999.

ARCIA, Gustavo; ALVAREZ, Carola; SCOBIE, Tanya. "O financiamento da educação e a reforma educacional: um marco para a sustentabilidade". *Financiamento da Educação na América Latina*, v. 3, pp. 125-57, 1999.

ARMITAGE, Jane; SABOT, Richard. "Socioeconomic Background and the Returns to Schooling in Two Low-Income Economies". *Economica*, v. 54, n. 213, pp. 103-8, 1987.

ARONSON, Elliot; WILSON, Timothy; AKERT, Robin. *Social Psychology: The Heart and the Mind*. [S.l.] Nova York: Harper Collins, 1994.

ARROW, Kenneth. "Higher Education as Filter". *Journal of Public Economics*, v. 2, n. 3, pp. 193-216, 1973.

ASHENFELTER, Orley; ROUSE, Cecilia. "Income, Schooling and Ability: Evidence from a New Sample Of Identical Twins". *Quarterly Journal of Economics*, pp. 253-84, fev. 1998.

_____; HARMON, Colm; OOSTERBERK, Hessel. "A Review of Estimates of the Schooling/Earnings Relationship, with Tests for Publication Bias". National Bureau of Economic Research, Working Paper n. 7457, 2000.

AUTOR, David; KATZ, Lawrence F.; KRUEGER, Alan B. "Computing Inequality: Have Computers Changed the Labor Market?". National Bureau of Economic Research, Working Paper n. 5956, 1997.

BARNETT, Steven W. "Benefits of Compensatory Preschool Education". *Journal of Human Resources*, v. 27, n. 2, pp. 279-312, primavera 1992.

BARRO, Robert. "Economic Growth in a Cross Section of Countries". *The Quarterly Journal of Economics*, v. 106, n. 2, pp. 407-443, 1991

_____. "Determinants Of Economic Growth: A Cross-Country Empirical Study". National Bureau of Economic Research, Working Paper n. 5698, 1996.

_____. "Inequality, Growth and Investment". National Bureau of Economic Research, Working Paper n. 7038, 1999.

_____. "Education and Economic Growth". 2000. Mimeografado.

BARRO, Robert; LEE, Jong-Wha. "International Comparisons on Educational Attainment". *Journal of Monetary Economics*, v. 32, n. 3, pp. 363-94, 1993.

_____. "Schooling Quality in a Cross-Section of Countries". National Bureau of Economic Research, Working Paper n. 6198, 1997.

_____. "International Data on Educational Attainment: Updates and Implications". National Bureau of Economic Research, Working Paper n. 7911, 2000.

_____; SALA-I-MARTIN, Xavier. *Economic Growth*. [Boston]: MIT Press, 1995.

BARRO, Stephen. "Como os países financiam suas escolas?". *Financiamento da Educação na América Latina*, n. 1, pp. 19-91, 1999.

BARROS, Ricardo; LAM, David. "Income and Educational Inequality and Children's Schooling Attainment". In: BIRDSALL, Nancy; SABOT, Richard (Org.). *Opportunity Foregone: Education in Brazil*. Washington, D.C.: Inter-American Development Bank, pp. 337-66, 1996.

_____; MENDONÇA, Rosane. "Os determinantes da desigualdade no Brasil". Instituto de Pesquisa Econômica Aplicada (Ipea), Texto para Discussão n. 377, 1995.

_____. "Investimento em educação e desenvolvimento econômico". Instituto de Pesquisa Econômica Aplicada (Ipea), Texto para Discussão n. 525, 1997.

_____. "O impacto da gestão sobre o desempenho educacional". Banco Interamericano de Desenvolvimento (BID), *Série Documentos de Trabalho* R-301, 1997.

_____; RAMOS, Lauro. "Temporal Evolution of the Relationship Between Wages and Education of Brazilian Men". In: BIRDSALL, Nancy; SABOT, Richard (Org.). *Opportunity Foregone*, 1996, pp. 193-214.

_____. et al. "Determinantes do desempenho educacional no Brasil". Instituto de Pesquisa Econômica Aplicada (Ipea), Texto para Discussão n. 834, 2001.

BARTEL, Ann P.; SICHERMAN, Nachum. "Technological Change and Wages: an Interindustry Analysis". *Journal of Political Economy*, v. 107, n. 2, pp. 285-325, 1999.

BAUMOL, William. "Entrepreneurship: Productive, Unproductive and Destructive". *Journal of Political Economy*, v. 98, n. 5, pp. 893-921, 1990.

BEAUCHEMIN, Kenneth. "Growth or Stagnation? The Role of Public Education". *Journal of Development Economics*, v. 64, n. 2, pp. 389-416, 2001.

BECKER, Gary. *Human Capital Investment and Economic Growth: Exploring the Cross-Country Evidence*. 3. ed. [Chicago]: University of Chicago Press, 1964 (1993).

_____; MURPHY, Kevin M.; TAMURA, Robert. "Human Capital, Fertility and Economic Growth". *Journal of Political Economy*, v. 98, n. 5, pp. S12-S37, 1990.

BEDI, Arjun Singh; EDWARDS, John H.Y. "The Impact of School Quality on Earnings and

Educational Returns Evidence from a Low-Income Country". *Journal of Development Economics*, v. 68, n. 1, pp. 157-85, 2002.

BEHRMAN, Jere R.; BIRDSALL, Nancy; KAPLAN, Robert. "The Quality of Schooling and Labor Market Outcomes". In: BIRDSALL, Nancy; SABOT, Richard (Org.). *Opportunity Foregone: Education in Brazil*. Washington, D.C.: Inter-American Development Bank, pp. 245-66, 1996.

_____; BIRDSALL, Nancy. "The Quality of Schooling: Quantity Alone is Misleading". *The American Economic Review*, v. 73, n. 5, pp. 928-46, 1983.

_____; SCHNEIDER, Ryan. "Where does Brazil Fit? Schooling Investments in an International Perspective". In: BIRDSALL, Nancy; SABOT, Richard (Org.). *Opportunity Foregone: Education in Brazil*. Washington, D.C.: Inter-American Development Bank, 1996 , pp. 49-82.

_____. et al. "The Microeconomics of College Choice, Careers and Wages: Measuring the Impact of Higher Education". 1997. Mimeografado.

BENABOU, Roland. "Equity and Efficiency in Human Capital Investment: The Local Connection". *Review of Economic Studies*, v. 63, n. 2, pp. 237-64, 1996.

BENHABIB, Jess; SPIEGEL, Mark M. "The Role of Human Capital in Economic Development Evidence from Aggregate Cross-Country Data". *Journal of Monetary Economics*, v. 34, n. 2, pp. 143-73, 1994.

BENNELL, Paul. "Rates of Return to Education: Does the Conventional Pattern Prevail in Sub-Saharan Africa?". *World Development*, v. 24, n. 1, pp. 183-99, 1996.

BETTS, Julian. "Does School Quality Matter? Evidence from the National Longitudinal Survey of Youth". *Review of Economic and Statistics*, v. 77, n. 2, pp. 231-50, 1995.

_____. "Is There a Link Between School Input and Earnings? Fresh Scrutiny of an Old Literature". In: BURTLESS, Gary (Org.). *Does Money Matter? The Effect of School Resources on Student Achievement and Adult Success*. [Washington, D.C.]:Brookings Institution Press, pp. 141-91, 1996.

BIGGS, Michael L.; DUTTA, Jayasri. "The Distributional Effects of Education Expenditures". *National Institute Economic Review*, v. 169, n. 1, pp. 68-77, 1999.

BILS, Mark; KLENOW, Peter J. "Does Schooling Cause Growth or the Other Way Around?". National Bureau of Economic Research, Working Paper n. 6393, 1998.

BIRDSALL, Nancy. "Public Spending on Higher Education in Developing Countries: Too Much or Too Little?". *Economics of Education Review*, v. 15, n. 4, pp. 407-19, 1996.

_____; BRUNS, Barbara; SABOT, Richard. "Education in Brazil: Playing a Bad Hand Badly". In: BIRDSALL, Nancy; SABOT, Richard (Org.). *Opportunity Foregone: Education in Brazil*. Washington, D.C.: Inter-American Development Bank. 1996, pp. 7-47.

BLOM, Andreas; HANSEN, Thomas. "Economic Perspectives of Tertiary Education: The Case of Colombia". *World Bank LCSHD Paper Series*, v. 75, 2002.

_____; HOLM-NIELSEN, Lauritz; VERNER, Dorte. "Education, Earnings and Inequality in Brazil 1982-1998". World Bank, Working Paper, n. 2686, 2001.

BLUNDELL, Richard et al. "Higher Education, Employment and Earnings in Great Britain". Institute for Fiscal Studies Education and Training, 1997.

BOMENY, Helena. "Quando os números confirmam impressões: desafios na educação brasileira". Mimeografado, 2002.

BORJAS, George J. "Ethnicity, Neighborhoods and Human Capital Externalities". *The American Economic Review*, v. 85, n. 3, pp. 365-90, 1995.

BOURGUIGNON, François; FERREIRA, Francisco; MENÉNDEZ, Marta. "Inequality of Outcomes and Inequality of Opportunities in Brazil". [Rio de Janeiro]: Pontifícia Universidade Católica do Rio de Janeiro, Departamento de Economia, Texto para Discussão n. 478, 2003.

BRASIL. Constituição da República Federativa do Brasil de 1988, 5 de out. de 1988.

BRASIL. Lei de Diretrizes e Bases da Educação, Lei n. 9394/96, 24 dez. 1996. Estabelece as diretrizes e bases da educação nacional. Brasília, 1996.

BRUNELLO, Giorgio; COMI, Simona. "Education and Earnings Growth: Evidence from 11 European Countries". *Economics of Education Review*, v. 23, n. 1, pp. 75-83, 2004.

BURTLESS, Gary. "Introduction and Summary", In: _____ (Org.). *Does Money Matter? The Effect of School Resources on Student Achievement and Adult Success*. [Washington, D.C.]:Brookings Institution Press, 1996, pp. 1-42.

CARD, David. "Earnings, Schooling and Ability Revisited". [Princeton]: Princeton University Industrial Relations Section, Working Paper n. 331. 1994. Mimeografado.

_____. "The Causal Effect of Education on Earnings". In: ASHENFELTER, Orley; CARD, David (Org.). *Handbook of Labor Economics*. v. 3. 1999.

_____. "Estimating the Return to Schooling: Progress on Some Persistent Econometric Problems". *Econometrica*. v. 69, n. 5, pp. 1127-60, 2001.

_____; KRUEGER, Alan. "Does School Quality Matter? Returns to Education and The Characteristics of Public Schools in the United States". *Journal of Political Economy*. v. 100, n. 1, pp. 1-40, 1992.

_____; _____. "School Resources and Student Outcomes: An Overview of the Literature and New Evidence from North and South Carolina". *The Journal of Economic Perspectives*. v. 10 n. 4, pp. 31-50, 1996.

_____. "Labor Market Effects of School Quality: Theory and Evidence". In: BURTLESS,

Gary (Org.). *Does Money Matter? The Effect of School Resources on Student Achievement and Adult Success*. 5. ed. [Washington, D.C.]:Brookings Institution Press, pp. 97-140, 1996.

CASE, Anne; DEATON, Angus. "School Inputs and Educational Outcomes in South Africa". *Quarterly Journal of Economics*. v. 114, n. 3, pp. 1047-84, 1999.

CASTRO, Claudio de Moura. *Educação brasileira, consertos e remendos*. Rio de Janeiro: Rocco, 1994.

_____. "O secundário: esquecido em um desvão do ensino?". Mimeografado, 1995.

_____. "A penosa evolução do ensino e seu encontro com o PISA". In: PROGRAMA INTER-NACIONAL DE AVALIAÇÃO DE ESTUDANTES. Brasília: *2000 Relatório Nacional*, 2001.

_____. "Nossa Educação: Muito atrasada mas tentando recuperar-se". Mimeografado, 2002.

_____. "A educação que vem por aí". Mimeografado. 2003.

_____ ; LEVY, Daniel C. *Myth, Reality and Reform Higher Education Policy in Latin America*. [Baltimore]: Johns Hopkins University Press, 2000.

_____ ; WOLFF, Laurence. "Secondary Education in Latin America and the Caribbean". Banco Interamericano de Desenvolvimento, Sustainable Development Dept., Technical Papers Series, 2000.

_____ ; WOLFF, Laurence. "Public or private education for Latin America? That is the (false) question". Banco Interamericano de Desenvolvimento, EDU-119. 2001.

CASTRO, Jorge Abrahão de. "O fundo de manutenção e desenvolvimento do ensino e valorização do magistério (Fundef) e seu impacto no financiamento do ensino fundamental". Instituto de Pesquisa Econômica Aplicada (Ipea), Texto para Discussão n. 604, 1998.

_____ ; SADECK, Francisco. "Financiamento do gasto em educação das três esferas do governo em 2000". Instituto de Pesquisa Econômica Aplicada (IPEA), Texto para Discussão n. 955, 2003.

_____ ; BARRETO, Angela Rabelo; CORBUCCI, Paulo Roberto. "A reestruturação das políticas federais para o ensino fundamental: descentralização e novos mecanismos de gestão". Instituto de Pesquisa Econômica Aplicada (Ipea), Texto para Discussão n. 45, 2000.

CASTRO, Maria Helena Guimarães. *A educação para o século XXI: o desafio da qualidade e da equidade*. Brasília: Instituto Nacional de Estudos e Pesquisas Educacionais Anísio Teixeira (Inep), 1999.

CHEN, Baizhu; FENG, Yi. "Determinants of Economic Growth in China: Private Enterprise, Education and Openness". *China Economic Review*, v.11, n. 1, pp. 1-15, 2000.

CHIN, Aimee "The Returns to Quality When School Education is Very Low: Evidence from Operation Blackboard in Índia". 2002. Mimeografado.

CHIU, Henry W. "Income Inequality, Human Capital Accumulation and Economic Performance". *Economic Journal*, v. 108, n. 446, pp. 44-59, 1998.

CHOW, Peter. "Social expenditure in Taiwan (China)". World Bank Institute, Working Paper, n. 22716, 2001.

CONFEDERAÇÃO NACIONAL DOS TRABALHADORES EM EDUCAÇÃO - CNTE. "Retrato da escola 3". CNTE e DIEESE, 2003.

COOPER, Harris; ROBINSON, Jorgianne; PATALL, Erika. Does Homework Improve Academic Achievement? A Synthesis of Research, 1987-2003. *Review of Educational Research*, v.1, n. 76, pp. 1-62, 2006.

CORBUCCI, Paulo Roberto; MARQUES, Paulo Marcello Fonseca. "Fontes de financiamento das instituições federais de ensino superior: um estudo sobre a Universidade de Brasília". Instituto de Pesquisa Econômica Aplicada (Ipea), Texto para Discussão n. 999, 2003.

CORRALES, Javier. "Aspectos políticos na implementação das reformas educacionais". Rio de Janeiro: Programa de Reformas Educacionais na América Latina, documento n. 14, 2000.

COSTA, Messias. "Financiamento do ensino superior: argumentos e contra-argumentos". *Cadernos CEDES*, v. 5, pp. 13-42, 1981.

_____. "Alternativas de financiamento do ensino superior". *Educação Brasileira*, v. 13, n. 26, pp. 227-36, 1991.

COX, Cristián; LEMAITRE, María José. "Market and State Principles of Reform in Chilean Education: Policies and Results". 1999. Mimeografado.

CRESPO, Manuel; SOARES, José Francisco; SOUZA, Alberto Mello e. "The Brazilian National Evaluation System of Basic Education: Context, Process and Impact". *Studies in Educational Evaluation*, v. 26, n. 2, pp. 105-25, 2000.

CURI, Andréa; MENEZES FILHO, Náercio. *Os efeitos da pré-escola sobre os salários, a escolaridade e a proficiência escolar*. 2007, Mimeografado.

DALE, Stacy Berg; KRUEGER, Alan B. "Estimating the Payoff to Attending a More Selective College: an Application of Selection on Observables and Unobservables". National Bureau of Economic Research, Working Paper n. 7322, 1999.

DEININGER, Klaus; SQUIRE, Lyn. "New Ways of Looking at Old Issues: Inequality and Growth". *Journal of Development Economics*, v. 57, n. 2, pp. 259-87, 1998.

DEVARAJAN, Shantayanan; XIE, Danyang; ZOU, Heng-fu. "Should Public Capital Be Subsidized or Provided?". *Journal of Monetary Economics*, v. 41, n. 2, pp. 319-31, 1998.

DEWEY, James; HUSTED, Thomas A.; KENNY, Lawrence W. "The Ineffectiveness of School

301

Inputs: A Product of Misspecification?". *Economics of Education Review*, v. 19, n. 1, pp. 27-45, 2000.

DILLS, Angela. "Does Cream-Skimming Curdle the Milk? A Study of Peer Effects", *Economics of Education Review*, 2004. No prelo.

DRAPER, David. "Inference and Hierarchical Modeling in the Social Sciences". *Journal of Educational and Behavioral Statistics*, v. 20, n. 2, pp. 115-47, 1995.

DUFLO, Esther. "Schooling and Labor Market Consequences of School Consruction in Indonesia: Evidence from an Unusual Policy Experiment". *The American Economic Review*, v. 91, n. 4, pp. 795-813, 2001.

DUFLO, Esther; HANNA, Rema. "Monitoring Works: Getting Teachers to Come to School". *NBER Working Paper*, n. 11880, dez. 2005.

DURHAM, Eunice. "A questão do ensino superior". Mimeografado, 2002. Disponível em: <http://www.sbpcnet.org.br/eventos/54RA/TEXTOS/SBPC/SBPC%20Eunice%20Durham.htm.>

DUTTA, Jayasri; SEFTON, James; WEALE, Martin. "Education and public policy". *Fiscal Studies*, v. 20, n. 4, pp. 351-86, 1999.

EASTERLIN, Richard. "Why Isn't the Whole World Developed?". *Journal of Economic History*, v. 41, n. 1, pp. 1-19, 1981.

EASTERLY, William. *The Elusive Quest for Growth: Economists' Adventures and Misadventures in the Tropics*. [Boston]: MIT Press, 2001.

_____; REBELO, Sergio T. "Fiscal Policy and Economic Growth". *Journal of Monetary Economics*, v. 32, n. 3, pp. 417-58, 1993.

ECKSTEIN, Zvi; ZILCHA, Itzhak. "The Effects of Compulsory Schooling on Growth, Income Distribution and Welfare". *Journal of Public Economics*, v. 54, n. 3, pp. 339-59, 1994.

EHRENBERG, Ronald G.; BREWER, Dominic J. "Do School and Teacher Characteristics Matter? Evidence From High School and Beyond". *Economics of Education Review*, v. 13, n. 1, pp. 1-17, 1994.

EICHER, Theo S. "Interaction Between Endogenous Human Capital and Tech Change". *Review of Economic Studies*, v. 63, n. 1, pp. 127-44, 1996.

_____; GARCIA-PENALOSA, Cecília. "Inequality and Growth: The Dual Role of Human Capital in Development". *Journal of Development Economics*, v. 66, n. 1, pp. 173-97, 2001.

ESPOSITO, Yara; DAVIS, Claudia; NUNES, Marina. "Sistema de avaliação do rendimento escolar: O modelo adotado pelo estado de São Paulo". *Revista Brasileira de Educação*, v. 13, pp. 25-53, 2000.

EVENSON, Robert E.; WESTPHAL, Larry E. "Technological Change and Technology Strategy". In: BEHRMAN, Jere et al. (Org.). *Handbook of Development Economics*, v. 3, 1995.

FERNANDEZ, Raquel; ROGERSON, Richard. "Public Education and Income Distribution: A Dynamic Quantitative Evaluation of Education Finance Reform". *The American Economic Review*, v. 88, n. 4, pp. 813-33, 1998.

FERREIRA, Francisco. "Inequality and Economic Performance". 1999. Mimeografado. Disponível em: <http://www.worldbank.org/poverty/inequal/econ/ferreira.pdf.>

_____. "Os determinantes da desigualdade de renda no Brasil: Luta de classes ou heterogeneidade educacional?". [Rio de Janeiro]: Pontifícia Universidade Católica do Rio de Janeiro, Departamento de Economia, Texto para Discussão n. 415, 2000.

_____; BARROS, Ricardo Paes de. "Education and Income Distribution in Urban Brazil". *Cepal Review*, v. 71, pp. 41-61, 2000.

_____; ALBERNAZ, Ângela; FRANCO, Creso. "Qualidade e equidade na educação fundamental brasileira". [Rio de Janeiro]: Pontifícia Universidade Católica do Rio de Janeiro, Departamento de Economia, Texto para Discussão n. 455, 2002.

_____; LANJOUW, Peter; NERI, Marcelo. "The Urban Poor in Brazil in 1996: A New Poverty Profile Using PPV, Pnad and Census Data". 1999. Mimeografado.

FOSTER, Andrew D; ROSENZWEIG, Mark R., "Technical Change and Human-Capital Return and Investment: Evidence from the Green Revolution". *The American Economic Review*, v. 86, n. 4, pp. 931-53, 1996.

FRANCO, Creso; ORTIGAO, Isabel; ALBERNAZ, Ângela; BONAMINO, Alicia; AGUIAR, Glauco; ALVES, Fátima; SÁTYRO, Natália. "Eficácia escolar no Brasil: Investigando práticas e políticas escolares moderadoras de desigualdades educacionais". In: SEMINÁRIO INTERNACIONAL DE QUALIDADE NA EDUCAÇÃO, 2005, Rio de Janeiro. *Anais...* Rio de Janeiro: Fundação Getúlio Vargas, 2005.

FULLER, Bruce; CLARKE, Prema. "Raising School Effects While Ignoring Culture? Local Conditions and the Influence of Classroom Tools, Rules and Pedagogy". *Review of Educational Research*, v. 64, n. 1, pp. 119-57, 1994.

GALOR, Oded; MOAV, Omer. "Ability-Based Technological Transition, Wage Inequality and Economic Growth". *Quarterly Journal of Economics*, pp. 469-97, 2000.

_____; ZEIRA, Joseph. "Income Distribution and Macroeconomics". *Review of Economic Studies*, v. 60, n. 1, pp. 35-52, 1993.

GATTI, Bernadete; NUNES, Marina; GIMENEZ, Nelson; TARTUCE, Gisela; UNBEHAUM,

Sandra. "A formação de professores no Brasil: Instituições formadoras e seus currículos". *Estudos e Pesquisas Educacionais*, Fundação Victor Civita, pp. 95-136, 2008.

GEMMELL, Norman. "Externalities to Higher Education: A Review of the New Growth Literature". The National Committee of Inquiry into Higher Education, Report 8. Mimeografado, 1997.

GERTHEL, Héctor R.; DE SANTIS, Mariana; CRISTINA, A. Daniela. "Who Chooses to Become a Teacher in Argentina?". 2002. Mimeografado.

GLEWWE, Paul; KREMER, Michael. "Schools, Teachers and Education Outcomes in Developing Countries". *Working Papers*, Center for International Development at Harvard University, n. 122, set. 2005.

GLEWWE, Paul et al. "An Eclectic Approach to Estimating the Determinants of Achievement in Jamaican Primary Education". *World Bank Economic Review*, v. 9, n. 2, pp. 231-58, 1995.

GOLDHABER, Dan; BREWER, Dominic. "Why Don't Schools and Teachers Seem To Matter? Assessing the Impact of Unobservables on Educational Prodctivity". *The Journal of Human Resources*, v. 32, n. 3, pp. 505-23, 1997.

GOLDIN, Claudia; KATZ, Lawrence F. "The Origins of Technology-Skill Complementarity". *Quarterly Journal of Economics*, v. 113, n. 3, pp. 693-732, 1998.

_____. "Mass Secondary Schooling and the State: The Role of State Compulsion in the High School Movement". National Bureau of Economic Research, Working Paper n. 10075, 2003.

GOLLIN, Douglas. "Getting Income Shares Right". Williams College, Working Paper, 2001, Mimeografado.

GOMES-NETO, João Batista; HANUSHEK, Eric A. "The Causes and Effects of Grade Repetition". In: BIRDSALL, Nancy; SABOT, Richard (Org.). *Opportunity Foregone: Education in Brazil*. Washington, D.C.: Inter-American Development Bank, 1996, pp. 425-60.

GONZAGA, Gustavo; SOARES; Rodrigo Reis. "Determinação de salários no Brasil: dualidade ou não linearidade no retorno à educação?". 1999. Mimeografado.

GONZÁLEZ, Pablo. "Financiamento da educação no Chile". In: BOMENY, Helena M.B. (Org.) *Financiamento da educação na América Latina*. Trad. De Paulo Martins Garchet. Rio de Janeiro: Editora Fundação Getúlio Vargas, 1999.

_____. "Estructura institucional, recursos y gestión en el sistema escolar Chileno". 2003, Mimeografado.

GRADSTEIN, Mark. "An Economic Rationale for Public Education: The Value of Commitment". *Journal of Monetary Economics*, v. 45, n. 2, 2000, pp. 463-74.

_____; JUSTMAN, Moshe. "The Industrial Revolution, Political Transition and The Subsequent Decline in Inequality in 19th Century Britain". *Explorations in Economic History*, v. 36, n. 2, pp. 109-27, 1999.

GREENWAY, David; HAYNES, Michelle, "Funding Universities to Meet National and International Challenges", University of Nottingham, School of Economics Policy Report. 2000, Mimeografado.

GRILICHES, Zvi. "Estimating the Returns to Schooling: Some Econometric Problems". *Econometrica*, v. 45, n. 1, pp. 1-22, 1977.

_____, "The Search for R&D Spillovers". National Bureau of Economic Research, Working Paper n. 3768, 1991.

GROOT, Wim; VAN DEN BRINK, Henriette Maassen. "Overeducation in the Labor Market: A Meta-Analysis". *Economics of Education Review*, v. 19, n. 2, pp. 149-58, 2000.

GYLFASON, Thorvaldur. "Natural Resources, Education and Economic Development". *European Economic Review*, v. 45, n. 4, pp. 847-59, 2001.

HALL, Robert E.; JONES, Charles I. "Why do Some Countries Produce So Much More Output Per Worker than Others?". *Quarterly Journal of Economics*, v. 114, n. 1, pp. 83-116, 1999.

HANUSHEK, Eric A. "The Economics of Schooling: Production and Efficiency in Public Schools". *Journal of Economic Literature*, v. 24, n. 3, pp. 1141-77, 1986.

_____. "Interpreting Recent Research on Schooling in Developing Countries". Rochester University, Wallis Institute of Political Economy. Working Paper n. 3. 1995. Mimeografado.

_____. "School Resources and Student Performance", In: BURTLESS, Gary (Org.). *Does Money Matter? The Effect of School Resources on Student Achievement and Adult Success.* [Washington, D.C.]: Brookings Institution Press, 1996.

_____. "Conclusions and Controversies About the Effectiveness of School Resources". *FRBNY Economic Policy Review.* mar. 1998. Mimeografado.

_____. "The Long Run Importance of School Quality". National Bureau of Economic Research, Working Paper n. 9071, 2002.

_____; KIMKO, Dennis. "Schooling, Labor Force Quality and the Growth of Nations". *The American Economic Review*, pp. 1184-1208, 2000.

_____; LUQUE, Javier. "Efficiency and Equity in Schools Around the World". National Bureau of Economic Research, Working Paper n. 8949, 2002.

_____; PACE, Richard "Who Chooses to Teach (and Why)?". *Economics of Education Review*, v. 14, n. 2, pp. 101-17, 1995.

_____; RAYMOND, Margaret. "Does School Accountability Lead to Improved Student Performance?". National Bureau of Economic Research, Working Paper n. 10591, 2004.

_____; GOMES-NETO, João Batista; HARBISON, Ralph W. "Efficiency-Enhancing Investments in School Quality". In: BIRDSALL, Nancy; SABOT, Richard (Org.). *Opportunity Foregone: Education in Brazil*. Washington, D.C.: Inter-American Development Bank, 1996, pp. 385-424.

_____; RIVKIN, Steven; KAIN, John. "Teachers, Schools and Academic Achievement". National Bureau of Economic Research, Working Paper n. 6691, 1998.

HARBISON, Frederick; MYERS, Charles. *Education, Manpower and Economic Growth: Strategies of Human Resource Development*. McGraw Hill, 1964.

HARMON, Colm; OOSTERBEEK, Hessel; WALKER, Ian. *The Returns to Education: A Review of Evidence, Issues and Deficiencies in The Literature*. 2000. Mimeografado.

HAUPTMAN, Arthur. "Accomodating the Growing Demand for Higher Education in Brazil: A Role for the Federal Universities?". World Bank LCSHD Paper Series, n. 30, 1998.

_____. "Reforming Student Financial Aid: Issues and Alternatives". World Bank LCSHD Paper Series, n. 76, 2002.

HAVEMAN, Robert H.; WOLFE, Barbara L. "Schooling and Economic Well-Being: The Role of Nonmarket Effects". *Journal of Human Resources*, v. 19, n. 3, pp. 377-407, 1984.

HECKMAN, James; KLENOW, P. "Human capital policy". 1997. Mimeografado.

_____; LI, Xuesong. "Selection Bias, Comparative Advantage and Heterogeneous Returns to Education: Evidence from China in 2000". National Bureau of Economic Research, Working Paper n. 9877, 2003.

HEDGES, Larry V.; GREENWALD, Rob. "Have Times Changed? The Relation Between School Resources and Student Performance". In: BURTLESS, Gary (Org.). *Does Money Matter? The Effect of School Resources on Student Achievement and Adult Success*. [Washington, D.C.]:Brookings Institution Press, 1996, pp. 74-92.

_____. ; GREENWALD, Rob; LAINE, Richard. "The Effect of School Resources on Student Achievement". *Review of Educational Research*, v. 66, n. 3, pp. 361-96, 1996.

HERRÁN, Carlos Alberto; RODRÍGUEZ, Alberto. "Educação secundária no Brasil: chegou a hora". Washington, D.C.: Banco Interamericano de Desenvolvimento, 2000.

HEYNEMAN, Stephen P. "International Education Quality". *Economics of Education Review*, v. 23, n. 4, pp. 441-52, 2004.

HIATT, Mark D; STOCKTON, Christopher G. "The Impact of the Flexner Report on the

Fate of Medical Schools in North America After 1909". *Journal of American Physicians and Surgeons*, v. 8, n. 2, pp. 37-40, 2003.

HOXBY, Caroline Minter. "Does Competition Among Public Schools Benefit Students and Taxpayers?". National Bureau of Economic Research, Working Paper n. 4979, 1994.

HSIEHY, Chang-Tai; URQUIOLAZ, Miguel. "When Schools Compete, How Do They Compete?". Mimeografado, 2002.

INSTITUTO NACIONAL DE ESTUDOS E PESQUISAS EDUCACIONAIS ANÍSIO TEIXEIRA – Inep. *Sinopse estatística da educação básica*, 2000.

_____. *Grandes números da educação brasileira*. 2001.

_____. *Sinopse estatística da educação superior*. 2001.

_____. *Pisa 2000 relatório nacional*. 2001.

_____. *Sinopse estatística da educação básica*. 2002.

_____. *Sinopse estatística da educação superior*. 2002.

_____. Edudata Brasil. 2003. Disponível em: <http://www.edudatabrasil.inep.gov.br.>

_____. *Resultados preliminares do censo escolar de 2003*. 2003.

_____. *Resultados finais do censo escolar de 2003*. 2003.

_____. *Pesquisa Nacional Qualidade da Educação: A escola pública na opinião dos pais. Resumo Técnico Executivo*. Ministério da Educação/Instituto Nacional de Estudos e Pesquisas Educacionais Anísio Teixeira, maio 2005.

IRELAND, Vera (Coord.). *Repensando a escola: Um estudo sobre os desafios de aprender, ler e escrever*. Brasília: Unesco/Inep, 2007.

JAFFE, Adam B.; TRAJTENBERG, Manuel; HENDERSON, Rebecca. "Geographic Location of Knowledge Spillovers as Evidenced by Patent Citations". *Quarterly Journal of Economics*, v. 108, n. 3, pp. 577-98, 1993.

JOHNSTONE, D. Bruce. "The Economics and Politics of Cost Sharing in Higher Education: Comparative Perspectives". *Economics of Education Review*, v. 23, n. 4, pp. 403-10, 2004.

JUDSON, Ruth. "Economic Growth and Investment in Education: How Allocation Matters". *Journal of Economic Growth*, v. 3, n. 4, pp. 337-59, 1998.

KAHNEMAN, Daniel. *Thinking, Fast and Slow*. Nova York: Farrar, Straus and Giroux, 2011.

KENT, Rollin; DE VRIES, Wietse. "Continuity or New Directions in Mexican Higher Education?". 1997. Mimeografado.

KIM, Jong-Il; LAU, Lawrence J. "The Sources of Asian Pacific Economic Growth". *Canadian Journal of Economics*, v. 29, Special Issue, pp. S448-S454, 1996.

KINGDOM, Geeta; TEAL, Francis. "Does Performance Related Pay for Teachers Improve Student Performance? Some Evidence from India". *Economics of Education Review*, 26, pp. 473-86, 2007.

KREMER, Michael. "Research on Schooling: What We Know and What We Don't. A Comment On Hanushek". *World Bank Research Observer*, pp. 247-54, ago. 1995.

_____; SARYCHEV, Andrei. "Why Do Governments Operate Schools". 2000. Mimeografado.

KRUEGER, Alan B.; LINDAHL, Mikael. "Education for Growth in Sweden and the World". National Bureau of Economic Research, Working Paper n. 7190, 1999.

_____. "Education for Growth: Why and for Whom?". *Journal of Economic Literature*, v. 39, n. 4, pp. 1101-36, 2001.

KRUGMAN, Paul. "The Myth of Asia's Miracle". *Foreign Affairs*, v. 73, n. 6, pp. 62-78, 1994.

KUKLA-ACEVEDO, Sharon. "Do Teacher Characteristics Matter? New Results on the Effects of Teacher Preparation on Student Achievement". *Economics of Education Review*, 28, pp. 49-57, 2009.

KUPERMINTZ, Haggai. "The Effects of Vouchers on School Improvement: Another Look at the Florida Data". *Education Policy Analysis Archives*, 2001.

KUZNETS, Simon. "Economic Growth and Income Inequality". *The American Economic Review*, v. 45, n. 1, pp. 1-28, 1955.

LAM, David. "Generating Extreme Inequality: Schooling, Earnings and Intergenerational Transmission of Human Capital in South Africa and Brazil". University of Michigan, Population Studies Center, Research Report n. 99-439, 1999.

LAU, Lawrence et al. "Education and Economic Growth: Some Cross-Sectional Evidence". In: BIRDSALL, Nancy; SABOT, Richard (Org.). *Opportunity Foregone: : Education in Brazil*. Washington, D.C.: Inter-American Development Bank, 1996. pp. 83-113.

LAYARD, Richard. "What Is Happiness? Are We Getting Happier?". London School of Economics, Lionel Robbins Memorial Lectures, 2003.

LEIGH, Duane; GILL, Andrew. "The Effect of Community Colleges On Changing Students' Educational Aspirations". *Economics of Education Review*, v. 23, n. 1, pp. 95-102, 2004.

LEIGH, Paul. "The Social Benefits of Education: A Review Article". *Economics of Education Review*, v. 17, n. 3, pp. 363-8, 1998.

LEVINE, Ross; RENELT, David. "A Sensitivity Analysis of Cross-Country Growth Regressions". *The American Economic Review*, v. 82, n. 4, pp. 942-63, 1992.

LIANG, Xiaoyan. "Teacher Pay in 12 Latin American Countries: How Does Teacher Pay Compare to Other Professions, What Determines Teacher Pay, and Who Are the Teachers?". World Bank LCSHD Paper Series, n. 49, 1999.

LIN, Tin-Chun. "Education, Technical Progress and Economic Growth: The Case of Taiwan". *Economics of Education Review*. No prelo.

LOCHNER, Lance. "Education, Work and Crime: A Human Capital Approach". National Bureau of Economic Research, Working Paper n. 10478, 2004.

_____; MORETTI, Enrico. "The Effect of Education on Crime: Evidence from Prison Inmates, Arrests and Self-Reports". 2001. Mimeografado.

LOCKHEED, Marlaine; BRUNS, Barbara. "School Effects on Achievement in Secondary Mathematics and Portuguese in Brazil". World Bank, Population and Human Resources Department, n. 525, 1990.

LOPEZ-ACEVEDO, Gladys. "Professional Development and Incentives for Teacher Performance in Schools in Mexico". World Bank Policy Research, Working Paper n. 3236. 2004.

LUCAS, Robert. "On the Mechanics of Economic Development". *Journal of monetary economics*, v. 22, n. 1, pp. 3-42, 1988

_____. "Why Doesn't Capital Flow from Rich to Poor Countries?". *The American Economic Review*, v. 80, n. 2, pp. 92-6, 1990.

MACHADO SOARES, Tufi. "Modelo de três níveis hierárquicos para a proficiência dos alunos de 4ª série avaliados no teste de língua portuguesa do Simave/Proeb-2002". *Revista Brasileira de Educação*, n. 29, pp. 73-87, 2005.

MALTHUS, Thomas. "An Essay on the Principle of Population". Cambridge University Press, 1992.

MANKIW, Nicholas Gregory; ROMER, David; WEIL, David N. "A Contribution to the Empirics of Economic Growth". *Quarterly Journal of Economics*, v. 107, n. 2, pp. 407-37, 1992.

MCMAHON, Walter W. "Education and Growth in East Asia". *Economics of Education Review*, v. 17, n. 2, pp. 159-72, 1998.

_____; BOEDIONO, Walter. W. "Universal Basic Education: An Overall Strategy of Investment Priorities for Economic Growth". *Economics of Education Review*, v. 11, n. 2, pp. 137--51, 1992.

MENEZES FILHO, Naércio. "Os determinantes do desempenho escolar no Brasil". *Texto para Discussão*, n. 2, Instituto Futuro Brasil, 2007.

MINCER, Jacob. "Investment in US Education and Training". National Bureau of Economic Research, Working Paper n. 4844, 1994.

MINGAT, Alain. "Custo e financiamento da educação nas economias asiáticas de alto de-sempenho". In: BOMENY, Helena M.B. (Org.) *Financiamento da educação na América Latina.* Trad. de Paulo Martins Garchet. Rio de Janeiro: Editora Fundação Getulio Vargas. pp. 93-124, 1999.

MINISTÉRIO DA EDUCAÇÃO (Brasil). "Fundef Balanço 1998-2002", 2002. Disponível em: <http://www.mec.gov.br/sef/fundef/pdf/balanco9802.pdf>

MOCAN, Navi. "What Determines Corruption? International Evidence from Micro Data". National Bureau of Economic Research, Working Paper n. 10460, 2004.

MORETTI, Enrico. "Estimating the Social Return to Higher Education: Evidence from Longitudinal and Repeated Cross-Sectional Data", National Bureau of Economic Research, Working Paper n. 9108, 2002.

MORRIS, Carl N. "Hierarchical Models for Educational Data: an Overview". *Journal of Educational and Behavioral Statistics,* v. 20, n. 2, 1995, pp. 190-200.

MURNANE, Richard J.; LEVY, Frank. "Evidence from Fifteen Schools in Austin, Texas" In: BURTLESS, Gary (Org.). *Does Money Matter? The Effect of School Resources on Student Achie-vement and Adult Success.* [Washington, D.C.]:Brookings Institution Press, 1996, pp. 93-6.

_____. et al. "Do Different Dimensions of Male High School Students' Skills Predict Labor Market Success a Decade Later? Evidence from the NLSY". *Economics of Education Review,* v. 20, n. 4, pp. 311-20, 2001.

MURPHY, Kevin M.; SHLEIFER, Andrei; VISHNY, Robert W. "The allocation of talent: im-plications for growth". *Quarterly Journal of Economics,* v. 106, n. 2, pp. 503-30, 1991.

NELSON, Richard R.; PHELPS, Edmund S. "Investment in Humans, Technological Diffu-sion and Economic Growth". *The American Economic Review,* v. 56, n. 1/2, pp. 69-75, 1966.

NERI, Marcelo et al. *Equidade e eficiência na educação: Motivações e metas.* Rio de Janeiro, CPS/FGV, 2007.

NORTH, D. *Institutions, Institutional Change and Economic Performance.* [Cambridge, UK]: Cambridge University Press, 1990.

ODDY, Wendy; LI, Jianghong; WHITEHOUSE, Andrew; ZUBRICK, Stephen; MALACOVA, Eva. "Breastfeeding Duration and Academic Achievement at 10 Years". *Pediatrics,* v. 127, pp. 137-45, 2011.

OLIVEIRA, João Batista Araújo. "Salário dos professores". Relatório Apresentado ao Conselho Nacional de Secretários de Educação – CONSED, 1997.

_____. "Correção do fluxo escolar: Um balanço do Programa Acelera Brasil (1997-2000)". *Cadernos de Pesquisa*: Fundação Carlos Chagas, v. 116, pp. 177-215, 2002.

_____. "Expansion and Inequality in Brazilian Education". No prelo.

_____; SCHWARTZMAN, Simon. *A escola vista por dentro*. [Belo Horizonte]: Alfa Educativa Editora, 2002.

OLIVEIRA, Maria Teresa Cavalcanti de. "A nova lógica das lideranças empresariais sobre a educação no Brasil". Programa de Reformas Educacionais na América Latina (PREAL), Série PREAL debates n. 4, 1999.

O'NEILL, Donal. "Education and Income Growth: Implication for Cross-Country Inequality". *Journal of Political Economy*, v. 103, n.6, 1995, pp. 1289-1301.

ONTIVEROS JIMENEZ, Manuel. *Educational Reform and Institutional Incentives: Their Effects on Quality of Primary Function.* 2005, Mimeografado.

ORGANIZAÇÃO PARA A COOPERAÇÃO E DESENVOLVIMENTO ECONÔMICO. *Knowledge and Skills for Life First Results from Pisa 2000. Executive Summary.* 2001.

_____. *Knowledge and Skills for Life First Results from PISA 2000.* 2001a.

_____. *Further Results from Pisa 2000.* 2003. Disponível em: <http://www.pisa.oecd.org/ Docs/download/pisaplus_eng01.pdf>

OSBORNE, Jason W. "Advantages of Hierarchical Linear Modeling". *Practical Assessment, Research and Evaluation*, v. 7, n. 1, pp. 1-3, 2000.

PARENTE, Marta Maria de Alencar; LÜCK, Heloísa. "Mecanismos e experiências de correção do fluxo escolar no ensino fundamental". Instituto de Pesquisa Econômica Aplicada (Ipea), Texto para Discussão n. 1032, 2004.

PASTORE, José; ZYLBERSTAJN, Hélio. "Social Mobility: The Role of Education in Determining Status". In: BIRDSALL, Nancy; SABOT, Richard (Org.). *Opportunity Foregone: Education in Brazil.* Washington, D.C.: Inter-American Development Bank, pp. 289-318, 1996.

PATTO, Maria Helena Souza. *A Produção do Fracasso Escolar – Histórias de Submissão e Rebeldia.* São Paulo: Casa do Psicólogo, 1999.

PAUL, Jean-Jacques; WOLFF, Laurence. "The Economics of Higher Education". In: BIRDSALL, Nancy; SABOT, Richard (Org.). *Opportunity Foregone: Education in Brazil.* Washington, D.C.: Inter-American Development Bank. pp. 523-54, 1996.

PETRAKIS; Panagiotis E.; STAMAKIS, Dimitrios. "Growth and Educational Levels: A Comparative Analysis". *Economics of Education Review*, v. 21, n. 5, pp. 513-21, 2002.

PINKER, Steven. *The Blank Slate*. Nova York: Viking, 2002.

PISSARIDES, Christopher. "Human Capital and Growth: A Synthesis Report", Organização para a Cooperação e Desenvolvimento Econôminco (OCDE), Development Centre, Technical Paper n. 168, 2000.

PLANK, David N.; SOBRINHO, José Amaral; XAVIER, A. C. R.. "Why Brazil Lags Behind in Educational Development". In: BIRDSALL, Nancy; SABOT, Richard (Org.). *Opportunity Foregone: Education in Brazil*. Washington, D.C.: Inter-American Development Bank, 1996, pp. 117-45.

PRITCHETT, Lant. "Where Has All the Education Gone?". *World Bank Economic Review*, v. 15, n. 3, pp. 367-91, 2001.

PROJETO JUVENTUDE. "Perfil da Juventude Brasileira". Instituto Cidadania, SEBRAE, 2003.

PSACHAROPOULOS, George. "The Profitability of Investment in Education: Concepts and Methods". Human Capital Development and Operations Policy Working Paper. Mimeografado, 1995.

_____ ; PATRINOS, Harry Anthony. "Returns to Investment in Education: A Further Update". World Bank Policy Research Working Paper n. 2881, 2002.

RAM, Rati. "Can Educational Expansion Reduce Income Inequality in Less-Developed Countries?". *Economics of Education Review*, v. 8, n. 2, pp. 185-95, 1989.

RANIS, Gustav; STEWART, Frances; RAMIREZ, Alejandro. "Economic Growth and Human Development". *World Development*, v. 28, n. 2, pp. 197-219, 2000.

RAUCH, James E. "Productivity Gains from Geographic Concentration of Human Capital: Evidence from the Cities". *Journal of Urban Economics*, v. 34, n. 3, pp. 380-400, 1993.

RAUDENBUSH, Stephen W. "Reexamining, Reaffirming and Improving Application of Hierarchical Models". *Journal of Educational and Behavioral Statistics*, v. 20, n. 2, pp. 210-20, 1995.

_____. "What Are Value-Added Models Estimating and What Does This Imply for Statistical Practice?". *Journal of Educational and Behavioral Statistics*, v. 29, n. 1, pp. 121-29, 2004.

RAY, Debraj. *Development Economics*. [Princeton]: Princeton University Press, 1998.

RICHARDS, Marcus; HARDY, Rebecca; WADSWORTH, Michael. "Long-Term Effects of Breastfeeding in a National Birth Cohort: Educational Attainment and Midlife Cognitive Function". *Public Health Nutrition*, n. 5, out. pp. 631-5, 2002.

ROMER, Paul M. "Increasing Returns and Long-Run Growth". *Journal of Political Economy*, v. 94, n. 5, pp. 1002-37, 1986.

_____. "Endogenous technological change". *Journal of Political Economy*, v. 98, n. 5, pp. S71-S102, 1990.

ROSENZWEIG, Mark R. "Why Are There Returns to Schooling?". *The American Economic Review*, v. 85, n. 2, pp. 6-8, 1995.

ROSSI, Vera Lúcia Sabongi de. "Desafio à escola pública: tomar em suas mãos seu próprio destino". *Cadernos CEDES*, n. 55, pp. 92-107, 2001.

ROUSSEAU, Jean-Jacques. "On the Social Contract". In:_____. *The Basic Political Writings*. Trad. e org. de Donald A. Cress. [Indianapolis]:Hackett, 1987.

ROZADA, Martin González; MENENDEZ, Alicia. "Public University in Argentina: Subsidizing the Rich?". *Economics of Education Review*, v. 21, n. 4, pp. 341-51, 2002.

RUDD, Jeremy. "Empirical evidence on human capital spillovers". Federal Reserve Board. Mimeografado, 2000.

RUMBERGER, Russel. "Dropping out of Middle School: A Multilevel Analysis of Students and Schools". *American Educational Research Journal*, v. 32, n. 3, pp. 583-625, set. 1995.

RUSTICHINI, Aldo; SCHMITZ, James A. "Research and imitation in long-run growth.". *Journal of Monetary Economics*, v. 27, n. 2, pp. 271-92, 1991.

SAAVEDRA, Jaime; MELZI, Roberto. "Financiamento da educação no Peru". In: BOMENY, Helena M.B. (Org.) *Financiamento da educação na América Latina*. Trad. De Paulo Martins Garchet. Rio de Janeiro: Editora Fundação Getúlio Vargas, pp. 207-61, 1999.

SALKIND. Neil J. *Statistics for People Who (Think They) Hate Statistics*. [s.i.] Sage, 2000.

SALMI, Jamil. "Student Loans in an International Perspective: The World Bank Experience". Mimeografado, 1999.

SAMPAIO, Helena; LIMONGI, Fernando; TORRES, Haroldo. "Equidade e heterogeneidade no ensino superior brasileiro". Brasília: Instituto Nacional de Estudos e Pesquisas Educacionais (Inep), 2000.

SAMUELSON, Paul A.; NORDHAUS, William D. *Economics*. 17. ed. [Nova York]: McGraw--Hill, 2001.

SANTOS, M. M. "Education for All in Brazil". World Bank, 2002.

SCHULTZ, Paul T. "Education investments and returns". In: CHENERY, Hollis B.; SRINIVASAN, T. N. (Org.). *Handbook of Development Economics*. v. 1, pp. 544-630, 1988.

_____. "Why Governments Should Invest More to Educate Girls". Yale University, Economic Growth Center. Discussion Paper, n. 836. 2001. Mimeografado.

SCHULTZ, Theodore W. "Capital Formation by Education". *Journal of Political Economy*, v. 68, n. 6, pp. 571-83, 1960.

_____. "Investment in human capital". *The American Economic Review*, v. 51, n. 1, pp. 1-17, 1961. _____. "The Value of the Ability to Deal with Disequilibria". *Journal of Economic Literature*, v. 13, n. 3, pp. 827-46, 1975.

SCHWARTZMAN, Jacques. "Financiamento do Ensino Superior Particular.". *Revista Estudos*, v. 27, 2000.

_____; SALEME, Wagner. "A controvérsia do ensino pago." *Cadernos de Pesquisa*: Fundação Carlos Chagas, n. 90, pp. 62-71, 1994.

_____; SCHWARTZMAN, Simon. "O ensino superior privado como setor econômico". 2002, Mimeografado.

SCHWARTZMAN, Simon. "A revolução silenciosa do ensino superior". 2000. Mimeografado.

_____. "The Challenges of Education in Brazil." University of Oxford, Centre for Brazilian Studies, Working Paper CBS-38-2003, 2003.

_____. "Equity, Quality and Relevance in Higher Education in Brazil". No prelo.

SECRETARIA DA RECEITA FEDERAL, "Consolidação da declaração do imposto de renda das pessoas físicas — 2001". *Estudos Tributários*, v. 11, 2002.

SLAVIN, Robert. "Salas de aula eficazes, escolas eficazes: uma base de pesquisa para reforma da educação na América Latina". Programa de Reformas Educacionais na América Latina (PREAL), Série PREAL, documentos n. 4, 1999.

SMITH, Adam. "An Inquiry into the Nature and Causes of the Wealth of Nations". 1776.

SOARES, Francisco. "Quality and Equity in Brazilian Basic Education: Facts and Possibilities". 2003. Mimeografado.

_____. "Evidências do Saeb 2001: a investigação de alguns fatores associados ao desempenho". 2003. Mimeografado.

_____. "Qualidade e equidade na educação básica brasileira: Fatos e possibilidades". In: SCHWARTZMAN, Simon; BROCK, Colin (Org.). *Os desafios da educação no Brasil*. Rio de Janeiro: Nova Fronteira, 2005, pp. 91-117.

SOARES, Sergei; CARVALHO, Luiza; KIPNIS, Bernardo. "Os jovens adultos de 18 a 25 anos: retrato de uma dívida da política educacional." Instituto de Pesquisa Econômica Aplicada (Ipea), Texto para Discussão n. 954, 2003.

SOLKIN, Neil J. *Statistics for People Who (Think They) Hate Statistics*. [S.l.]: Sage, 2000.

SOTO, Marcelo. "Rediscovering Education in Growth Regressions". Organização para a Cooperação e Desenvolvimento Econôminco (OCDE), Technical Center, Technical Paper n. 202, 2002.

SOUZA, Alberto de Mello e. "Financiamento da Educação na América Latina: Lições da

Experiência". Programa de Reformas Educacionais na América Latina (PREAL), Série PREAL debates n. 8, 2002.

SOYSAL, Yasemin Nuhoglu; STRANG, David. "Construction of the First Mass Education Systems in Nineteenth-Century Europe". *Sociology of Education*, v. 62, n. 4, pp. 277-88, 1989.

SPENCE, Michael. "Job Market Signaling". *Quarterly Journal of Economics*, v. 87, n. 3, pp. 355-74, 1973.

STEEL, J.; SAUSMAN, C. "The Contribution of Graduates to the Economy: Rates of Return". The National Committee of Inquiry into Higher Education, Report, v. 7. 1997. Mimeografado.

STIGLITZ, Joseph E. "The Theory of 'Screening' Education and the Distribution of Income". *The American Economic Review*, v. 65, n. 3, pp. 283-300, 1975.

SYLWESTER, Kevin. "Income Inequality, Education Expenditures and Growth". *Journal of Development Economics*, v. 63, n. 2, pp. 379-98, 2000. _____. "Can Education Expenditures Reduce Income Inequality?". *Economics of Education Review*, v. 21, n. 1, pp. 43-53, 2002.

TEMPLE, Jonathan. "A Positive Effect of Human Capital on Growth". *Economic Letters*, v. 65, n. 1, pp. 131-4, 1999.

THALER, Richard. *Misbehaving: The Making of Behavioral Economics*. Nova York: W. W. Norton, 2015.

TOPEL, Robert et al. "Labor Markets and Economic Growth". In: ASHENFELTER, Orley; CARD, David (Org.). *Handbook of Labor Economics*, v. 3, 1999, pp. 2943-84.

UNESCO. *O perfil dos professores brasileiros: O que fazem, o que pensam, o que almejam...* São Paulo: Moderna, 2004.

UNITED NATIONS DEVELOPMENT PROGRAMME. *Human Development Indicators 2003*. Disponível em: <http://www.undp.org/hdr2003/indicator/indic_4_1_1.html>

_____. *Human Development Report 2004*. Disponível em: <http://hdr.undp.org/reports/global/2004/>

UNITED STATES OF AMERICA. "The 1999-2000 National Postsecondary Student Aid Study", 2002.

VAIDERGORN, José. "Uma perspectiva da globalização na universidade brasileira". *Cadernos CEDES*, v. 21, n. 55, pp. 78-91, 2001.

VAILLANT, Denise. "Formação de formadores: estado da prática". Programa de Reformas Educacionais na América Latina (PREAL), Série (PREAL) documentos n. 25, 2003.

VEGAS, Emiliana. "Teachers in Brazil: Who Are They and How Well They Fare In the Labor Market?". Mimeografado, 2000.

VELEZ, Eduardo; SCHIEFELBEIN, Ernesto; VALENZUELA, Jorge. "Factores que afectan el rendimiento academico en la educacion primaria". Mimeografado, 1993.

VENNIKER, Richard. "Social Returns to Education: A Survey of Recent Literature on Human Capital Externalities". Mimeografado, 2000.

VERNER, Dorte. "Education and its Poverty-Reducing Effects: The Case of Paraíba, Brazil". World Bank Policy Research, Working Paper n. 3321, 2004.

VIGNOLES, Anna et al. "The Relationship Between Resource Allocation and Pupil Attainment: A Review". Mimeografado, 2000.

WEBBINK, Dinand; HARTOG, Joop. "Can Students Predict Starting Salaries? Yes!". *Economics of Education Review*, v. 23, n. 2, pp. 103-13, 2004.

WEIL, David N. *Economic Growth*. [Boston]: Addison Wesley, 2004.

WILLMS, J. Douglas; SOMERS, Marie-Andrée. "Family, Classroom and School Effects on Children's Educational Outcomes in Latin America". *School Effectiveness and School Improvement*, v. 12, n. 4, pp. 409-45, 2001.

WILSON, Kathryn. "The Effects of School Quality on Income". *Economics of Education Review*. No prelo.

WINKLER, Donald R; GERSHBERG, Alec Ian. "Os efeitos da descentralização do sistema educacional sobre a qualidade da educação na América Latina.". Programa de Reformas Educacionais na América Latina (PREAL), Série PREAL documentos n. 17, 2000.

WOLFF, Edward N. "Human Capital Investment and Economic Growth: Exploring the Cross-Country Evidence". *Structural Change and Economic Dynamics*, v. 11, n. 4, pp. 433-72, 2000.

WOOD, Adrian. "Openness and Wage Inequality in Developing Countries: The Latin American Challenge to East Asian Conventional Wisdom". *World Bank Economic Review*, v. 11, n. 1, pp. 33-57, 1997.

WORLD BANK. "Higher education in Brazil: challenges and options". Washington, D.C.: World Bank Country Study, 2002

_____. "Higher Education in Brazil: Characteristics and Challenges". 2002, Mimeografado.

WOSSMANN, Ludger. "Schooling Resources, Educational Institutions and Student Performance: The International Evidence". 2001. Mimeografado.

XAVIER, Antonio Carlos da R. "A gestão da qualidade e a excelência dos serviços educacionais: custos e benefícios de sua implantação". Instituto de Pesquisa Econômica Aplicada (Ipea), Texto para Discussão n. 408, 1996.

YOUNG, Alwyn. "The Tyranny of Numbers: Confronting The Statistical Realities of the East Asian Growth Experience". *Quarterly Journal of Economics*, v. 110, n. 3, pp. 641-80, 1995.

ZAVODNY, Madeline. "Does Watching Television Rot your Mind? Estimates of the Effect on Test Scores". *Economics of Education Review*, n. 25, pp. 565-73, 2006.

ZIBAS, Dagmar. "Escola pública *versus* escola privada: o fim da história.". *Cadernos de Pesquisa*: Fundação Carlos Chagas, n. 100, pp. 57-77, 1997.

ZIMMERMAN, David J. "Peer Effects in Academic Outcomes: Evidence from a Natural Experiment". Williams Project on the Economics of Higher Education, DP-52. 1999. Mimeografado.

ESTA OBRA FOI COMPOSTA PELA SPRESS EM INES E IMPRESSA EM OFSETE
PELA LIS GRÁFICA SOBRE PAPEL PÓLEN SOFT DA SUZANO PAPEL E CELULOSE
PARA A EDITORA SCHWARCZ EM AGOSTO DE 2016